清 华 大 学 《 资 本 论 》 与 当 代 问 题 研 究 中 心

清华
政治经济学报
Tsinghua Review of Political Economy

第2卷 Vol.2

社会科学文献出版社
SOCIAL SCIENCES ACADEMIC PRESS (CHINA)

目 录
CONTENTS

1

经济理论研究

科学把握生产力与生产关系研究中的唯物史观
——兼评"生产关系决定生产力论"和"唯生产力标准论"*

卫兴华

摘 要 长期以来，我国学界关于生产力二要素、三要素之争，既偏离马克思的观点，又与生产力发展的实际相悖。生产力是人们生产物质资料的能力。构成生产力的诸要素既包括劳动力和生产资料，又包括管理、分工协作、科学、自然力等。劳动者是生产力发展的主动力，劳动者利用生产资料和科学技术、生产组织及自然力，推动生产力的发展。我国强调创新驱动发展，就是要依靠作为第一生产力的科学技术，推进和统率其他生产要素的变革及其协调发展。生产力作为最活跃和最革命的因素，会自行发展，有其自己的内在原因和发展规律。生产力诸要素的内在矛盾和解决、经济社会发展的需要，是生产力发展的重要源泉。生产关系不是也不可能是生产力发展的根本动力。对什么是社会主义和怎样建设社会主义的判断标准，应坚持社会主义的生产力标准和价值标准的统一，既包括大力发展生产力，又包括搞好社会主义生产关系，逐步实现共同富裕。

关键词 生产力 生产关系 唯物史观 社会主义价值标准

生产力和生产关系是马克思主义理论体系中的基本范畴，涉及马克思主义原理的诸多方面。理论界对唯物史观和马克思主义政治经济学的一些重要概念和原理，在认识上有诸多分歧。本文仅就以下问题展开评析。什么是生产力？生产力的构成要素是什么？马克思有没有界定或怎样界定生产力的内涵及其构成要素？马克思为什么要强调生产力是劳动的生产力？劳动生产力是否指劳动生产率？生产力发展的源泉或动力是什么？科学是不是生产力的独立要素？主张生产关系是生产力发展的根本动力的观点能否成立？生产力决定论与生产力标准论是同一命题，还是不同问题？能否将生产力决定生产关系的原理归结为"唯生产力论"和"唯生产力标准论"？判断和评价社会主义制度的标准是否只能是生产力标准，而排除生产关系标准？回答这些问题，需要从马列主义理论与中国特色社会主义理论和实践的结合上予以阐述。

---

* 本文原发表于《中国社会科学》2013年第11期，与马昀合写。选入本集时增添了新的内容。

一 生产力、劳动生产力和劳动生产率概念的同异

生产力、劳动生产力和劳动生产率是唯物史观和马克思主义政治经济学的几个重要概念。在《资本论》中，生产力特别是劳动生产力的概念应用很多。什么是生产力？生产力的构成要素有哪些？"劳动生产力"与"生产力"是什么关系？与"劳动生产率"又是什么关系？对于这些看起来似乎是最简单、最基本的概念和问题，直到现在，学界在理解和阐述上依然存在很大的分歧。分歧产生的一个重要原因，是对马克思的《资本论》和其他著作中的有关论述研究不够和解读上的差异。因此，问题的解决，还得回归马克思有关论述的原意。

（一）什么是生产力？

如何界定生产力，马克思主义政治经济学界有不同的回答。蒋学模主编的教材认为："生产力是人们征服自然、改造自然的能力。"① 逄锦聚等主编的教材认为："生产力是人们改造自然和控制自然界的能力，它反映人和自然界之间的关系。"② 马克思主义理论研究和建设工程重点教材认为："生产力是人类利用自然和改造自然进行物质资料生产的能力。"③ 程恩富等主编的教材认为："人们运用生产资料创造社会物质和精神财富的能力，叫做生产力。"④ 胡钧引证斯大林生产力二要素的定义，反对将生产力定义为人们生产物质资料的能力。他说："生产力概念其内涵是指一种物质力量，是许多物质要素的总和，如果像一些人那样把它定义为人们生产物质资料的能力，则完全改变了它的内涵"，因为这些人把"人变成主语，讲的是人的能力"。⑤ 他强调说，"马克思和恩格斯都未给生产力下过定义，只是说明它包括哪些要素"。这样讲未免有点武断。

有别于斯大林的二要素论，也有别于三要素论，马克思不仅具体说明了生产力包括哪些要素，而且简括地说明了生产力是指什么。马克思在《资本论》中指出："生产力即生产能力及其要素的发展"，⑥ 是指人们生产使用价值或财富的能力。马克思又说："生产力当然始终是有用的、具体的劳动的生产力"，⑦ 也就是具体劳动生产使用价值或财富的能力。马克思还指出："一切生产力即物质生产力和精神生产力"。⑧ 这表明，生

① 蒋学模主编《政治经济学教材》，上海人民出版社，1980，第 4 页。
② 逄锦聚等主编《政治经济学》，高等教育出版社，2003，第 23 页。
③ 马克思主义理论研究和建设工程重点教材：《马克思主义政治经济学概论》，人民出版社，2011，第 2 页。
④ 程恩富、冯金华、马艳主编《现代政治经济学新编》，上海财经大学出版社，2012，第 6 页。
⑤ 胡钧：《生产力与劳动生产力》，《当代经济研究》2001 年第 2 期。以下引用凡未注明处，均引自此文。
⑥ 《马克思恩格斯文集》第 7 卷，人民出版社，2009，第 1000 页。
⑦ 《马克思恩格斯文集》第 5 卷，人民出版社，2009，第 59 页。
⑧ 《马克思恩格斯全集》第 46 卷（上），人民出版社，1979，第 173 页。

产力既是生产物质财富的能力，又是生产精神财富的能力。在一般情况下，讲生产力，或讲生产力的决定作用，主要是指物质生产力。有的政治经济学教材中离开了马克思关于生产力的这些说明，只讲生产力是人类改造、控制、征服自然的能力，这是不够的。这只是表明在生产中人与自然的关系，表明生产力的高低可反映人类利用和改造自然的能力大小，并未说明生产力自身的内涵是什么，发展生产力是为了什么。人类利用和改造自然，并不是目的，目的是生产出物质财富和精神财富，满足人的物质文化需要。因此，上面所引马克思主义理论研究和建设工程重点教材和程恩富等主编教材，对于生产力的界定是正确的，符合马克思的本意。而胡钧的批评让人不得其解。他给生产力下了这样一个定义："什么是生产力？生产力或物质生产力和社会生产力，是一个集合名词，是指生产过程中的生产者、劳动资料诸要素或诸力量的总和。"这是将生产力二要素作为生产力的定义了。其实，生产力是什么与生产力的构成要素是什么，是两个不同的问题，用生产力二要素或三要素、多要素都不能说明生产力是什么。胡钧批评将生产力界定为"人们生产物质资料的能力"，实际上是在批评马克思的观点。人是生产力的主导力量，是主体；生产力的其他要素是客体。生产力就是人们（劳动者）运用生产要素生产物质和精神财富的能力。这有什么错误呢？不赞同"人变成主语"，不赞同"讲的是人的能力"，认为生产力只是"一种物质力量"，"诸多物质要素"应是主语，应是物质要素的"能力"而非"人的能力"，这样认识就完全偏离了马克思主义的观点。只要肯定，生产力是人们（劳动者）运用物质要素生产财富的能力，就会肯定"人们（劳动者）"是生产的主语，是发动者。马克思在《政治经济学批判》序言中讲："人们在自己生活的社会生产中……"[①] 就是将"人们"作为主语。凡讲生产力的地方，马克思总是将"人们"作为主语。

由卫兴华、林岗主编的《马克思主义政治经济学原理》（经济科学出版社）一书，对生产力做了这样的界定："生产力是人们生产物质资料的能力。它表示人们适应自然、利用自然和改造自然的水平，反映了人和自然界的关系。生产力的构成包括人的因素和物的因素，也包括被利用的自然力如风力、水力和其他自然资源，还包括科学技术以及在生产中的分工协作和生产组织等社会结合方式。"这一定义包含了三层含义：什么是生产力；生产力表示什么关系；构成生产力的要素是什么。

（二）什么是劳动生产力，它与生产力和劳动生产率是什么关系

有的学者认为，劳动生产力与生产力在内涵上是一致的。有的认为，劳动生产力与生产力是两个不同的概念，与劳动生产率是相同的概念。

---

① 《马克思恩格斯文集》第 2 卷，人民出版社，2009，第 591 页。

程恩富等主编的《现代政治经济学新编》一书中，对劳动生产力有专门一段说明："劳动生产力，是人类认识、利用和改造自然界以获得物质资料的能力……劳动生产力不完全等同于劳动生产率。劳动生产力是具体劳动运用劳动手段加工劳动对象以生产使用价值的能力。"[①] 这段话对劳动生产力的说明，与对生产力的界定是一致的。胡钧在前引一文中认为，生产力或物质生产力，与劳动生产力和劳动生产率之间的差别是明显的，不能混同。他认为，劳动生产力与劳动生产率"可以通用"，"但是它们与物质生产力是绝对不能通用的"。他举例说明，在英文中，劳动生产力与决定生产关系的生产力的用词是有差别的。他认为，"生产力与劳动生产力二者的衡量尺度是不同的，生产力主要由劳动资料特别是生产工具的数量和效能来表示"；"不能区别生产力与劳动生产力，是一些人把加工对象也包括在生产力范畴中的重要原因"。显然，胡钧是用生产力二要素、劳动生产力多要素来说明两者的不同。姚挺针对胡钧的观点，从英文的用词上论证二者的一致性，认为"劳动生产力和生产力是可以通用的"。[②] 也有其他一些学者将劳动生产力解读为劳动生产率。

需要弄清楚：在马克思的著作中，生产力与劳动生产力究竟是作为内涵一致的概念，还是作为两个独立的不同的概念而区别应用的。这需要从三个方面考证。一是从马克思的有关论述中看二者的内涵是否一致和是否通用。还需要弄清，劳动生产力概念是承袭前人的，还是马克思专用的。二是需要弄清马克思为什么要使用"劳动生产力"这个概念。如果劳动生产力与劳动生产率是内涵相同的概念，讲劳动生产力还有什么必要呢？三是看在马克思的著作中，构成生产力的要素与劳动生产力的要素是否相同。

1. 从马克思的论述可以看出生产力与劳动生产力的内涵是一致的

下面用例证说明二者的一致性。

例一，前面已引证《资本论》中讲："生产力当然始终是有用的、具体的劳动的生产力"。这表明，生产力始终是指"劳动的生产力"。而不是像有些西方学者那样将其作为"资本的生产力""土地的生产力"等。

例二，"结合工作日怎样达到生产力的这种提高……都是社会的劳动生产力或社会劳动的生产力，这种生产力是由协作本身产生的。"[③] 这是说明，协作提高了生产力，这种提高的生产力，已不是个人的劳动生产力，而是协作的劳动生产力即社会的劳动生产力。这里的生产力概念也是与劳动生产力通用的。

① 程恩富、冯金华、马艳主编《现代政治经济学新编》，上海财经大学出版社，2012，第 34 页。
② 姚挺：《劳动生产力与生产力》，《中共福建省委党校学报》2010 年第 1 期。
③ 《马克思恩格斯文集》第 5 卷，人民出版社，2009，第 382 页。

例三，"一个产业部门利润率的提高，要归功于另一个产业部门劳动生产力的发展……生产力的这种发展……"① 在这里，劳动生产力与生产力是同义的。

例四，"假定有一个资本家使劳动生产力提高一倍……生产力虽然提高了一倍，一个工作日仍然同从前一样创造六先令新价值。"② 这里两个概念又是通用的。

例五，"社会生产力（也可以说劳动本身的生产力）。"③

例六，马克思指出：具体劳动的产品多少，"与有用劳动的生产力的提高或降低成正比"。"相反地，生产力的变化本身丝毫也不会影响表现为价值的劳动。"④ 这里，劳动生产力与生产力也是同义的。

还可以举出更多的例证，限于篇幅就舍弃了。

2. 马克思为什么将生产力又称作劳动生产力，有什么特殊意义？

人们不要忘记：马克思的《资本论》和其他一些经济学著作是对前人的"政治经济学批判"。萨伊的"三位一体"公式受到马克思的批判。萨伊用资本的生产力说明利润的来源，用土地的生产力说明地租，用劳动生产力说明工资。斯密认为，"财富只不过是积累的劳动"，劳动是"价值的唯一尺度"。萨伊断言，这是"不正确的结论"。他批评斯密说："劳动每生产一项价值，就消费等量的价值，因此，劳动没有剩余，没留有净产品"。他认为斯密抹杀了资本的生产力："要是资本所包含的生产力，只有创造资本的劳动的生产力，而自己没有生产力……怎样能提供永久利润呢？"⑤

经济学说史表明，劳动生产力的概念，是庸俗经济学与古典经济学进行争论中必然涉及的重要概念。双方对这一概念的取舍，与他们在价值理论认识上的分歧相联系。主张要素价值论的学者和资产者，重视和强调的是资本的生产力，认为在资本主义经济的诸生产要素中，资本要素起着主导作用。萨伊说："如果没有资本，劳动就不能生产什么东西。资本必须和劳动协力合作，这个协作我叫作资本的生产作用"，"资本的生产力常常和自然力的生产力混在一起"。他批评斯密"抹煞资本的同样能力"，⑥ 即资本的生产力。又如庞巴维克在《资本与利息》一书中，专设一编讲"生产力学说"，大谈"资本的物质生产力""资本的价值生产力"，还用资本生产力说明利息和"剩余价值"的来源。⑦ 而主张劳动价值论的学者，则重视和强调劳动生产力，认为劳动是主动力，正是劳动运用生产要素才生产出财富和价值。李嘉图坚持劳动价值论，故强调

① 《马克思恩格斯文集》第 7 卷，人民出版社，2009，第 96 页。
② 《马克思恩格斯文集》第 5 卷，人民出版社，2009，第 368 页。
③ 《马克思恩格斯全集》第 46 卷（上），人民出版社，1979，第 268 页。
④ 《马克思恩格斯文集》第 5 卷，人民出版社，2009，第 59 ~ 60 页。
⑤ 以上所引见萨伊《政治经济学概论》，商务印书馆，1963，第 75 ~ 76 页。
⑥ 以上所引见萨伊《政治经济学概论》，商务印书馆，1963，第 72 ~ 75 页。
⑦ 参见庞巴维克《资本与利息》，商务印书馆，2010，第二编"生产力学说"。

劳动生产力。他说："在不同的社会阶段中，资本或雇佣劳动的手段的积累速度是有大有小的，而且在所有的情形下都必须取决于劳动生产力。当肥沃的土地数量很多时，劳动的生产力一般也最大。"① 这一论断表明：资本利润和积累的增加，肥沃土地收入的扩大，在本原上都是劳动的生产力提高的结果，与资产者及其庸俗学者将其归功于资本生产力、土地生产力大相径庭。

在马克思的著作中，也重视生产力的分工协作因素和自然力因素等，特别重视科学的因素，并将劳动以外的生产力因素，都与劳动生产力联系。他把生产力中的科学力量、分工协作的作用，称作"社会的劳动生产力"或"劳动的社会生产力"。但是由于资本与雇佣劳动关系中的资本拜物教性质，劳动的生产力却颠倒地表现为"资本的生产力"。马克思指出："协作这种社会劳动的社会生产力，表现为资本的生产力，而不是表现为劳动的生产力。"对此，"资本家是不费分文的"，"应用机器不仅仅是使与单个人的劳动不同的社会劳动的生产力发挥作用，而且把单纯的自然力——如水、风、蒸汽、电等——变成社会劳动的力量"，"上述增加生产力"只是"所使用的单纯自然力的一部分"。② 从这些说明中又可以看出，马克思是将劳动生产力与生产力当作内涵一致的概念使用的。从马克思的以上论述中还可以看出，他把科学、分工协作、自然力等都作为生产力或劳动生产力的构成要素。这是对生产力二要素或三要素观点的否定。

劳动生产率是生产力或劳动生产力的表现形式。马克思指出："劳动的生产力，它事实上只决定有目的的生产活动在一定时间内的效率。"③ 生产力或劳动生产力的高低和发展情况，可以用劳动生产率来衡量。因此，在马克思的论著中，提高生产力的因素与提高劳动生产率的因素是一致的，有时也会在一致的含义上予以并用。一个国家或地区的生产力或劳动生产力的高低，就是用劳动生产率来测量的。一是可以用人均产量来测算，如美国一个农民一年生产的产品量等于我国一个农民产量的近 100 倍。二是可以用人均 GDP 来测算，我国经济总量虽居世界第二位，但生产力落后，人均GDP 远低于发达国家。GDP 按不变价格计算，实际上是使用价值指标，而非价值指标。

3. 决定劳动生产力的要素也是生产力的构成要素，生产力二要素、三要素之争偏离马克思的观点

在马克思的著作中，决定生产力的要素同决定劳动生产力的要素是完全一致的；而且有必要指出：马克思所讲的生产力的诸要素，至今没有被我国学界完全、准确地

---

① 李嘉图：《政治经济学及赋税原理》，商务印书馆，1962，第 81 页。
② 以上所引见《马克思恩格斯全集》第 47 卷，人民出版社，1979，第 297、363 页。
③ 《马克思恩格斯文集》第 5 卷，人民出版社，2009，第 59 页。

把握。我国长期存在生产力二要素与三要素之争，争论产生的根源有三个方面。其一是对马克思的有关观点没有全面把握，加之马克思的许多有关著作是新中国成立后逐步翻译过来的，事先并不清楚。这导致生产力二要素、三要素之争，事实上偏离了马克思的有关观点。其二是由于对生产力的定义见解不同，对生产力要素构成的看法必然产生差异。如果只把生产力定义为人们利用、改造和征服自然的能力，就会主张生产力二要素，而把劳动对象和其他要素排除于生产力之外。因为劳动对象和自然力等是被改造的对象，它不能用来改造或征服自然。如果将生产力定义为生产财富的能力，就会把劳动对象和其他要素纳入生产力要素之中。其三是受斯大林生产力二要素论的影响。斯大林在 1938 年写的《辩证唯物主义与历史唯物主义》中，给生产力下了这样一个定义："用来生产物质资料的生产工具，以及有一定的生产经验和劳动技能来使用生产工具、实现物质资料生产的人，——所有这些因素共同构成社会的生产力。"① 斯大林的这一生产力二因素论，曾长期成为马克思主义有关教材和论著中流行的关于生产力的专一定义。斯大林的生产力二因素论，与马克思的生产力多要素论显然是不一致的，也不符合生活实际情况。斯大林去世后，国内外的有关著作，多数放弃了生产力二要素论，认同劳动对象是生产力构成要素。也有的论著，认同马克思的生产力多要素。卫兴华于 1980 年在《哲学研究》第 11 期发表了《关于生产力的内容和发展生产力的问题》一文，提出生产力多要素论。认为马克思所讲的决定劳动生产力的因素就是构成生产力的因素。并批评了"左"的观点："生产力的丰富内容，它的许多因素在长时期中被粗暴地忽视了，致使我国的生产力的发展成为跛足的东西。例如，片面强调人的因素的作用，而忽视物的因素的作用；在物的因素中，片面强调生产工具的作用，而忽视原材料、电力和能源等的作用；对于自然资源和生态平衡没有加以很好的保护和利用，反而任意进行破坏；强调群众运动，而忽视甚至摒弃科学技术和科技人员的作用，还不断批判'技术至上'、'专家路线'；否定和批判科学是生产力这一马克思主义的论断；强调政治的决定作用，而忽视生产组织和经营管理的作用。"

在我国，有一些学者继续主张生产力二要素论。如经济学界的前辈于光远认为，"在生产力要素中我认为不应该把作为劳动对象的自然算在里面，正好像在战争中不能把敌人算作我们的战斗力一样"，"生产力应该是两要素……劳动对象是被改造的对象"。② 蒋学模等也主张："生产力是由生产工具与劳动者构成的。"③ 主张生产力二要素、三要素或多要素，是学术是非问题，可以自由讨论。但既然讨论的是马克思主义

① 《斯大林选集》下册，人民出版社，1979，第 442 页。
② 于光远：《政治经济学社会主义部分探索（一）》，人民出版社，1980，第 409～410 页。
③ 蒋学模主编《政治经济学教材》，上海人民出版社，1980，第 3 页。

政治经济学中的生产力概念和理论问题，还需要回归马克思的论著探求其原意。另外，要理论联系实际，从发展生产力的实践中来把握其构成要素。只要把生产力界定为人们生产物质财富和精神财富的能力，就会认同劳动对象是生产力的要素，而且会进一步认同马克思所讲的生产力多要素，把管理、分工协作、科学、自然力等因素纳入生产力要素之中。这样就会回归马克思的观点，认同《资本论》中所讲的决定劳动生产力的诸要素，就是构成生产力的诸要素。

主张生产力三要素的学者中，如学界老前辈王学文，是以马克思讲的劳动过程的三个简单要素为理论根据的，但这里存在误解。马克思在《资本论》第一卷第五章讲劳动过程时，提出劳动过程的三个简单要素。"劳动过程的简单要素是：有目的的活动或劳动本身，劳动对象和劳动资料。"① 马克思在这里不是讲劳动过程的全部要素，而是讲任何社会及其任何发展阶段的劳动过程，都必须起码具备的最简单的要素。它内含着的意思是，随着生产劳动过程的发展，会有新的因素加进来，如管理、分工协作、科技的发明与应用等。马克思指出："就劳动过程只是人和自然之间的单纯过程来说，劳动过程的简单要素，是这个过程的一切社会发展形式所具有的。但劳动过程的每个一定的历史形式，都会进一步发展这个过程的物质基础和社会形式。"② 在机器大工业生产的基础上，马克思进一步提出了决定劳动生产力的多种情况："工人的平均熟练程度，科学的发展水平和它在工艺上的应用程度，生产过程的社会结合，生产资料的规模和效能，以及自然条件。"③ 其中，科学的发明发现，需要应用于生产的工艺，才能形成生产力；"生产过程的社会结合"，包括分工协作、生产组织与管理；"生产资料的规模和效能"，指劳动资料和劳动对象的数量和质量；"自然条件"，指被应用于生产的风力、水力及自然资源等。

4. 科学是不是生产力的独立要素？

改革开放以前，关于科学是不是生产力，理论界大多并不明确。尽管在马克思的著作中，反复地、不断地讲到科学是生产力的要素，但是，长期以来我国有关重要文献和论著中并未予以明确提出和肯定。直到在"文革"后期的 1975 年，邓小平听取由胡耀邦等起草的《中国科学院工作汇报提纲》时，《中国科学院工作汇报提纲》提出，"科学技术也是生产力"，邓小平表示赞同，指出"科学技术叫生产力"。④ 这一观点竟在不久遭到"四人帮"的攻击。在他们的主导下，《辽宁日报》1976 年 4 月 5 日发表

① 《马克思恩格斯文集》第 5 卷，人民出版社，2009，第 208 页。
② 《马克思恩格斯文集》第 7 卷，人民出版社，2009，第 1000 页。
③ 《马克思恩格斯文集》第 5 卷，人民出版社，2009，第 53 页。
④ 《邓小平文选》第 2 卷，人民出版社，1994，第 34 页。

文章说，"劳动者才是最根本、最重要的因素"，讲"科学是生产力，就是否定劳动者的作用"。《红旗》杂志也在 1976 年第 9 期发表文章说，讲"科学也是生产力"，是"篡改马克思主义关于人是生产力的决定因素的正确观点"。粉碎"四人帮"后，邓小平进一步指出，"科学技术是第一生产力"。① 此后，人们认同科学是生产力的重要内容。事实也告诉人们，科技最先进最发达的国家，生产力水平也最高。但在有些教材与论著中，由于受传统理论的影响，不把科学作为生产力的独立要素，而只作为渗透于二要素或三要素中的外加要素。无疑，新的科技创新，会改进和生产出新的、更先进的生产工具和其他生产资料，会提高劳动者的科技水平。但科技创新的作用超出这些方面，它会改变生产过程的工艺流程和传统生产模式。马克思一再指出，科学是生产力的独立因素——"大工业则把科学作为一种独立的生产能力与劳动分离开来"，② "随着科学作为独立的力量被并入劳动过程而使劳动过程的智力与工人相异化。"③ 因此，不应否定科学是一种独立力量。例如，人造卫星可以用于生产，但它并不是渗透到其他生产力要素中起作用，而是独立地发挥作用。

马克思十分重视科学在生产力发展、人类社会进步中的重要作用。随着生产力向高层次发展，科学的地位和作用也日益提高。在现代社会生产中，科学的地位尤为凸显。科学作为"独立的生产能力"，作为"第一生产力"，会推进其他生产要素的变革，又会统率诸生产要素协调发展。当今国际竞争的核心是高科技竞争，也是高科技人才的竞争。抢占科技发展制高点，就能起引领作用，推动经济、社会、教育、军事、环境等各方面整体前进。我国强调创新驱动发展，首先应是科技创新、自主创新驱动发展，以应对新的科技革命和产业革命浪潮的世界性挑战。社会历史发展的经验表明，抓住科技革命的机遇，就可能实现赶超跨越，成为世界强国；错失机遇，就会继续落后。

二 从生产力决定生产关系的原理探讨生产力发展的源泉

生产力决定生产关系，生产关系要适应生产力的发展，生产关系是生产力发展的形式，生产关系会反作用于生产力。这是唯物史观的基本原理。马克思和恩格斯在《德意志意识形态》中指出，人们的生产"表现为双重关系：一方面是自然关系，另一方面是社会关系"，"人们所达到的生产力的总和决定着社会状况"。④ 在《哲学的贫

① 《邓小平文选》第 3 卷，人民出版社，1993，第 274 页。
② 《马克思恩格斯文集》第 5 卷，人民出版社，2009，第 418 页。
③ 《马克思恩格斯文集》第 5 卷，人民出版社，2009，第 743 页。
④ 《马克思恩格斯文集》第 1 卷，人民出版社，2009，第 532 ~ 533 页。

困》中，马克思指出："生产力在其中发展的那些关系，并不是永恒的规律，而是同人们及其生产力的一定发展相适应的东西，人们生产力的一切变化必然引起他们的生产关系的变化吗？"① 在《雇佣劳动与资本》一书中，马克思又讲：社会生产关系"是随着物质生产资料、生产力的变化和改变而变化和改变的。"② 在《政治经济学批判》序言中，马克思进一步做了经典的表述："人们在自己生活的社会生产中发生一定的、必然的、不以他们的意志为转移的关系，即同他们的物质生产力的一定发展阶段相适合的生产关系。这些生产关系的总和构成社会的经济结构，……社会的物质生产力发展到一定阶段，便同它们一直在其中运动的现存生产关系或财产关系（这只是生产关系的法律用语）发生矛盾。于是这些关系便由生产力的发展形式变成生产力的桎梏。那时社会革命的时代就到来了。"③ 从马克思、恩格斯的这些论述中可以明确以下几点。①人们为了生活就需要进行生产。生产是社会生产，包括生产力和社会生产关系，前者是"自然关系"，后者是"社会关系"。②社会生产关系并不是永恒的，而是发展变化的，因为生产力是不断发展变化的。③生产力决定着生产关系。生产力是内容，生产关系是生产力的社会形式。因此，生产关系一定要与一定历史阶段的生产力状况相适应、相适合，这是社会历史发展的规律。④生产力总是在一定的生产关系中运动和发展的，发展到一定阶段便与生产关系发生矛盾，原有的生产关系由生产力发展的形式变为生产力发展的桎梏，就会产生革命性变革，由适应生产力发展的新生产关系取代旧的生产关系。

把握唯物史观的这些基本原理，便于评析我国长期以来在有关理论问题上的一些争论。争论的一个主要问题是：生产关系的发展是由生产力决定的，而生产力的发展又是由什么决定的，它的发展源泉或动力究竟是什么。在 20 世纪 50 年代后期至 60 年代前期和粉碎"四人帮"后的一个时期，学界曾热烈讨论过这一问题，观点纷繁。其中主要有三种见解：生产力发展的动力是生产力内部源泉说；生产力发展的动力是生产关系说；生产力发展的动力是生产力与生产关系的矛盾说。下面分别予以评析。

（一）生产力内部源泉说

池超波提出："一方面应当肯定生产力的内部矛盾是生产力发展的动力和源泉；另一方面应当正确地估计和认识生产关系和生产力之间的相适应和矛盾对于生产力的发展所起的推动作用和阻滞作用。"④ 平心大力主张，生产力发展有其内在动力。他认为，

① 《马克思恩格斯文集》第 1 卷，人民出版社，2009，第 613 页。
② 《马克思恩格斯文集》第 1 卷，人民出版社，2009，第 724 页。
③ 《马克思恩格斯文集》第 2 卷，人民出版社，2009，第 590～591 页。
④ 池超波：《什么是生产力发展的动力？》，《新建设》1957 年第 12 期。

生产力具有自己增殖、自己更新的趋向，所以是最富有革命性的运动力量。这种运动力量是在普遍的矛盾形式中显示出来的。历史和现实证明，"生产力发展是服从自己的运动规律的"。① 洪远朋提出："生产力的发展有其内部的源泉，这是无法否认的。如果否认生产力发展有其内部的源泉，不是导致把生产关系和上层建筑当作生产力发展的最终决定力量的外因论，就是陷入生产力决定生产关系、生产关系又决定生产力的循环论。"② 董辅礽批判了"四人帮"宣扬的，在社会主义历史时期，生产关系对生产力"始终起着主要的决定作用"的言论。他说："这种理论之所以荒谬，首先在于把生产关系特别是上层建筑看成是社会发展的本质和最终动因。"他认为，人类社会发展的历史表明，归根到底是生产力决定生产关系，而不是生产关系决定生产力。他主张，生产力具有推动其发展的内在矛盾，如生产工具与劳动力之间的矛盾、生产工具与劳动对象之间的矛盾、生产工具与生产工具的矛盾。"这些矛盾的产生和解决，推动着生产力的发展。"③

（二）生产关系动力说

李洪林讲道，什么是生产力发展的动力，最近看到几种不同的回答。有人说是劳动力、人或人民群众，有人说是劳动力和生产工具的矛盾，有人说是人和自然的矛盾，有人说是需要，甚至有人说是人的本能需要。"我认为正确的答案只能是生产关系推动生产力的发展。"④

《新建设》杂志 1960 年第 8、第 9 期以《关于生产力性质问题的讨论》为题，报道了当时对平心的批评意见。"固然，生产力一般起决定作用，但在一定条件下，生产关系又反过来起决定作用。"这表明，批评平心的学者，是在肯定生产力的决定作用的前提下，讲生产关系对生产力的决定作用的，涉及相互决定的循环论证。

批评生产力发展内因论、主张生产关系决定生产力论的观点，在改革开放前的"大跃进"和人民公社化年代，符合当时的社会政治气候。特别在"文革"中，"四人帮"批判"唯生产力论"，宣传"在社会主义历史时期，生产关系对生产力、上层建筑对经济基础的反作用是决定性的"，⑤ 借以搞生产关系和上层建筑领域"左"的不断革命。所谓"革命搞好了，生产力自然而然上去了。"

生产关系是生产力发展的动力的观点，在粉碎"四人帮"后的改革开放年代，很

① 平心：《再论生产力性质》，《学术月刊》1959 年第 9 期。
② 洪远朋：《论生产力的内在源泉》，《思想战线》1978 年第 5 期。
③ 以上所引见董辅礽《关于生产力的几个问题》，载《论生产力》（下），吉林人民出版社，1980，第 252 页。
④ 李洪林：《只有生产关系才能成为生产力发展的动力》，《光明日报》1957 年 1 月 23 日。
⑤ 转引自高峰、刘晓锋《生产力的决定作用不容否定》，《南开学报》1978 年第 1 期。

少有人再讲了。主张生产力发展内因论的有关观点，大都是 1978 年以后提出来的，与批判"四人帮"的生产关系和上层建筑决定论相关联，也是与总结以往的历史教训相联系的。但是目前也还有个别学者仍主张，生产力发展的根本动力是生产关系，甚至对生产力决定生产关系、生产关系反作用于生产力的唯物史观提出了不同意见。

胡钧近些年来继续发表论文，坚持生产关系决定生产力论，主张生产关系是"生产力发展的根本动力"。他对卫兴华不赞同生产关系动力论的论述提出争论。他批评"生产力决定生产关系，生产关系反作用于生产力"的理论表述"不恰当"。他说："现在片面强调生产力对生产关系的决定作用……片面强调生产关系一定要适应生产力的性质"，而"忽视生产关系对生产力的主要推动作用"。[1] 胡钧将人类社会发展的历史，归结为一个生产关系推动生产力发展的历史。他说："整个人类历史就是一定生产关系从生产力发展的主要推动者到其主要障碍者，最后被更能推动生产力发展的新的生产关系所取代的历史。"可以看出，胡钧所批评的正是唯物史观的基本观点。他的观点是同马克思主义的观点完全对立的。但他竟然宣称：他讲的这一套是"历史唯物主义的基本常识"。

（三）生产力与生产关系矛盾说

这一观点，曾是我国在一段时期占主要地位的观点。王亚南不赞同生产关系动力说。他说："生产力发展的动力，既不能由生产内部存在的矛盾得到说明，也不能单由生产关系的促进作用得到说明，归根结底，必须在生产力与生产关系之间的矛盾和对立斗争的统一中，在它们之间的辩证发展中，去找到它的依据。"[2]

卫兴华也曾主张生产力发展的源泉是生产力与生产关系的矛盾。"生产力和生产关系的矛盾，是社会生产的基本矛盾，这种基本矛盾是决定社会生产，从而也是决定生产力发展的基本原因。"[3] 卫兴华当时不赞同平心关于"生产力自己发展趋向是社会物质生产过程的基本规律"的看法。在 1988 年出版的《卫兴华选集》中，在一篇相关文章的后面，特加了一段附言："27 年前，我不赞同平心先生从生产力本身寻找生产力发展的内部根据，强调生产关系同生产力的矛盾是决定生产力发展的基本原因，1978 年以后，我改变了这种看法。认为生产力发展的根据首先在生产力内部。"[4] 不过，平心认为，生产力发展的内部根据是生产力的"物质技术属性"和"社会属性"二重性的矛盾，笔者难以认同。

————————————

[1] 胡钧：《论生产力发展的根本动力》，《经济纵横》2011 年第 3 期。
[2] 王亚南：《促进生产力发展的动力究竟是生产力内部存在的矛盾？是生产关系，还是其他?》《福建日报》1956 年 12 月 14 日。
[3] 卫兴华：《也谈生产力和生产关系问题》，《光明日报》1960 年 8 月 22 日。
[4] 《卫兴华选集》，山西人民出版社，1988，第 453 页。

（四）从理论和实践的结合上研究生产力发展的动力与源泉

探讨生产力发展的源泉或动力问题，需要从理论与实践的结合上寻求解决的途径。从理论研究上说，既然讨论的是马克思开创的唯物史观关于生产力和生产关系的基本原理，就需要追溯马克思是怎样分析生产力的发展的。从实践上说，应看看从历史到现实，生产力是怎样发展的。

马克思在《〈政治经济学批判〉序言》中讲到了生产力和生产关系的矛盾，但没有将其看作生产力发展的根源，反而指出这种矛盾会妨碍生产力的发展。马克思的原话是："社会的物质生产力发展到一定阶段，便同它们在其中运动着的现存关系……发生矛盾，于是这些关系便由生产力发展的形式变成生产力的桎梏。"[①] 生产力和生产关系的矛盾和解决，有利于生产力的发展，但不是生产力发展的根源。我们知道，生产力不仅是生产关系的决定力量，也是人类社会历史发展的最终决定力量。如果生产力没有自己发展的源泉，怎么能起这样的决定作用呢？马克思说：任何生产力"都是以往活动的产物"，"生产力是人们应用能力的结果"。[②] 也就是说，生产力是人们在物质生产中所进行的"活动的产物"，是应用自己能力即实践能力的结果。从原始社会到近代社会，生产力或慢或快的发展，无一不是人们生产活动的结果和实践能力的结果。

认为生产力自己不会发展，要靠生产关系作为动力来推动，这样的判断是说不通的。生产力是最革命、最活跃的因素，而不是一堆死的因素，搁在那里不会动，全靠生产关系推着或拉着往前走。生产力中的劳动者是主动因素，非劳动因素是被动因素，是劳动者主导着生产力的发展，是劳动（包括体力劳动和脑力劳动）利用生产资料和其他生产要素，推动着生产力的发展。这正是马克思强调生产力是劳动的生产力之意义所在。但仅这样讲是不够的。讨论生产力发展的动力或源泉时，应分清四个不同层次的问题。其一，人类为什么要发展生产力？这是发展生产力的动因问题。其二，人类怎样发展生产力？这是发展生产力的过程和行为问题。其三，生产力为什么会不断发展？这是生产力发展的源泉或内因问题。其四，生产关系对生产力发展起什么作用？生产关系是反作用于生产力，起促进或阻碍的作用，还是起根本动力作用？以下分别予以论述。

1. 人类为什么要发展生产力？

唯物史观回答了这个问题。人类为了维持生存和生活，就有吃喝穿住等生活需求，为此，就要发展生产，发展生产力。也可以说，人的需求是发展生产力的动因。马克

① 《马克思恩格斯文集》第 2 卷，人民出版社，2009，第 591 页。
② 《马克思恩格斯文集》第 10 卷，人民出版社，2009，第 43 页。

思讲："没有消费，也就没有生产，因为如果没有消费，生产就没有目的。消费从两方面生产着生产"，"消费创造出新的生产的需要"，"消费创造出生产的动力"。① 他还指出："社会需要，即社会规模的使用价值，对于社会总劳动时间分别用在各个特殊生产领域的份额来说，是有决定意义的。"② 正是对使用价值的消费需要，才引出发展生产或发展生产力的需要。消费需求是经济增长的引擎。马克思这里把消费需要作为生产或生产力的"动力"。这个"动力"可以理解为"动因"即起因。如果讲"动力"，也是远层次的或外围层次的动力。

2. 人类怎样发展生产力？

人类发展生产力的历史，是劳动推动生产要素生产物质财富和精神财富的历史。在生产力诸要素中，劳动者是首要的要素，生产力各要素作用的充分发挥、效能的提高、组合的优化，都会推进生产力的提高。劳动者熟练程度的提高、文化和科技知识的增长，会提高生产力；科学的发明与创新并应用于生产，引进先进技术设备，会大幅度提高生产力；管理水平的提高和现代化，会有效提高劳动生产力；生产资料数量的充足和质量的提高，是提高生产力的重要条件；自然力的充分利用于生产，会形成低成本的生产力；搞好分工协作和生产组织，也会促进社会劳动生产力；等等。生产力诸因素发挥功能、形成和提高生产力，是由劳动主导的生产力自行发展的过程。固然，这种发展是在一定的生产关系下实现的。但生产力作为最活跃和最革命的因素，会自行发展，有其自己的发展规律。社会主义的本质要求快速发展生产力，就要着力于充分发挥各生产要素的各自功能和综合功能，让劳动（包括科技劳动、管理劳动等复杂劳动和一般劳动）推动生产力更好更快地发展。如果把劳动与诸生产要素结合从而推动生产力的发展，也作为生产力的动力，那就是近层次的或第二层次的、生产力自行增殖与发展的动力。

3. 生产力为什么会不断发展？

不少学者主张从生产力诸要素内部的矛盾说明其原因。从理论和实践的结合上看，是有一定道理的。但生产力发展的源泉或内因，并不能完全由诸要素内部矛盾说明。内因中还包括诸生产因素各自的发展变化，如劳动者长期经验的积累，"熟能生巧"，可提高劳动技能和熟练程度，从而提高劳动生产力。它们各自的变化是诸要素内部矛盾的原因或结果。

可以认同：生产力诸要素的内在矛盾和解决，是生产力发展的重要源泉。

第一，存在着生产中人与自然界的矛盾。生产力表示人们适应、利用和改造自然

① 《马克思恩格斯选集》第 2 卷，人民出版社，1995，第 9 页。
② 《马克思恩格斯文集》第 7 卷，人民出版社，2009，第 716 页。

的能力。在与自然界的斗争中，劳动者提高了自己的多种应对和创新能力。普列汉诺夫说："人在作用于他之外的自然时，改变了自己本身的天性。他发展了自己的各种能力，其中也包括'制造工具'的能力。但是在每一个特定的时期，这个能力的程度决定了生产力的发展所业已达到的水平。"① 从发明弓箭进行狩猎，到结网捕鱼、造船过河、兴修水利，到现代的人造卫星、航天科技等，都是人与自然斗争的成果。

第二，存在着先进技术设备的创新或引进同劳动者技能不相适应的矛盾。我国曾出现某些企业引进先进技术设备，由于职工操作和应用水平赶不上而闲置浪费的事情。应用先进技术设备，就需要及时培训出能够熟练操作它的人员。这又与管理水平的提高相联系。

第三，也存在着生产工具与劳动对象的矛盾、生产工具同生产工具的矛盾。例如，精纺毛料需要优质羊毛（劳动对象）。品质低次的羊毛，既损害产品的质量，又影响劳动生产力的提高。在改革开放前，北京清河原第二毛纺厂是生产毛织产品的大型国有企业。人们看到从外省运来的羊毛袋中，混杂着许多泥沙，甚至装有石块，需要安排不少工人从事拣选羊毛的劳作，既增加了成本，又影响了生产效率。改革开放以来，随着羊毛原料质量的提高，生产效率和产品质量也相应提高了。再者，生产工具之间的矛盾也需要及时解决。例如，英国曾出现过纺纱业赶不上织布业需要的矛盾。由于世界市场的扩大，产生了对棉布的大量需求，推动了英国棉织业的技术革命，发明了飞梭，改进了织布机，提高了生产力。但纺纱业跟不上织布业，棉纱供不应求，影响织布业的发展。为解决这一矛盾，就促使人们去改进和创新纺纱机。又如，炼钢设备的生产能力与轧钢设备的能力要相互匹配。有时会出现两者不相匹配的矛盾，需要解决，以利于生产力的发展。

第四，在一定发展阶段上，会产生要素驱动发展与创新驱动发展要求的矛盾。当低成本的劳动要素和资源要素驱动经济增长的能力式微，与形成新生产能力的需求发生矛盾时，要素驱动型发展不得不转为创新驱动型发展。我国目前就处在这一阶段。粗放型增长方式已不可持续，需要重在创新驱动，形成新的发展方式。创新驱动，首先是科技创新驱动。

第五，存在生产力发展与废弃物的堆积和污损环境的矛盾。这促使人们发展循环经济。贵州六盘山是煤都和钢都，每年产生 100 万吨炼铁废渣和近千万吨煤灰。这种工业垃圾堆成小山，既污染环境，又浪费土地。当地恒远建材公司进行技术创新，将废渣和煤灰变废为宝，生产出建筑绿色住宅墙体的新材料，一举多得。

---

① 《普列汉诺夫哲学著作选集》第 1 卷，三联书店，1959，第 683 页。

从上面多方面的分析和论述中可以看出，生产力是会自己发展的，而且是持续或连续地发展着，并在发展中不断增强自己的能力。正因为如此，生产力才能成为最革命最活跃的力量，决定着生产关系的性质，并成为社会历史发展的最终决定力量。以上的论证，是说明生产力发展的内在源泉，也可以说是内在动力。这是第一层次的最直接、最根本的内在动力。

4. 生产关系对生产力的发展起什么作用？

讲生产关系，不是仅指狭义的生产关系即直接生产过程中的关系，而且也指广义的生产关系即生产关系体系。它包括作为基础层次的所有制和生产资料与劳动者的结合方式，也包括与此相适应的狭义的生产关系以及交换关系和分配关系。所有制的变化会引起整个生产关系体系的变化。生产关系有新旧之分，它们对生产力的发展所起的作用，或是促进、适合，或因阻碍而变革，以重新适合，这些作用不是也不可能是其发展的根本动力。生产力是在一定的生产关系下发展的，而生产关系须适应生产力的发展而发展与变化。没有脱离开生产关系的生产力，也没有脱离开生产力的生产关系。新的生产关系适应生产力的性质和水平，可促进生产力的发展。一定社会形态的生产关系的发展，存在前期、中期、末期的不同阶段。前期是新生产关系，末期是旧生产关系，中期是不新不旧的生产关系。中期阶段经历的时间较长，它的生产关系仍适应生产力的发展，给生产力的发展继续提供发展的空间。末期的旧生产关系阻碍着生产力的发展，会被生产力的发展所打破，产生新的适合生产力发展的生产关系。判断生产关系的新或旧，是根据它是起促进还是阻碍作用来划分的。离开这个标准，就谈不上生产关系的新与旧。有的学者是在肯定生产力决定生产关系的前提下，主张生产关系是生产力发展的动力。这就陷入二者相互决定的循环论证。而有的学者如胡钧，是在否定生产力决定生产关系、生产关系反作用于生产力的基本原理的前提下，提出生产关系是生产力发展根本动力的观点，这就偏离唯物史观更远了。胡钧主张生产关系是生产力发展根本动力的观点，并没有提出站得住脚的论证和论据。所持的一个理由是：生产力有其发展的内部源泉，就是脱离开生产关系讲生产力的发展。这种批评在逻辑上是悖理的。生产力总是在一定的社会生产关系下发展的。讲生产力存在自行发展的源泉，怎么就是脱离开生产关系呢？如果否定生产力是在自己的发展中决定或推动着生产关系的发展，那么请批评者回答：生产关系的发展变化是由什么决定的？它怎么会由生产力发展的动力变为桎梏？马克思主义认为：生产关系是生产力的社会形式，生产力是生产关系的内容。难道不是内容决定形式，而是形式决定内容么？

断言生产力自己不会发展，完全靠生产关系推动，不符合马克思主义理论原理，也不符合历史事实。第一，马克思通过对周期性经济危机的分析，揭示资本主义生产关系已不适合生产力的发展。但他又根据历史事实说明，危机过后会出现新的繁荣或高涨，而且，危机过后的高涨，会超过危机前的水平。这种高涨，显然不能用新的生产关系的推动来说明，而是与马克思所论述的固定资本的周期更新直接有关。第二，列宁在 1916 年写的《帝国主义是资本主义的最高阶段》中，揭示帝国主义是腐朽的和垂死的资本主义。但他同时指出："如果认为这一腐朽性趋势排除了资本主义的迅速发展，那就错了"，"总的说来，资本主义的发展比以前快得多。"① 从统计数字来看，进入垄断资本主义的 100 年间，发达国家的工业年均增长 3% 左右，超过自由竞争时代年均 2% 的增长率。第三，"二战"后主要资本主义国家经历了快速发展时期。日本在 20世纪 50~70 年代的 20 年中，生产力快速发展，经济增长年均 10% 左右，远远超过以往资本主义发展的速度。美国的农业劳动生产率在"二战"后有 20 多年的快速增长。1950~1977 年，其年均增长达 5.6%，快于工业的增长，改变了农业落后于工业的长期格局。以上的历史事实说明，生产力有其自己的发展规律，实践否定了生产力自己不会发展，只能靠生产关系或新生产关系推动的看法，否定了生产关系是生产力发展根本动力的非马克思主义观点。

三 "唯生产力标准论"和"唯生产力论"的是与非

（一）生产力决定生产关系的一般规律和社会主义产生与发展的特点

生产力决定生产关系、生产关系要适应生产力的发展，这是人类历史发展的规律。从人类历史发展的总趋势来看，它是科学的、符合实际的。但是，不能把生产力决定生产关系的原理绝对化和机械化。否则，无法说明为什么生产力高度发展的美英等资本主义国家没有建立社会主义制度，而生产力落后的一些国家先建立了社会主义制度。

在既定的生产力水平条件下，在特定的社会历史条件下，人们有自觉选择某种制度和体制的社会经济空间。列宁从帝国主义时期资本主义国家经济政治发展的不平衡规律出发，提出了生产力落后的俄国作为资本主义世界链条中的薄弱环节，可以首先取得社会主义革命胜利的理论。苏联社会主义制度发展了 70 年，成为可与美国抗衡的超级大国，但在特定的历史条件下发生剧变，国家解体，转向资本主义。其成败兴衰都难以直接和完全用生产力的决定作用说明。但归根到底，从人类社会历史发展的规律来看，生产力的高度发展终将突破资本主义生产关系，走向社会主义。俄罗斯将沿着否定之否定的历史辩证法而走向未来。旧中国半殖民地、半封建制度的生产关系阻碍了生产力的发展，要求突破旧的生产关系，建立适合生产力发展的新生产关系。但

---

① 《列宁选集》第 2 卷，人民出版社，1995，第 685 页。

究竟是走资本主义道路，还是走社会主义道路，各个阶级有不同的选择。《中国共产党章程》的总纲指出："坚持马克思主义的基本原理，走中国人民自愿选择的适合中国国情的道路，中国的社会主义事业必将取得最终胜利。"[1] 历史证明，选择社会主义制度和中国特色社会主义道路，比某些前殖民地国家走资本主义道路，发展得更好更快。先进阶级通过其革命政党的这种自觉选择，是在认识客观必然性的历史背景下实现的。不能把这样的自觉选择简单看作历史唯心主义。有三种不同的经济政治选择：一种是符合历史规律的自觉选择，会获得成功；另一种是违反客观规律的盲目选择，会流于失败；再一种是试错法的选择，成败交错，或成功，或放弃。当前，人类社会发展仍走在从必然王国向自由王国飞跃的征途上。

生产力是社会生产关系发展变化的根本决定力量。我国进入社会主义时期，通过社会主义实践，认识到我国仍处于社会主义初级阶段。根据我国生产力落后和搞活经济的必要，由实行单一的公有制和指令性计划经济，转向以公有制为主体、多种所有制共同发展的基本经济制度和社会主义市场经济，正是因为原有制度和体制，或者说原有的生产关系体系和体制，不完全适合生产力的发展。中共中央关于改革开放的重要文献，也是从我国生产力落后，多层次、不平衡的国情出发，说明我国发展多种所有制的必要性。之所以从计划经济转向市场经济，是由于僵化的经济体制弊端凸显，不利于生产力的发展，而市场经济在配置资源方面具有灵活性、效率性，有利于生产力的发展。因此，从大的方面说，我国的改革开放遵循了马克思主义关于生产关系要适合生产力的发展规律的理论指导。既重视生产力的决定作用，又重视生产关系对生产力的反作用，中国特色社会主义已经并将继续促进生产力的快速、健康发展。而苏联社会主义退回资本主义，生产力倒退和停滞了十几年，其世界经济政治地位大幅下降。

也应看到，在既定的生产力水平下，生产关系的某些具体环节可以变化。在生产关系体系中，所有制是基础。所有制结构的变化，会引起相关的经济关系变化。如我国三大改造以后，实行单一的公有制，过早地消除了非劳动要素参与分配的关系。改革开放以来，实行多种所有制共同发展，必然引起分配关系的变化。与以公有制为主体相对应的，是以按劳分配为主体；与私营经济和外资企业的私有制相对应的，必然是按生产要素所有权的分配，存在资本与雇佣劳动的矛盾和收入差距扩大的趋势。

再如，改革开放以来，对原有的"国营经济"实行所有权与经营权的分离，改称"国有经济"。产权关系的这一变化，有利于生产力的发展，有利于国有企业成为市场

---

① 《中国共产党章程》，人民出版社，2012，第 1 页。

经济的重要主体。在改革开放过程中，我国的分配关系也在不断调整，分配领域曾流行多年的"效率优先、兼顾公平"的原则，不利于消除两极分化和实现共同富裕，所以十七大报告中改提"把提高效率同促进社会公平结合起来"。[①] 目前我国出现的收入分配差距过大、贫富分化的情况，其产生的原因与生产力的决定作用无关，也不能靠发展生产力自动地缩小差距、实现分配公平。改变这种状况，需要采取一系列的有效措施，包括坚持和完善以公有制为主体的基本经济制度，改革收入分配制度，倡导社会主义公平正义，走共同富裕的道路，等等。"做大蛋糕"，并不等于就能"分好蛋糕"。生产力发展，并不决定分配就是公平的。社会主义制度的发展与完善，需要生产力的快速发展，但不能仅归结为生产力的决定作用，需要重视社会主义生产关系的自我发展与完善。

还需要重视一个问题：为什么在社会主义以前的一切阶级社会中，新社会经济制度产生后，会自然地不断发展、完善，不存在一个新的社会制度整体倒退回旧制度的事情？例如，没有一个资产阶级的政治家或理论家，需要提出坚持资本主义道路和方向的号召和原则。而我国社会主义制度则需要防范和平演变、"改旗易帜"的风险，因而要不断强调坚持社会主义道路和方向。这个问题与社会主义产生及发展的特点相关。以往的社会经济制度的产生与发展都是一个自发的、自然的历史过程。先有资本主义制度的产生，后有资本主义概念、理论的形成。早在 14 世纪，地中海沿岸就出现了资本主义经济成分，而直到 19 世纪中叶，才出现和流行"资本主义"概念。与以往阶级对抗社会的更替不同，社会主义产生于无产阶级从自在的阶级向自为的阶级的转变过程中，是先有社会主义概念和理论的形成，再有社会主义运动和革命，然后建立起社会主义制度。整个过程是有领导、有规划、有组织的自觉过程。社会主义制度建立后的发展与改革也是如此。离开马克思主义和社会主义理论的指导，完全由自发性和自由化引导，社会主义事业不可能成功。这里提及这个问题，是为了进一步论述我国怎样才能坚持好社会主义道路和方向，怎样才能处理好生产力和生产关系之间的矛盾。

总之，根据马列主义和中国特色社会主义理论，可以明确，坚持社会主义要从两方面着手。一方面要看是不是着力于快速发展生产力；另一方面要看是不是着力于坚持、发展和完善社会主义生产关系，包括搞好公有制、按劳分配、消灭剥削和消除两极分化，走共同富裕的道路。因此，判断社会主义性质的标准，应从生产力和社会主义生产关系的统一来评价，不能单用生产力标准评价。

（二）不能把生产力标准作为判断和评价社会主义的唯一标准

什么是社会主义和怎样建设社会主义，涉及对社会主义的评价标准问题。根据新

---

① 《中国共产党第十七次全国代表大会文件汇编》，人民出版社，2007，第 10 页。

中国 60 多年发展的历史经验,我们认为,在我国社会主义制度下,应把生产力标准和社会主义价值标准统一起来。所谓社会主义的价值标准,按其本义来说,应包括对社会主义的本质规定和特点的全面考察、判断和评价,既包括生产力标准,又包括生产关系标准,还包括上层建筑标准。由于生产关系标准是区分社会经济制度的根本标准,也可以主要从社会主义生产关系标准来谈价值标准。这里所讲的价值标准,就是从社会主义生产关系着眼的价值判断标准。

改革开放以后,针对"左"的情况下忽视生产力发展的问题,特别是针对"四人帮"大批"唯生产力论",以及在改革开放前期对解放和发展生产力存在的某些思想禁锢,理论界提出和强调生产力标准论,是有其现实的针对性和积极意义的,目前和今后依然要坚持。但是,生产力标准论,不能取代更不能排斥社会主义价值标准论。对什么是社会主义和怎样建设社会主义的判断标准,既包括大力发展生产力的要求,又包括搞好社会主义生产关系,以实现共同富裕的要求。由于已经流行"生产力标准"论,并在实践中践行了大力发展生产力的原则。所以,可以专从生产关系的角度,提出应重视社会主义价值标准,强调"社会主义的生产力标准和价值标准的统一"。卫兴华在 2010 年发表论文,提出"社会主义的得失成败,既要用生产力标准去判断,又要以社会主义价值标准去判断"。文章强调,要坚持大力发展生产力和共同富裕,坚持以公有制为主体和以按劳分配为主体,坚持社会主义分配公平。[1] 这一理论观点,来源于科学社会主义原理,也来源于邓小平在社会主义初级阶段实践中反复强调的关于社会主义的判断标准。邓小平告诉我们,既要从生产力的快速发展即从生产力标准,看社会主义的优越性,又要从人民生活水平的提高和需要的满足、最终实现共同富裕即从生产关系标准,看社会主义的优越性。社会主义的价值取向、价值判断即价值标准,不能只归结为生产力这样一个标准。

这一理论观点,在马克思主义学界获得不少同仁的回应和认同。[2] 但是也有学者如汪海波持反对意见。他认为,生产力是决定生产关系的唯一因素,因此只能坚持生产力标准论,批评提出社会主义价值标准论就是生产关系决定生产关系的二元论和上层建筑决定生产关系的三元论,是"唯心主义"。他还提出,认同生产力决定论就要认同"唯生产力论"。[3] 汪海波将生产力决定生产关系论,与生产力标准论相混同,又将生产

---

① 卫兴华:《社会主义生产力标准和价值标准的统一》,《经济学动态》2010 年第 10 期。

② 如侯惠勤主编的《马克思主义基本原理研究》(第 1 辑·2011)(中国社会科学出版社,2011),作为中国社会科学院创新工程的"马克思主义专题研究文丛",收入了卫兴华的这一论文。还有不少马克思主义学者支持这一论文的观点。

③ 上下文所引见汪海波《必须坚持生产力标准》,《经济学动态》2011 年第 7 期;《对〈再论社会主义生产力标准与价值标准的统一〉一文的商榷意见》,《经济学动态》2011 年第 10 期。

力标准论作为评价和判断社会主义经济制度的唯一标准。在他看来，社会主义的规定性、优越性和社会主义事业的得失成败，只能用生产力标准来判断，不能并用生产关系标准来评价。他说："社会生产力是决定社会生产关系唯一的无可替代的根本因素"，"因而评价社会经济制度先进或落后的唯一的无可替代的标准"，只能是生产力标准，不能有其他标准。按此逻辑，邓小平提出的社会主义本质论和三条"是否有利于"的判断标准，是否也会被汪海波视作"二元论""三元论"而予以反对？汪海波自称他坚持的是马克思主义观点，其实，恰恰相反，其观点远离了马克思主义。首先，如果把生产力决定生产关系的原理绝对化，断定为"唯一决定因素"，怎样解释发达国家的生产力远远高于我国，实行的却是资本主义制度，而生产力水平低于它们的中国是社会主义国家呢？马克思、恩格斯讲生产或生产力的决定作用，是从"归根到底"的意义上讲的。"根据唯物史观，历史过程中的决定性因素归根到底是现实生活的生产和再生产。无论马克思或我从来都没有肯定过比这更多的东西。如果有人在这里加以歪曲，说经济因素是唯一决定的因素，那么他就是把这个命题变成毫无内容的、抽象的、荒诞无稽的空话。""归根到底是经济运动作为必然的东西，通过无穷无尽的偶然事件向前发展。"① 显然，汪海波的观点正是恩格斯批判过的错误观点。

其次，生产力决定论与生产力标准论，是两个不同的问题，不能混为一谈。汪海波从生产力是唯一决定因素论，引出"唯生产力标准论"，认为"生产力标准是评价社会经济制度先进或落后的唯一无可替代的标准"。这一论断同样不能成立。评价社会主义经济制度的先进性和优越性，当然要坚持生产力标准，但这不是唯一的标准。体现社会主义制度最本质和优越性的基本性质，应包括马克思、恩格斯和邓小平讲的，为以往任何社会都未曾有过的全体人民的共同富裕。离开提高人民的物质文化生活并最终实现共同富裕，离开发展和完善社会主义生产关系，生产力标准就失去了其应有的意义。发展生产力是手段，而不是目的。判断是不是社会主义经济制度，社会主义搞得好不好，绝不能只用生产力标准来判断。汪海波的论断，既将生产力决定生产关系的原理与生产力标准相混同，又用"唯生产力标准论"和"唯生产力论"来否定和批判社会主义的价值标准论，是完全背离科学社会主义和中国特色社会主义的错误观点。

（三）不能把生产力决定论错解为"唯生产力标准论"和"唯生产力论"

汪海波将生产力决定论等同于"唯生产力论"，完全偏离了马克思主义的观点。从生产力决定论，到"生产力唯一决定因素论"，再到"唯生产力标准论"和"唯生产

① 《马克思恩格斯文集》第10卷，人民出版社，2009，第591～595页。

力论"，是一种非科学的推论。"四人帮"曾大批"唯生产力论"，但根本没有弄清或是有意搞混什么是"唯生产力论"。他们将重视和致力于生产力的发展，诬之为"唯生产力论"。马克思主义讲生产力决定论，但否定"唯生产力论"。"唯生产力论"认为，生产力是唯一的决定因素，它会自动地、直接地决定应建立什么样的生产关系和社会制度。在马克思主义发展史上，曾发生过对"庸俗生产力论"的批判，斯大林的著作中也批评过这一"理论"。"唯生产力论"实际上就是"庸俗生产力论"。按照这一理论，把生产力决定生产关系的作用绝对化，或是主张生产力没达到发达资本主义国家水平，就不能搞社会主义，或是认为，在社会主义制度下，只要发展了生产力，就有了一切，生产力会自行决定社会主义生产关系及其发展。这也是汪海波主张的"唯生产力论"和"唯生产力标准论"的实质。"唯生产力论"和"唯生产力标准论"，忽视和否定生产关系和上层建筑在人类社会历史发展中的作用，忽视和否定其对生产力的反作用，忽视我国社会主义制度必须坚持和发展社会主义生产关系和社会主义上层建筑的重要意义。这与科学社会主义和中国特色社会主义理论是相抵触的。特别是在我国当前致力于缩小收入分配差距过大的趋势，突出分配公平、社会公平，强调共同富裕的背景下，宣扬"唯生产力论"和"唯生产力标准论"，是一种完全与社会主义方向背道而驰的错误观点。

应该注意到，邓小平明确指出："马列主义没有'唯生产力论'这个词，这个词不科学。列宁在批判考茨基的庸俗生产力论时讲，落后的国家也可以搞社会主义革命。我们也是反对庸俗的生产力论，我们……在一个很不发达的中国能搞社会主义，这和列宁讲的反对庸俗的生产力论一样。"①

坚持和发展中国特色社会主义制度，是贯穿十八大政治报告的红线。报告既强调重质量重效益的生产力的发展，又强调社会主义生产关系的发展与完善，包括强调"共同富裕是中国特色社会主义的根本原则"，② 要把保障和改善民生放在更加突出的位置，要使我国人民生活水平快速提高起来，要缩小收入分配差距，建设保障社会公平正义的制度，要完善以公有制为主体、多种所有制经济共同发展的基本经济制度等。报告还指出，我国之所以取得新的历史性成就，"靠的是党的基本理论、基本路线、基本纲领、基本经验的正确指引"。③ 为继续发展中国特色社会主义，十八大报告十分注重意识形态问题，强调要坚持马克思主义指导，坚持和发展中国特色社会主义理论体系，坚持四项基本原则，并要求牢牢掌握意识形态工作领导权和主导权，坚持正确导

① 《邓小平年谱》（上），中央文献出版社，2004，第 222～223 页。
② 《十八大报告辅导读本》，人民出版社，2012，第 13 页。
③ 《十八大报告辅导读本》，人民出版社，2012，第 7 页。

向等。上述理论观点显然与汪海波的"唯生产力论"和"唯生产力标准论"是完全对立的。

　　建设、发展和完善中国特色社会主义，必须把又好又快地发展生产力，并与发展和完善社会主义生产关系、加强和完善党的领导、做好意识形态的工作结合起来。十八大报告为我们提供了全面判断科学社会主义和中国特色社会主义的价值标准。那就是把生产力标准、社会主义生产关系标准以及社会主义上层建筑标准统一起来的总的社会主义价值标准。

代谢增长论：
市场份额竞争、学习不确定性和技术小波[*]

陈 平[**]

摘 要 新古典经济学的内生和外生增长理论都忽略了资源限制和技术发展的波样运动。人口动态学的逻辑斯蒂增长模型和物种竞争模型，能够提供一个演化分析框架，讨论市场份额竞争中技术小波所推进的经济增长。新古典经济学的干中学和知识积累模型忽略了技术进步的质变和间断性。知识的新陈代谢过程才能理解创造性毁灭。政策和制度在技术周期的不同阶段是共生演化过程（Co‐evolution）。劳动分工受市场范围、资源种类和环境波动的限制。在生态‐工业系统的稳定性与复杂性之间存在鱼和熊掌不可兼得的消长关系（Trade‐off）。面对学习不确定性时，发展策略的多样性源于文化和环境的影响。西方的分工模式以劳动节约和资源密集型技术为特征，而亚洲和中国的分工模式以资源节约和劳动密集型为特征。非线性人口动态学整合了斯密、马尔萨斯和熊彼特的思想，为经济增长和技术发展提供了一个统一的演化理论。

关键词 增长理论 市场份额竞争 技术小波 学习不确定性 知识代谢

一 引言

现有的两种技术发展观是互相矛盾的。新古典增长理论将技术进步视为完全预期下的平滑轨迹，可以用以柯布‐道格拉斯（Cobb‐Douglas）函数为基础的线性对数模型来描述（Solow，1957；Romer，1986；Aghion and Howitt，1998；Dasgupta，2010；Kurz，2012）。经济史学家则注意到工业经济的波样运动和革命性的质变（Schumpeter，1939；Toffler，1980；Ayres，1989；Rostow，1990）。本文在市场份额竞争中引入非线性人口动态学来发展第二种研究的思路。

均衡观点强调收敛（资本积累的外生增长理论）或发散（知识积累的内生增长理论）式经济增长的单向因果关系。与此不同的是，生物演化和工业革命揭示

---

* 本文英文版发表于 *Journal of Evolutionary Economics*，2014，Vol. 24，No. 2。由清华大学《资本论》与当代问题研究中心刘刚翻译，陈平校对，2014 年 2 月 18 日。

** 陈平，就职于复旦大学新政治经济学研究中心。

出清晰和动态的新陈代谢过程，以及双向演化的复杂形态。换言之，不同地区和不同阶段往往显示发散或收敛的多样演化趋势，我们看不到制度趋同的优化规律或普适价值。

历史上，是经济学家马尔萨斯关于资源约束和人口增长的理论，激发了达尔文的生物进化论（Malthus，1798；Darwin，1859）。生物数学的逻辑斯蒂模型（Logistic Model）和食饵－捕食者模型（Prey－predator Model）都被引入经济周期理论（Goodwin，1967；Samuelson，1971；Day，1982）。为理解世界史上不同文明的多种分工模式，我们引入一个新的经济要素——学习不确定性。面对学习不确定性时，不同文化有不同的学习战略（Chen，1987）。

我们在此提出经济增长的两个基本问题。

第一，知识的本质是什么？内生增长理论用"干中学"效应提供了一个知识积累的静态图景（Arrow，1962）。这一理论意味着富者（技术革命的先行者）和贫者（技术革命的跟进者）之间存在两极化的贫富分化趋势。这一图景与世界历史上常见的国家和文明的兴衰并不相符。

第二，如何理解全球暖化和生态危机的经济根源？新古典经济学描写技术和知识进步的 AK 模型（这里字母 A 表示技术，字母 K 表示资本），采用的柯布－道格拉斯生产函数隐含的条件是无限资源。[①] 这一分析框架不能讨论当代重大的生态危机和全球暖化问题。

众所周知，工业经济的发展来源于一系列新技术，开发出新的资源，如煤、石油、电力和核能。技术进步这种波浪式运动，可以用资源约束条件下的人口动态学描述，包括著名的 S 形逻辑斯蒂曲线以及 Lotka－Volterra 物种竞争模型（Pianka，1983；Nicolis and Prigogine，1977）[②]。熊彼特长波和创造性毁灭可以通过逻辑斯蒂小波的新陈代谢来描述。经济活动中，文化在面临学习不确定性时扮演了战略性的角色。西方的分工模式以劳动节约和资源密集型技术为特征；而中国模式主要由资源节约和劳动密集型技术主导。

理论思维的范式变革是和数学表象的扩展分不开的。经典物理的数学表象是圆周运动和周期波，它们成为机械运动论的基础。新古典经济学的数学表象是布朗运动和白噪声，用来描写市场自发运动的均衡和无序。问题是，周期波的震荡时间无穷长，

---

① 新古典经济学的内生增长模型假设生产函数 $Y = AK$，A 为知识，K 为资本。AK 模型最简单的描述是 Cobb－Douglas 函数，其对数形式化为最简单的线性模型。线性增长模型是典型的无限增长模型。

② 生态学中逻辑斯蒂模型又称自我抑制性模型或增长阻滞模型。Lotka－Volterra 模型把单物种的逻辑斯蒂模型推广到两个或多个物种竞争的情形。逻辑斯蒂模型是最简单的非线性有限增长模型，只包含自变量的二次方。

白噪声的冲击时间无穷短，两者都难以描述有限生命的有限周期。为此，我们引入新的小波表象。小波可以看作波动的一个浪头或一个片段，一系列的小波就构成生命延续的新陈代谢过程。每个小波相似而不相同，代表生命和社会发展的每个阶段都有相似之处，也有不同之处。逻辑斯蒂小波是生态系统产生的小波，可以作为演化经济学的数学基础。我们认为经济发展的基本动力是波浪式发展的技术进步，而非新古典经济学强调的随机性心理噪声或技术冲击。我们用混合经济条件下技术小波的序列发展，来统一描述微观、宏观、金融、制度的变革。这比新古典经济学用噪声驱动或随机游走来描写自由放任的市场机制，更接近工业化经济的历史经验。

本文由以下几部分构成。第 2 节讨论世界历史上挑战经济增长理论的基本事实，如资源差异和非平衡增长。第 3 节，发展资源约束条件下增长和技术竞争的逻辑斯蒂模型（Chen，1987）。并在演化动态学的框架下，讨论 S 形曲线和逻辑斯蒂小波模型非线性解的含义。第 4 节把斯密原理推广到更一般的情形。即当面临新的和不确定的资源和市场时，引入学习策略中的文化因素。提出：分工受市场规模、资源种类和环境波动的三重限制。多样性和稳定性之间存在鱼和熊掌不可兼得的"消长（Trade－off）"关系（Chen，2008、2010）。作为应用，讨论了中国与西方文明分岔的历史之谜。第 5 节讨论经济学方法论研究中有争议的问题。第 6 节是结论，系统总结经济增长的均衡视角和演化视角在理论和政策上的根本差别。

二 非平稳经济增长和新古典增长理论的局限

索洛的外生增长模型基于规模报酬不变假设，预言经济增长是趋势收敛的（Solow，1957）。罗默的内生增长模型则基于知识积累的规模报酬递增假设，宣称经济增长有发散趋势。世界经济的历史表明，实际情况要比新古典增长理论的两个极端模型复杂得多（见表 1、表 2）。

表 1　历史统计数据（1913～2001 年）真实国内生产总值（GDP）的年平均增长率

单位：%

时　期	西　欧	东　欧	亚　洲	美　国	日　本	苏　联	中　国
1913～1950 年	1.19	0.86	0.82	2.84	2.21	2.15	－0.02
1950～1973 年	4.79	4.86	5.17	3.93	9.29	4.84	5.02
1973～2001 年	2.21	1.01	5.41	2.94	2.71	－0.42	6.72

注：这里的亚洲数据不包括日本。

资料来源：Maddison，2007。

表 2　全球不同时期的非平稳增长（真实国内生产总值每十年的平均增长率）

单位:%

时　期	1970s	1980s	1990s	2000s
中国	6.2	9.3	10.4	10.5
日本	3.8	4.6	1.2	0.7
美国	3.2	3.2	3.4	1.6
德国	2.9	2.3	1.9	0.9
东亚	4.4	5.5	3.3	4.0
拉美	6.1	1.5	3.2	3.1
东欧	4.4	2.3	-2.0	4.3
西欧	3.1	2.3	2.1	1.1
澳大利亚和新西兰	2.8	2.9	3.6	3.0
世界（平均）	3.8	3.1	2.8	2.5

资料来源：联合国统计局。

我们可以看到 1913～1950 年经济增长率美国全球最高，1950～1970 年经济增长最快的是日本，1970～2010 年经济增长最快的是中国。在每个地区的纵向比较及或跨国比较中，我们都观察不到稳定的收敛或发散趋势。相反，在大国兴衰的过程中我们看到的增长趋势是变化的。

众所周知，西方世界的兴起由殖民主义的资源扩张驱动（Pomeranz，2000）。就人均可耕地面积而言，东亚，包括中国和日本，其人均可耕地数量明显低于西方（见表 3）。

表 3　1993 年资源与人口的跨国比较（Madison，1998）

区　域	可耕地（%）	人口（百万）	人均可耕地（公顷）
中　国	10	1178	0.08
欧　洲	28	507	0.26
美　国	19	239	0.73
苏　联	10	203	0.79
日　本	12	125	0.04
印　度	52	899	0.19
巴　西	6	159	0.31
澳大利亚	6	18	2.62
加拿大	5	28	1.58

注：这里的可耕地为在总面积中所占的百分比。

亚洲的小型粮食农场与西方的谷物 - 畜牧业综合农业企业存在显著的区别。不言自明的是，个人主义文化根植于资源密集的劳动节约型技术，而集体主义文化的形成则与资源不足、人口密集的环境有关。在第 4 节中,我们将进一步研究文化和资源在现代化赶超博弈中的作用。我们对资源和人口规律的考察源于国家间的比较研究。只要存在相关的数据,我们考虑资源人口关系的研究方法也可以推广到产业间的比较研究。

三　有限增长的逻辑斯蒂模型和物种竞争模型

新古典经济学的柯布－道格拉斯生产函数可以转换成对数线性函数,这意味着新古典经济学的增长理论是没有资源限制和市场规模约束的无限增长。要研究有生态资源约束的增长必需发展非线性动态学。

（一）　经济动态学的有限和无限增长

亚当·斯密的《国富论》第三章的标题是“分工受市场规模的限制”（Smith, 1776）。施蒂格勒称之为“斯密定理”（Stigler, 1951）。马尔萨斯（Malthus, 1798）进一步指出人口增长受自然资源的限制。

斯密的市场规模限制和马尔萨斯的资源约束可以统一描述为非线性生态模型的“承载能力（Carrying Capacity）”N^*。将生态模型引入经济学增长,我们需要改变相关变量的名称。在后面的讨论中,我们将把生态理论的原始名称用括号注明,放在相应的经济学变量之后,读者可以清楚地理解每个变量的生态学含义,以及相应的经济学含义。

从需求方看,n 是买家的数量（人口数）,N^* 是市场规模范围（人口规模边界）,它是收入分配的函数。这里的市场规模与人口规模及可支配收入相关。

从供给方看,n 是产出,N^* 是资源约束,它是既有技术和成本结构的函数。例如,历史上粮食生产的上限,可以通过灌溉技术和肥料的应用增加,也可以通过引入谷物或土豆等新作物增加。

最简单的有限增长模型是演化生态学中二次型的逻辑斯蒂模型（Pianka, 1983）。

$$\frac{dn}{dt} = f(n) = kn(N^* - n) \tag{1}$$

这里,n 是产出量（人口数）,N^* 是资源约束（人口规模）,k 是产出（人口）的增长率。

和新古典经济学静态不变的规模经济特性不同,逻辑斯蒂模型的动态规模经济特性是随时间变化的:在成长期报酬递增,在成熟期报酬递减,只有中间的转折点报酬不变。

$$动态递增报酬: f' > 0, when \ 0 < n < \frac{N^*}{2} \tag{2a}$$

动态递减报酬：$f' > 0$，当 $\dfrac{N^*}{2} < n < N^*$ （2b）

逻辑斯蒂模型是最简单的非线性动态学形式。当 $f(n)$ 不是二次函数时，转折点可能会偏离中点。

相比之下，新古典经济增长理论的 AK 模型，没有资源约束的条件，只有固定的规模报酬。例如，新古典模型的稳定性条件只对报酬递减或报酬不变的模型成立。内生增长理论的知识积累模型则要求报酬递增。因此新古典企业理论不能理解规模报酬的变化（Daly and Farley，2010），也就无法理解技术或文明的兴衰。

逻辑斯蒂模型在生态学文献中也被称为赫斯特（Hurst）方程（Pianka，1983）。它的离散时间形式可以产生最简单的决定论混沌（Deterministic Chaos）。[①]它的连续时间的微分方程的解构成 S 形曲线。图 1 为无限的指数增长和有限的逻辑斯蒂增长。

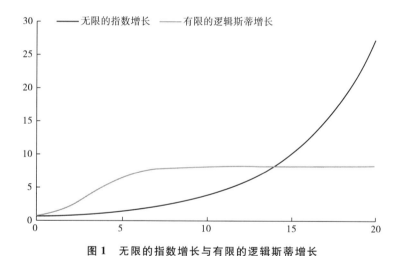

图 1 无限的指数增长与有限的逻辑斯蒂增长

当我们把逻辑斯蒂模型引入经济理论中时，我们的分析单位就不是国家，而是技术或产业，因为每种技术或产业的规模是有限的。如果资源限制是可耕地，我们的分析单位也可以是地区或国家。在经验研究中，这意味着依赖于有效数据的市场范围或资源开发能力。

---

① 决定论混沌是非线性决定论方程的一种不稳定的数学解。如果初始条件有微小误差，轨道预言的偏差将随时间急剧放大。这就打破了牛顿时代对决定论数学可预测的信念。换言之，非线性可以产生不可预言的不确定性。离散时间的一维差分方程产生的决定论混沌，我们称之为"白混沌"（White Chaos）。白色的含义是它的频谱是水平线，不同频率的强度相同，看上去很像白噪声（White Noise）。连续时间的非线性微分方程产生的混沌看来像有一定带宽的有色波动，可称之为色混沌。色混沌可以描写生物钟。生命体的内生震荡频率和外生的机械钟不同，不是单一频率，而是有一定的带宽。美国经济波动的周期在 2～10 年。

逻辑斯蒂增长的规律，可以清楚地从产业部门的数据考察中获得，一个典型例子是汽车产业在美国 GDP 中的比重，见图 2（Chen，2010）。

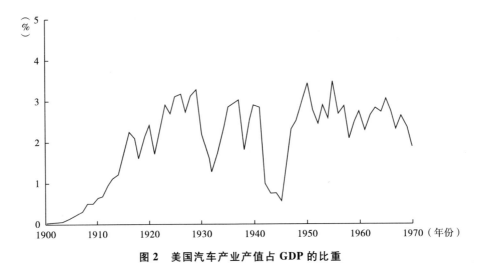

图 2　美国汽车产业产值占 GDP 的比重

我们可以看到美国汽车产业在 1900～1920 年起飞，在 1930 年之前达到饱和阶段。S 形增长曲线可以在部门分析中通过考察企业和产业增长而发现。

（二）开放经济的市场份额竞争模型

现在我们从一种技术拓展至多种技术的市场份额竞争。最简单的资源竞争模型是双物种竞争模型，理论生物学中的 Lotka – Volterra 方程（Pianka，1983）。

$$\frac{dn_1}{dt} = k_1 n_1 (N_1 - n_1 - \beta n_2) - R_1 n_1 \tag{3a}$$

$$\frac{dn_2}{dt} = k_2 n_2 (N_2 - n_2 - \beta n_1) - R_2 n_2 \tag{3b}$$

和以前一样，我们把生态学的变量用括号表示，放在经济学变量之后。这里，n_1 和 n_2 是技术或产品（物种）1 和技术（物种）2 的产出（人口）。N_1 和 N_2 是他们的资源限制或市场规模限制（承载力）；k_1 和 k_2 是他们的学习（人口增长）率；R_1 和 R_2 是他们的退出（死亡）率；β 是市场份额竞争的竞争（重叠）系数（$0 \leqslant \beta \leqslant 1$）。

这个公式可以通过引入"有效资源约束"（承载力）来简化：

$$C_i = N_i - \frac{R_i}{k_i} \tag{3c}$$

这里，我们要强调新古典经济学与演化经济学关于技术发展的不同视角。一般均衡模型只考虑封闭经济的特征，如产品生命无限、种类固定的静态模型（Arrow and Debreu，1954）；新古典的动态模型把技术进步描写为随机创新，否认技术革命的突变和波浪式运动，当然也就否定技术革命引发经济危机的可能性（Aghion and Howitt，1992）。相比之下，人口动态学主要考虑以新技术引入新资源和新市场的开放经济。因此，非线性人口动态学更能反映具有间断性技术革命的工业经济。

我们的人口动态学描述了面对新资源时的学习竞争。这里的人口，指的是某种特定技术使用者的数量。新技术的进入和退出速度，我们用学习过程中的进入和退出率来描述。为从数学上简化，我们将学习率设定为二次形式，而退出率设定为线性形式。这意味着在技术竞争中，学习机制比退出机制更为重要。

退出率的含义可以在方程（3C）中看到。考虑一个农业发展的例子。如果粮食是人口唯一可以获得的食物，那么粮食的退出率 $R_1 = 0$，且 $C_1 = N_1$。然而，如果新食物，假设是土豆，被引入，一部分人口会从粮食转入土豆。因此退出率 $R_1 > 0$，且 $C_1 < N_1$。存在新技术竞争时，有效资源约束会比没有竞争时的原始资源约束要少。换言之，单一技术会导致资源的竭泽而渔。发展多种技术可以降低单一资源的利用率，有利于生态系统的休养生息。

竞争系数 β 衡量用同一资源的重叠比例来度量不同技术的竞争程度。$\beta = 0$ 时两物种之间在市场上或资源上都无竞争。两类技术都独立地完全扩张，直到其规模达到资源所限定的水平。现实的情形要复杂得多，如农业和渔业在资源上没有竞争，但是在食物市场上会有竞争，因为多吃水产品就会少吃农产品。

在新古典经济学中，相对价格是资源配置的核心。在一个工业化经济中，市场份额是塑造产业结构的核心。我们可以用市场营销和产业分析中的市场份额数据，来估计竞争系数。

技术代谢理论意味着新技术的产生和旧技术的衰落。技术竞争可能产生两种结果：（i）在（4a）条件下，旧技术被新技术取代；（ii）在（4b）条件下旧技术与新技术并存。

如果没有第二种技术 n_2 的竞争，当 $n_1 = C_1$ 时，即达到有效承载率极限时，增长率为零。由此有效承载率显示的是物种数量的极限水平，即 n_1 和 n_2 的最大限度。但是，如果存在第二种物种的竞争，那么，资源的有效增长率将如以上公式所示，如果最大限度考虑第二种物种的竞争，即第一种物种的数量接近于零，忽略 n_1 对自己增长率的影响时，增长率的正负号将取决于 $C_1 - \beta n_2$，而 n_2 的极限数量为 C_2。

$$\beta \left(N_2 - \frac{R_2}{k_2} \right) = \beta C_2 > C_1 = \left(N_1 - \frac{R_1}{k_1} \right) \tag{4a}$$

$$\beta < \frac{C_2}{C_1} < \frac{1}{\beta} \qquad \text{此处 } 0 < \beta < 1 \tag{4b}$$

因此，如果新技术的资源约束高出旧技术足够多，新技术将终结旧技术。

两种技术共存时，新旧技术都不能完全开发它们的潜在资源，因为它们的均衡产出小于它们的资源约束（5a，5b，5c）。创造性毁灭的成本是未实现的（过剩）产能。

$$n_1^* = \frac{C_1 - \beta C_2}{1 - \beta^2} < C_1 \tag{5a}$$

$$n_2^* = \frac{C_2 - \beta C_1}{1 - \beta^2} < C_2 \tag{5b}$$

$$\frac{1}{2}（C_1 + C_2）\leq（n_1^* + n_2^*）= \frac{（C_1 + C_2）}{1 + \beta} \leq（C_1 + C_2）\tag{5c}$$

例如，如果没有技术 2，技术 n_1 将达到它的完全容量 C_1。技术 n_2 加入市场份额竞争后，技术 n_1 存在两种可能的后果：（i）技术 1 被技术 2 终结，因此，$n_1 = 0$，$n_2 = C_2$。"创造性毁灭"的成本是旧产能 C_1 的全部损失。这就是在早期发展阶段手工纺织业被机器纺织业毁灭的情况。（ii）旧技术和新技术并存，结果两种技术都存在过剩产能（$C_1 - n_1^*$）> 0 且（$C_2 - n_2^*$）> 0。

这里种群竞争模型描写了市场份额竞争。例如，如果我们有电脑产业主要企业的市场份额数据，我们就可以将我们的模型应用于刻画营销竞争。如果我们有相关数据，我们也可以研究国家之间的军备竞赛。

奈特（1921）区分了可预见风险与不可预见的不确定性之间的差别。在新古典计量经济学中风险通过方差衡量。这里，我们拥有两种不确定性：新技术的出现时间和新技术的初始条件。因此，不可预见不确定性的存在，使优化或理性预期不可能存在。路径依赖是技术发展的基本特征（David，1985；Arthur，1994）。

凯恩斯经济学对总量有效需求不足的原因，没有给出结构理论。微观基础理论将宏观波动归因于微观家庭的劳动时间，这明显与大数原理不符，因为大量微观家庭的随机行为会互相抵消，不可能加总为大规模的宏观失业（Lucas，1981；Chen 2002）。我们的理论构造宏观经济周期的中观基础（Meso - foundation）：工业化的技术代谢过程存在过剩产能。过剩产能观测到的成本包括大规模失业，这也就是物理学中典型的废热，或者叫经济熵（Georgescu - Roegen，1971）。

（三）技术生命周期、逻辑斯蒂小波和代谢增长

产品生命周期的概念被广泛应用于经济学和管理学的文献（Vernon，1966；Modigliani，1976）。我们把生命周期的概念用于分析技术的生命周期。传统上生命周期现象可以描述为多阶段模型。线性动态模型，如协振子无限长的生命周期波动或脉冲式的白噪音模型，都无法描述生命周期，因为生命周期是典型的非线性现象。具有有限生

命的逻辑斯蒂小波是描述技术生命周期最简单的非线性表象。熊彼特的长波和创造性毁灭可以用技术竞争模型的一系列逻辑斯蒂小波来描述。

方程 3 的数值解用图 3 表示。

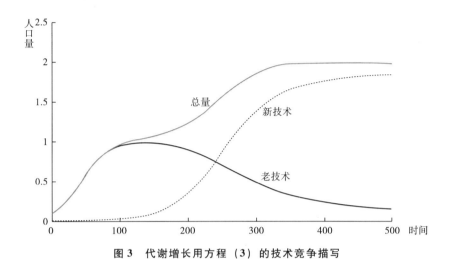

图 3 　代谢增长用方程（3）的技术竞争描写

当新技术出现后老技术下降。总产量的包络线，是两种技术产出的加总。这里的参数是 $\beta = 0.4$，$C_1/C_2 = 2$。单位在计算模拟中是任意选定的。

小波表象可以用于分析任何产品、企业、技术和国家的生命周期现象（Eliasson，2005）。经济计量学多用离散时间（使用差分方程）的线性动态学模型来描述生命周期（Browning and Crossley，2001）。我们的小波模型是连续时间（使用微分方程）的非线性动态学模型。产品生命周期的逻辑斯蒂小波的时间尺度介于（宏观常用的）几个月到（康德拉季耶夫长波的）几十年之间。

（四）逻辑斯蒂小波四阶段中资本和制度在混合经济下的共生演化（Co – Evolution）

代谢增长模型为资本运动和制度伴随技术波起落的协同演化提供了理论框架。我们可以将逻辑斯蒂波分为四个阶段：Ⅰ幼稚期，Ⅱ成长期，Ⅲ成熟期，Ⅳ衰退期。

新古典理论将资本视为平稳增长的存量，不能解释经济周期和危机复发的内在原因。

小波模型提供了一个资本运动和政策变化的内生机制。

在幼稚期（第一阶段），新技术要存活必须跨越某个临界值（Survival Threshold）。新技术的规模在达到临界值之前难以存活，所以需要知识产权和对外贸易对幼稚产业的保护。由于此阶段新技术前景极大的不确定性，私人投资者往往不愿冒险投资新技术。这使新技术的研发主要由公共部门和非营利的大学发起。例如，互联网和 GPS 系统就是首先由大学和国家实验室为军事目的而开发的，后来才转向商业用途。

在成长期（第二阶段），新技术显示出市场潜力，私人资本涌入，市场份额迅速扩张，新发行的股票价格飞涨。在这一阶段，市场竞争是市场扩张的驱动力。然而，要维护建设性的竞争环境，安全和环保标准以及金融管制都是必要的。因为羊群行为（Herd Behavior）可能引发市场扩张期的动荡，如 2000 年的互联网泡沫。

在成熟期（第三阶段），企业利润下降，产业集中度提高。垄断竞争可能阻滞新发明的出现。推行反垄断（Anti - trust）法有助于防止市场集中和市场操控。我们发现美国 20 世纪 80 年代推行自由化政策后，在 2000 年前后形成了产业集中趋势，包括电子通信、计算机、软件、航空、银行和零售业都出现了寡头垄断。2008 年的金融危机根源于金融寡头挤出实体经济的"美国病"（Johnson，2009；Chen，2010）。

真正的挑战发生在衰退期（第四阶段）。一些夕阳产业挣扎求存或破产终结，过去的投资变成巨大损失。股票价格下跌，融资成本上升。是继续投资救命还是壮士断腕（Cut - loss Strategy），这样艰难的抉择使老产业面临生死去留的问题。关闭夕阳产业，带来的大规模失业需要政府援助。从夕阳产业到朝阳产业的就业转型也需要协调私人和公共部门之间的合作。英国煤炭产业就是典型的案例，煤炭业是英国 18 世纪工业革命的动力，但在 20 世纪 80 年代英国煤矿全面亏损不得不关闭许多矿井。政府鼓励幼稚期新技术的推广，重新培训过时技术的失业工人，类似的产业政策和教育政策，对经济复苏当然是有益的。传统的货币政策和凯恩斯主义的财政政策不足以应对这一阶段的结构性调整。社会冲突和战争很可能发生在这一阶段。

同样的道理，制度安排必须适用技术生命周期不同阶段的要求。单靠市场力量不能确保经济的健康发展，因为技术新陈代谢的过程会产生大量的社会不稳定，并强烈冲击生物的多样性。用交易成本理论来反对监管会误导经济政策，因为在工业化过程中生态系统是否可持续发展，不能仅仅通过最小化熵（废热耗散或交易成本的大小）来判断。例如，金融自由化表面上似乎降低交易成本，但是放松对金融投机的监管带来的金融危机，损失超过万亿美元，对实体经济的损害远超过金融市场的交易成本。可见，问题不在于是大政府还是小政府。真正的挑战在于处理混合经济的复杂性和稳定性时，政府是有效的还是无能的？市场规制的选择机制是制度演化的核心问题。

四 学习策略中的风险偏好与文化多样性

表 3 显示出资源 - 人口比例在亚洲和西方国家之间的差异很大。我们可以把西方文明的特征描写为节约劳力消耗资源的文化；而亚洲和中国文明的特征则是节约资源消耗劳力的文化。从技术上说，中国有能力在哥伦布之前发现美洲大陆（Menzies，2002）。李约瑟提问：为什么科学和资本主义起源于西方而不是中国（Needham，

1954）。李约瑟问题的答案可以从研究历史上环境与文化之间的相互作用得到启示（Chen，1990）。

经济学关于利他主义的性质有过激烈的争论（Simon，1993）。我们认为用经验观察的方法很难从动机上区分利他主义与利己主义行为。但是，我们可以容易地观察不同文化的风险偏好，如面对未知市场与不确定机遇时的风险规避（Risk Aversion）与风险追求行为（Risk Taking），是可以观察到的。

在新古典经济学中，经济风险用静态的概率分布来描写，如赌博输赢的概率；新古典经济学的优化思维不考虑战略决策的问题，因为新古典经济学不研究新技术和新市场带来的不确定性。我们的动态竞争模型引入开放经济中的风险偏好：在面对未知市场或未知的新技术的不确定性风险时，如何做战略决策。奈特（Knight，1921）和凯恩斯（Keynes，1936）都强调不确定性的作用，它与静态统计学意义上的风险不同。熊彼特提出的企业家精神的概念，在面对不确定性演化，而不是静态风险时，才至关重要。

（一）模仿学习（Learning by Imitating）和试错学习（Learning by Trying）：风险规避和风险追求的文化

文化因素在决策和企业战略中起着重要的作用。东西方文化"个人主义"的程度存在重大差异。表现在面对新市场和新技术时，风险规避和风险追求的策略是截然不同的。新古典经济学描写的"干中学"（Learning by Doing）策略并不适用于开放经济，因为它描写的知识积累过程仅限于现有的技术（Arrow，1962）。面对一个新的市场，知识来源于尝试性学习，从演化的视角来看，这是一个试错（Trial and Error）的过程（Chen，1987）。当然还存在另一种替代的策略，就是模仿性学习或从众跟风（Following the Crowd）。面对新市场或新技术时的风险规避与风险追求偏好可以用图 4 做直观的表现。

图 4 中，不同的风险偏好植根于不同的文化背景。面对一个未知的市场，或未经证实的技术时，冒险的投资者喜欢带头创业，以最大化他们的机遇。而风险规避的投资者宁愿观望和跟风，以最小化他们的风险。关键的问题是：哪种企业文化或市场策略能够在极速变动的市场中胜出或存活下来？要回答这个问题，我们需要将文化因素纳入方程 3 的竞争动态学之中。

在工业经济中，资源竞争本质上是采用新技术的学习竞争。为了理解文化多样性与资源差异性之间的联系，我们需要在技术（物种）竞争中引入文化因素。原始的逻辑斯蒂模型假定固定的退出率来描述风险中性行为。我们用行为参数 α 来引入非线性的退出率，它是新技术的采用者占人口比重的函数（Chen，1987）。

（a）风险规避行为：最小化风险，从众跟风

（b）风险追求行为：最大化机会，离群独立

图 4　市场份额和技术进步竞争中的风险规避和风险承担行为

$$R\left(r, \alpha, \frac{n}{N}\right) = r\left(1 - \alpha\frac{n}{N}\right) \quad Where \quad -1 < \alpha < 1 \qquad (6)$$

这里，n 是新技术使用者的数量。

我们可以把退出率常数 r 用来衡量采用新技术时的学习难度，它意味着学起来越难，退出的越快。我们将行为变量作为退出率的要素是为了简化数学描写，因为原始的退出率是线性的，修改后的退出率写为二次项形式，目的在于保持我们的非线性动态模型依然有解析解。如果数学模型太复杂，我们就只能做数字模拟，难以给出简单清晰的场景。

因子 α 是风险偏好的度量。$\alpha > 0$ 时，表示风险规避或集体主义的行为；$\alpha < 0$ 时，表示风险追求或个人主义的行为。在开辟新市场或新技术的初始阶段，很少有人敢于尝试新的市场，这时所有人的退出率相同。然而，当越来越多的人接受新技术时，经营策略变得越来越多样化。风险规避投资者的退出率下降，因为他们感到人多势重、不确定性的风险在减少。但风险追求型企业家在人多时更可能退出，因为他们觉得人越多机会则越少。如果我们把风险因子 α 的值从 -1 变到 1，我们就能够描写不同的行为：包括从极端风险规避的保守主义到极端风险追求的冒险主义。

我们要说明的是，保守主义在东西方的含义不同。为了避免误解文化的概念，我们研究学习策略时，将风险规避行为定义为集体主义文化，而将风险追求行为定义为个人主义文化。我们的这个灵感源于人类学的视角。许多观察家把美国富于创新的现象归功于美国的个人主义文化，而把日本快速的技术复制能力归结于它的集体主义文化（Kikuchi, 1981）。

（二）节约资源和消耗资源的文化

资源利用率的均衡解是：

$$\frac{n^*}{N} = \frac{\left(1 - \dfrac{r}{Nk}\right)}{\left(1 - \dfrac{r\alpha}{Nk}\right)} \tag{7a}$$

$$n^*_{\alpha<0} < n^*_{\alpha=0} < n^*_{\alpha>0} \tag{7b}$$

公式（7b）显示，集体主义族群的资源利用率（$n^*_{\alpha>0}$）高于个人主义族群的资源利用率（$n^*_{\alpha<0}$）。换言之，个人主义族群比集体主义族群需要更大的生存空间，才能维持一个相同的均衡人口规模 n^*。可以说：个人主义是资源消耗型文化，而集体主义则是资源节约型文化（Chen，1990）。这种文化差异在西方个人主义与东方集体主义之间的对比非常明显。文化差异来源于经济结构与生态约束的差异。资源扩张是理解资本主义起源和工业革命源头的关键（Pomeranz，2000）。

社会学家沃勒斯坦曾观察到一个历史谜团，似乎历史没有理性（1974）。中世纪中国的人口接近西欧的两倍，但中国的耕地面积则较西欧低得多。如果依据新古典经济学的理性选择理论推测，中世纪的中国应该在空间规模上对外扩张，而欧洲则应当增加人口。但我们观察到的历史和理性选择理论的预测相反。沃勒斯坦用迷惑的口气说：

> 欧洲人在浪费空间。即使是在 15 世纪初人口数量如此低的水平上，欧洲人似乎还觉得他们的空间不够大……但是如果说欧洲感到的是空间不够大，那么，中国人感到的就是他们的人口不够多。

我们发现文化战略与农业结构之间的联系，可以解开沃勒斯坦的历史之谜。中国的主食是稻米等谷物，粮食生产是资源节约但是劳力密集型的技术。肉奶食品在欧洲文化中占重要地位，而生产肉、乳的牧农业则是土地密集但是劳力节约型的技术。为应对不断增加的人口压力，中国通过增加劳动投入来增加粮食产量，而欧洲人则通过寻找新的土地来提高其生活水平。这就是为什么中国的哲学强调人与自然的和谐，而西方哲学却惯于征服自然。这是我们对李约瑟问题给出的文化解释。出于同样的原因，我们可以理解为什么亚洲国家的储蓄率远高于西方。防患于未然而不是追求当下享受的观念，深植于中国的文化与历史之中。

在这方面，苏联的文化接近西方个人主义，因为它具有强烈的扩张主义动机。

研究文明史时我们会发现，农民比游牧民和水手更具集体主义特征。日本文化是高度的集体主义，甚至其城市居民也是如此。然而，日本的外交政策则更接近大英帝国，原因在于它是一个具有海事传统的岛国。造船和航海新技术能于现有耕地之外，开辟外贸和殖民主义的新资源。所以，日本的民众文化有鲜明的集体主义色彩，但是日本的国家行为极具冒险主义的特征，这是日本的环境和历史造就的特点。

（三）市场规模、资源多样性，以及规模经济和范围经济

我们可以很容易地将模型从两种技术（物种）推广到多种技术（物种）。在一个生态系统中，我们有 L 种技术（物种），其资源限制（承载能力）分别是 N_1，N_2，…，N_L。规模经济和范围经济可以集成为相互耦合竞争的逻辑斯蒂方程，成为一个非线性的复杂系统。规模经济（市场范围或资源限制）同 N_i 相关，而范围经济可用技术（物种）的数量 L 来描述。分工程度可用物种多样性描写，也就是竞争性技术的共存度。

让我们从只有两种物种的最简单情况开始，用方程（8）分析两种技术和文化的竞争（Chen，1987）。

$$\frac{\mathrm{d}n_1}{\mathrm{d}t} = k_1 n_1 (N_1 - n_1 - \beta n_2) - r_1 n_1 \left(1 - \frac{a_1 n_1}{N_1}\right) \tag{8a}$$

$$\frac{\mathrm{d}n_2}{\mathrm{d}t} = k_2 n_2 (N_2 - n_2 - \beta n_1) - r_2 n_2 \left(1 - \frac{a_2 n_2}{N_2}\right) \tag{8b}$$

这里，n_1 和 n_2 分别是技术（物种）1 和 2 使用者的数量。为简单起见，我们只讨论完全竞争下 $\beta = 1$ 的最简单情况。

我们可以用类似解方程（2）的方法，来解方程（8）。其技术 1 完全替代技术 2 的条件由式子（9a）给出，而两种技术共存的条件如（9b）式所示。

$$C_2 > \frac{1 - \frac{a_2 r_2}{k_2 N_2}}{\beta} C_1 \tag{9a}$$

$$\frac{\beta}{1 - \frac{a_1 r_1}{k_1 N_1}} < \frac{N_2 - \frac{r_2}{k_2}}{N_1 - \frac{r_1}{k_1}} < \frac{1}{\beta}\left(1 - \frac{a_2 r_2}{k_2 N_2}\right) \tag{9b}$$

（四）环境涨落的影响

接下来的任务是研究环境涨落对系统稳定性的影响。研究随机扰动下非线性动态系统的稳定性问题，可以解郎之万（Langevin）方程与福克 - 普朗克（Fokker - Planck）方程（May，1974；Chen，1987、2010）。在这里我们只考虑一个简单的例子，即随机扰动只加于某技术 N 的资源约束。实现的均衡规模 X_m 随着环境涨落的幅度变化，我们用方差（σ^2）的大小来刻画环境涨落的幅度。

当

$$\sigma < \sigma_c = \sqrt{\frac{2N}{k}\left(1 - \frac{r}{kN}\right)}$$

有：

$$X_m = N\frac{1 - \dfrac{r}{kN} - \dfrac{k\sigma^2}{2N}}{1 - \dfrac{ra}{kN}} \qquad (10a)$$

当

$$\sigma > \sigma_c = \sqrt{\frac{2N}{k}\left(1 - \frac{r}{kN}\right)}$$

有：

$$X_m = 0 \qquad (10b)$$

由公式（10a）可以看出，假如存在人口规模生存的临界值，则集体主义在外部冲击下的生存机会更好，因为它比个人主义的人口规模更大。

公式（10a）还告诉我们，环境涨落会降低平衡态的资源限制。公式（10b）显示的是：当波动幅度超过临界值时，该技术（物种）将会灭亡。这就是为什么历史上的古老文明会因自然灾害或战争而消失。经济发展需要社会稳定。

如果考虑许多技术（物种）都面临环境涨落时，我们会意识到生物多样性的重要性。区域专业化生产等价于提高风险的集中度。农业的规模生产加剧了化肥和农药的应用。换言之，发展范围经济才有助于维护生物的多样性。这是我们的物种竞争理论与新古典经济学的优化理论的重大差别。新古典经济学片面强调规模经济的经济效益，演化经济学强调规模经济和范围经济之间的辩证关系。因为短期的经济效益不等于生物多样性的生态可持续性，片面追求货币财富会最终毁灭地球的生态财富。

（五）稳定性与多样性之间的消长（Trade－off）关系和一般斯密定理

考虑多种技术共存时更一般的情况，增加技术的种类数会降低系统的稳定性（May，1974）。在多样性和稳定性之间存在鱼和熊掌不可兼得的消长（Trade－off）关系。斯密没有意识到科学和技术的重要性在于引入新的资源和新的市场，因为他所处的时代工业革命才刚起步。我们把原来的斯密定理从分工受市场规模的限制，推广到更普遍的一般斯密定理（Chen，2005、2010），表述为：

"分工受市场范围（资源约束）、生物多样性（资源种类数目）和环境涨落（社会稳定性）的三重限制。"

我们可以比较新古典经济学与演化经济学的不同演化观。新古典增长模型用线性随机动态学方法建模，得到的是单向演化：要么收敛（如外生增长论的模型），要么发散（如内生增长论的模型）。我们非线性演化动态学的分工模型展示的是双向演化（或叫共生演化）过程，如环境涨落小，技术创新发现的新资源不断增加时，分工系统会从简单向复杂演化，这是从过去工业化革命三百年间观察到的发展趋势；假如环境涨落大，战争与灾害频繁，技术进步停滞，则分工的趋势会从复杂变为简单，中世纪罗马帝国瓦解后的欧洲就是如此。即使在当今时代，工业社会、传统社会与原始部落依然可能并存，原因是人口、环境和技术之间的相互作用。换言之，新古典经济学描写的是封闭优化过程中的单向演化，才会对现代化有"普世价值"的信仰。演化经济学观察到的是开放竞争下系统多样演化的过程，社会的经济发展不能超越生态环境的约束。这是当代资本主义危机最严重的教训。

（六）个人主义与集体主义的竞争格局和熊彼特创造性毁灭的动态图景

西方经济学有一种流行观念，认为个人主义比集体主义优越，因为个人主义在技术竞争上更具创新性。问题是，完全竞争条件下存在如下三种而非一种可能性：

（i）两个族群都是个人主义。依据方程（9b），两种个人主义的族群可以共存。个人主义族群之间的竞争会提高系统的多样性。古希腊和文艺复兴时期的意大利的城邦就是典型的例子。

（ii）两个族群都是集体主义。基于方程（9b），两个集体主义族群不能共存。唯一的结果是一个取代另一个。这就是中国历史上农民战争和朝代更迭（Dynastic Cycles）的故事。因此完全的集体主义社会难以发展分工。

（iii）个人主义和集体主义竞争。这是竞争不确定性博弈的一般情况。这是集体主义族群与个人主义族群的混合经济。一个有趣的特征是，混合系统较之两个个人主义组成的自由化系统更具稳定性。这一结论可以推广至两个以上族群的情况。比较盎格鲁－撒克逊的两党制与欧洲大陆的多党制，就会发现保守与自由的两党制格局比多党制稳定。我们的文化竞争模型比新古典模型更具丰富的文化多样性。

当个人主义族群与集体主义族群竞争时，会产生什么结果？可能是两者共存，也可能是一个取代另一个族群，竞争结果取决于它们的资源限制、学习能力和文化因素。对于这种情况我们要多讨论一下。

如果两个族群具有相同的资源（$N_1 = N_2$），那么，集体主义族群会取代个人主义族群。如果我们比较式（8a）和（3a），即使 $C_2 \leq C_2$，当 $\beta \approx 1$，且 $0 < \alpha_2 \approx 1$ 时，集体主义的后来者也可能击败个人主义的领先者。日本和中国分别于 20 世纪 70 年代和 21 世纪 10 年代追上西方国家的历史可以证实我们的分析。因为集体主义文化可以在赶超博

弈（Catching‑up Game）中集中资源来击败竞争对手。产业政策的成败取决于政府动员战略资源用于新兴技术的能力，这是赶超博弈中模仿性学习的典型做法。

相比之下，个人主义的生存战略在于探索更大的资源或学习得更快。如果我们将企业家精神视为风险追求的文化，我们得到与熊彼特（1939）类似的结论：那就是社会主义（集体主义）与资本主义（个人主义）之间的竞争，资本主义的生存在于创造性毁灭的机制。一旦创新无法发现新的更大的资源，个人主义族群将在现有市场上输给集体主义。我们观察到的经济中心兴衰变迁的图景，和内生增长理论截然不同。内生增长理论梦想先行者会永远统治后来者，这种持续的贫富分化历史上并不存在。如果我们有相关的数据，我们的学习策略模型同样可以用来研究军备竞赛和公司战略。

五　方法论和哲学问题

在方法论和哲学上有几个问题需要讨论。凯恩斯（1936）曾经指出：

> "古典理论家如同一个非欧几何世界中的欧氏几何学者，他们从经验上观察到看来平行的直线经常相交，就指责这些直线没有走对，他们以为这是治疗这些偶然事件的唯一方案。但实际上，更好的方案是放弃欧氏几何的平行线公理，转而采用非欧几何。除此之外再无其他纠正的方案。对于经济学来说也必须进行类似的变革。" 换言之，凯恩斯主张经济学的范式变革，才能解决理论脱离实际的矛盾。[①]

我们提出的人口动态学就是可以取代新古典经济学优化方法的理论框架。这一范式转变将引发一系列问题的革命性变革。我们分别来加以讨论。

（一）实体经济和货币经济

新古典增长理论是一个以资本和人口为经济增长驱动力的货币系统。我们的人口动态学是资源和人口在经济增长中发挥关键作用的实体系统。理论问题在于实体与虚拟（货币）经济之间的关系。

我们和真实经济周期（Real Business Cycle，RBC）学派的分歧在于技术变革的本质。真实经济周期学派把技术进步描写为没有资源限制的随机游走（Kydland and Prescott，1982），而我们把技术进步描写为资源约束下的逻辑斯蒂小波。

---

① 凯恩斯这里用牛顿力学过渡到爱因斯坦的广义相对论的例子，来比喻古典经济学必须过渡到凯恩斯经济学。牛顿力学满足的是平直空间的欧氏几何，欧氏几何的平行线公理假设在一点只能画一条已知直线的平行线。但是爱因斯坦发现引力场满足的是弯曲空间的非欧几何，平行线公理不成立，过一点可以做多条平行线。凯恩斯用欧氏几何来比喻古典经济学的均衡理论，用非欧几何来比喻凯恩斯的非均衡理论。

历史上，古典经济学的核心概念从土地、人口和资本的研究开始。但新古典经济学的发展，使经济理论的虚拟化变本加厉。2008 年金融危机的重要教训是，发达国家虚拟经济的过度扩张是极为危险的（Johnson, 2009；Chen, 2010）。依据国际清算银行（Bank of International Settlement）的数据，2012 年 10 月衍生市场规模达 632.6 万亿美元，接近全球生产总值的 9 倍或美国 GDP 的 40 倍。经济理论的虚拟化与美国经济的虚拟化之间，存在危险的关联。

（二）均衡和非均衡的经济机制

最优化方法只能用于封闭经济的均衡系统。这是内生增长理论一般均衡模型的根本问题，因为封闭系统不可能描写知识积累。在新古典经济学中，价格是形成市场均衡的核心机制。问题是一般均衡模型中代表者企业的利润必须为零。这意味着在封闭经济的一般均衡条件下资本不能增长。显然，内生增长的微观基础理论无法解释资本积累和技术进步而不自相矛盾（Chen, 2002）。

我们的代谢增长论没有把价格因素引入人口动态学。理由是市场份额竞争是非均衡的系统，不存在唯一的（线性）价格。我们在本文第三（四）部分中指出，利润机会主要存在于成长期（第二阶段）。然而，利润指标的选择是短期利润与长期市场份额之间的战略权衡。在未来市场份额和竞争者战略未知的条件下，我们无法计算利润的最优值。这就是为什么远见（Vision）和战略在技术竞争远比成本 – 利润的考虑重要，因为技术变革的不确定性和机遇是密切相关的。只有没头脑的傻瓜才会相信短期利润最大化是求胜之道。资本损失主要发生在衰退期（第四阶段）。2008 年金融危机的损失估计高达 13 万亿美元。新古典理论资本增长的平稳图景，用线性均衡的视角抽象掉技术进步的不确定性。我们的理论对于企业行为的理解，比新古典模型现实得多。换言之，现实经济没有任何案例可以证明新古典经济学宣称的"边际成本定价"。相反，大量战略定价和营销实践的案例支持我们分析市场份额竞争的理论框架（Shaw, 2012）。

均衡陷阱的例子是美联储主席本·伯南克倡导的所谓"再平衡"战略。中国以非均衡战略应对 2008 年金融危机远比发达国家有效。非均衡发展的方法是大规模投资基础设施，如投资高速铁路、新能源和新材料等新技术。美国国会拒绝任何结构改革，一心一意地依赖美联储印钞来给病入膏肓的经济输血而非造血。欧盟和日本用紧缩财政政策和货币政策处理债务危机，效果有限。

新古典经济学和凯恩斯主义经济学都很少关注经济结构。储蓄投资理论向下倾斜的 IS 曲线在开放经济的非均衡条件下是不成立的。在全球化时代，如果你降低利率，将有三种而非一种可能：第一种可能只对有增长前景的健康经济体成立，即降低利率将增加投资和生产。第二种可能是经济前景不确定的动荡经济体，投资者宁可持有现金或还债，而不敢投资。第三种可能是继续衰退的经济体，低利率会导致资本外逃，流向有更高回报前景的外国经济。我们（Chen，1996、2005、2008）早就从宏观和金融的指数运动中发现色混沌（Color Chaos）的广泛证据，证明经济体的运动是高度复杂的非线性运动。新古典宏观经济学的 IS - LM 体系所描写的线性因果关系，纯属具有经济复杂性的非均衡世界中，用欧氏几何构造的均衡幻象，在非欧几何的世界中并不存在（Chen，2010）。

（三）线性和非线性的思维方式

线性思维是新古典增长模型的普遍特征。罗伯特·索洛不仅清楚这一症状，还知道新古典增长理论的病因（Solow，1994）。例如，规模报酬递增导致爆炸式增长的经济（Explosive Economy），而规模报酬递减将产生收敛趋势。问题是历史数据没有出现如此简单的线性发展趋势。Aghion 和 Howitt 的"创造性毁灭"模型（1992），假设每项创新都毁灭先前的技术；实际上，很多创新是对早先技术的补充。干中学模型干脆忽略研发（R&D）的重要。新古典经济学模型的共同缺陷在于简单化的线性思维。如果我们引入非线性的思维方式，即使采用最简单的逻辑斯蒂模型，所有新古典增长模型的麻烦都会迎刃而解。例如，熊彼特的"创造性毁灭"并不意味着新旧技术无法并存。如果竞争参数较小，技术竞争将会出现互补的作用。

所有技术或产业都有其生命周期，更准确的数学表象是小波（Wavelet），典型的例子是海上的每个浪头都是有生有灭的小波。例如，我们考察发达国家的纺织业，它们无疑处于成熟期的阶段。如果你继续在发达国家投资纺织业，资本报酬当然是递减的；但是如果你投资亚洲的纺织业，就可能获得递增的资本报酬。在 20 世纪 70 和 20 世纪 80 年代，随着低技术从先进国家向落后国家的转移，资本回报率呈现下降的收敛趋势。然而，20 世纪 90 年代电脑和互联网产业在西方的兴起改变了国际资本的流向，对外直接投资转回发达国家，以追逐新技术在成长期出现的资本回报递增的机遇。我们在 20 世纪 90 年代观察到富国与穷国之间重新呈现两极化的发散趋势。为什么 20 世纪 90 年代和 21 世纪的最初 10 年中国能在制造业上迅速追上"亚洲四小虎"国家？基本原因在于中国的经济规模和市场规模远远大于"亚洲四小龙"和其他东亚国家。

新古典增长理论关于经济增长的政策令人困惑。外生增长理论强调人口增长和资本积累的作用，内生增长理论更强调知识资本。他们都未能明白，这些因素其实都是双刃剑。超过适度的增长范围，人口、资本或知识的增长不一定能促进经济的健康成长。下面我举两个亲身观察的例子。

2012 年夏天我访问埃及时发现，中东目前的社会动乱根源在于阿拉伯国家人口的高速增长，而同时粮食供给不足，造成知识青年的高失业率。埃及人口增长率四倍于中国，但 GDP 增长率仅为中国的四分之一。早从罗马帝国开始，埃及就是向欧洲出口的粮食生产基地，而现在埃及却成为美国的粮食进口大国。按照新古典经济学的增长理论，埃及的高人口增长率和高教育普及率加上自由贸易政策，应该导致经济的繁荣。但是实际上埃及的市场经济并没有克服埃及经济的结构性问题。原因是埃及并未像中国那样投资于计划生育和农田灌溉工程，尼罗河水的利用率很低。无论埃及是军事政权还是民选政府，他们都无法在短期内解决人口和资源的矛盾问题。新古典经济学忽视人口与资源的约束关系，在实践上导致社会动乱的严重后果。不解决粮食问题，搞什么民主或军事专制，都不能解决民生问题。宗教矛盾只是经济问题的表面现象。

美国经济则面临另一个问题。新古典内生增长理论广为宣传的知识积累和教育水平并未促进美国产业的国际竞争力。依据中央情报局（CIA）的数据，美国、英国和西班牙的平均教育年限是 17 年，德国是 16 年，中国和埃及是 12 年。依据内生增长理论，你会期望美国的制造业比德国与中国更有竞争力。然而，苹果公司上任总裁史蒂文·乔布斯生前在 2012 年当面直率地告诉奥巴马，美国制造业无法与中国竞争，苹果公司设计的产品不得不外包到中国生产，原因是美国教育不再大规模培养制造业短缺的中级工程师（Barboza et al.，2012）。中国也曾面临技术工人和技术人员短缺的问题。中国政府的解决办法是引进德国的技术教育体系，不完全照抄美国的高等教育体制，才有中国制造业的崛起。

换言之，经济学中，知识结构比知识总量更重要。在增长理论中引入非线性的互动机制来取代新古典的单向作用机制，我们才能提出更好的经济政策，来实现经济增长和民生改善。

（四）理论模型与计算机模拟

理论模型和计算机模拟是两种常用的理论研究方法，但是两者在方法论上有很大差别。理论建模的目标在于从大量观察中抽象出一般的特征，其代价在于牺牲掉若干次要的细节；然而，计算机模拟的目标与理论建模相反，计算机模拟特定对象的细节越多越好，所付的代价是难以推广至其他的对象。换言之，理论追求结论的普遍性、一般性，而计算机模拟追求具体性和特殊性。

就方法论而言，我们的市场份额竞争模型构造的是一般性的理论框架，而系统工程学和计量经济学则是两种不同的计算机模拟方法（Forrester，1961；Meadows et al.，2004）。计算机模拟的竞争用经验数据的拟合程度来检验。科学理论的竞争用可控制的实验来检验。经济学中，可控实验的规模和范围受到经费的限制。所以，历史上经济学派不同思路的检验主要靠历史事件或历史趋势来定优劣。例如，大萧条动摇了"看不见的手"即自稳定市场的信念，凯恩斯经济学得以崛起并取代古典经济学成为英美的主流经济学。卢卡斯的微观基础和理性预期理论流行于 20 世纪 70 年代的滞胀时期，但 2008 年的金融危机给了其重大打击。

外生增长理论于 20 世纪 50 年代赢得大量关注，那是"二战"后美国的黄金时代。内生增长理论在互联网兴起时诞生，引发所谓新知识经济的热潮。美国干预伊拉克的战争失败和 2008 年金融危机，使大家注意到全球化时代依然有许多国家处于贫困陷阱，人们开始质疑经济增长的收敛论和发达经济体的可持续性。我们的代谢增长论是把经济学和世界史的新思维，用数理模型来加以表述。从世界观而言，我们对当代问题的观点更接近人类学家和历史学家的观察：气候和环境的变化塑造了不同文明的历史。这也是达尔文和马克思的历史观。

六 结论

技术进步和资源开放是工业经济增长的动力。如何理解技术、资源和人口之间的动态互动，是经济学和历史学研究的根本问题。新古典经济学的内生和外生增长理论都将抽象的资本视为经济增长的动力，忽略了资源的决定性作用。在这点上，新古典增长理论和斯密、马尔萨斯等古典经济学家相比，在数学形式上似乎有引入优化论的进步，但在经济思想上是一大倒退。因此，新古典经济学的增长理论很难理解发展机制、环境危机和反复出现的经济周期。

2008 年的金融危机中，没有结构改革的货币政策与财政政策对发达国家的危机处理效果不大。中国和新兴经济体的崛起主要来自技术进步和结构调整（Chen，2010）。经济周期波动和世界格局变化的主要原因是技术小波的影响；市场心理和货币运动对实体经济的影响是次要因素。这是 2008 年大衰退给我们的主要教训，和 20 世纪 30 年代大萧条的教训有很大不同。凯恩斯、哈耶克和弗里德曼经济理论的共同局限在于，他们都忽视了技术革命浪潮的冲击会改变全球竞争的格局，以及经济强权的兴衰。

我们从人口动态学出发的研究回归到亚当·斯密和托马斯·马尔萨斯的核心思想，即劳动分工受市场规模和资源承载力的限制。这也是现代化和当代生态危机的基本教训。非线性人口动态学可以替代经济动态学的理论框架。我们的几个工作突破了新古典增长理论的局限。

第一，工业化可以描述为新资源和新市场的系列发现。物质财富同时取决于规模经济（资源承载力）和范围经济（资源种类数目）。因此，人类社会的物质财富与生物多样性同样密切相关。不加节制的自由资本主义最大的后果，是破坏地球几亿年积累起来的生态资源，最终可能危及人类的生存。

第二，熊彼特长达几十年的长波（也叫康德拉季耶夫周期）和"创造性毁灭"的创新过程都可以由人口动态学中技术小波的起落来描写（Schumpeter，1934、1939、1950）。我们从宏观与金融指数的增长波动中观测到，非线性增长趋势和不规则增长波动的叠加可以解释为逻辑斯蒂小波的包络线（Prigogine，Allen，and Herman，1977），这使我们能在产业兴衰的技术小波和宏观总量的经济波动之间建立起联系。换言之，我们找到了宏观波动的中观产业基础。

第三，我们发现结构性失业源于技术竞争造成的产能过剩。不同于经济周期的微观基础，这是宏观失业和经济周期的中观基础（Lucas，1981；Chen，1996a、1996b、2002）。我们发现结构性失业的另一个来源是生物多样性的减少，而生物多样性是实现充分就业和可持续发展的必要条件。

第四，我们更好地理解知识的本质和经济增长的非线性规律。新古典经济学的外生增长理论把技术进步视为一系列的随机扰动。新古典经济学的内生增长理论宣称知识增长是简单的积累过程。我们揭示出知识发展新陈代谢的本质，是科学革命造成现代的技术。科学思维的范式变革和间断性的技术发展表明（Kuhn，1962），科学和技术发展的方式像小波的兴衰。小波运动的特点和新古典模型的随机游走（Random Walk）完全不同。随机噪声没有频率和周期的特点，而小波可以描述任何生命体和经济体的生老病死的变化，即常说的生命周期。而随机噪声是没有生命的背景涨落。从非线性的视角出发，我们能够看到技术生命周期中不同阶段动态的收益变化，并理解组织和制度的共生演化（Co-evolution）。

第五，我们把文化因素引入学习竞争。风险追求的个人主义和风险规避的集体主义是市场份额竞争下不同的竞争策略。历史上不同的分工模式的形成和资源约束与文化差异都有关系。世界文化的多样性来源于生存环境的多样性。这是新古典经济学宣扬的普适价值论和演化经济学倡导的多元价值论不同的原因。新古典经济学的实质是把英美文化的特殊经验夸大为人类社会的普遍经验。但是新古典经济学的世界观违背达尔文生物演化论的基本观念。

第六，我们发展了一般斯密定理。亚当·斯密所处的时代，工业革命刚刚开始，斯密只注意到分工受市场规模的限制。当代的历史经验让我们认识到分工受市场规模、资源种类和环境波动的三重限制。新古典经济学单纯强调稳定性的作用。我们发现系统稳定性和系统复杂性之间存在鱼和熊掌不可兼得的此消彼长（Trade-off）的关系。经济演化是双向演化的动态过程，其发展方向是非均衡的多样化，而不是均衡下的趋同。

第七，我们提出的复杂演化动态学，为建立经济学的统一理论奠定基础。新古典经济学的各个分支是互相矛盾的，因为新古典经济学家企图用线性理论来描写非线性的现象，结果是：静态的微观经济学没有产品的创新和生命周期，加总而没有结构的宏观经济学无法应对结构性的经济危机，基于布朗运动的金融经济学排除了金融危机的可能性，只讲交易不讲组织的制度经济学难以理解混合经济的不同组织产生和演化的规律。我们注意到没有微观经济学无法理解利润率的变化，封闭的宏观经济学无法理解国际竞争对一国经济政策的制约，基于无套利机会的金融理论实际上为金融投机挤出实体经济打开大门，新制度经济学也难以理解市场经济内生的不稳定性和政府在混合经济中的作用。我们指出新古典经济学的优化框架不适用于工业经济，因为哈密顿函数（Hamiltonian Function）的优化理论只对封闭系统成立。而工业化和现代化的本质是开放系统中开发资源的竞争过程，创新的不确定性无法用已有技术下的优化策略来处理。新古典经济学流行的基本概念，如完全信息、理性预期、噪声驱动周期、零交易费用、无限寿命、IS 曲线、长期均衡和无限增长等等，都违反物理学基本定理，是在现实中不存在的乌托邦（Chen，2005、2007、2008、2010）。因为人是具有生命周期和相互影响的社会动物，理性人的概念和人的社会性不能兼容。我们建立非线性振子模型来描写宏观经济中观察到的色混沌和复杂周期（Chen，1987、1996）；我们用生灭过程来处理宏观与金融的随机涨落（Chen，2002）；我们用逻辑斯蒂竞争模型来描写代谢增长（Chen，1987）；我们发展的人口动态学模型可以处理开放经济的经济耗散系统。小波表象和非线性振子模型是我们构建经济学统一理论的基石，用统一的演化经济学视角讨论微观、中观、宏观和制度经济学的复杂演化动态学行为。新兴的复杂科学为研究非线性动态学和非均衡机制提供了新的工具（Nicolis and Prigogine，1977；Prigogine，1980、1984），这些工具对经济发展和社会演化的理解是重大的突破。

以哈耶克为代表的演化经济学家们一度认为，经济演化太复杂了，所以很难用数学语言把演化论思想模型化（Mirowski，1989）。这一观念在复杂科学时代不复存在。新古典经济学理论缺乏历史观念，因为他们的模型是线性和均衡的。真实的历史发展可以用非线性和非均衡的动态学来描述。研究的关键是建立理论与观察之间的联系。

致　谢

作者感谢 Peter Allen、Wolfgang Weidlich、Edmond Phelps，Joseph Stiglitz、James Galbraith、Ulrich Witt、Wolfram Elsner、Andreas Pyka、Laura Tyson、林毅夫、史正富、李维森、孟捷、唐毅南、李华俊和 Vivian Chen 提供的有启发的讨论。作者也感谢两位匿名审稿人的有益评论。

参考文献

［1］ Aghion P. , Howitt P. 1992. A Model of Growth Through Creative Destruction, *Econometrica* 60 （2）: 323 – 351.

［2］ Aghion P. , Howitt P. 1998. *Endogenous Growth Theory*, MIT Press, Cambridge.

［3］ Arthur W. B. 1994. *Increasing Returns and Path Dependence in the Economy*, University of Michigan Press, MI: Ann Arbor.

［4］ Arrow K. J. 1962. The Economic Implications of Learning by Doing, Review of Economic Studies 39: 155.

［5］ Arrow K. J. , Debreu G. 1954. Existence of an Equilibrium for a Competitive Economy, *Econometrica* 22 （3）: 265 – 290.

［6］ Ayres R. U. 1989. *Technological Transformations and Long Waves*, *International Institute for Applied Systems Analysis*, Austria: Laxenburg.

［7］ Barboza D. , Lattman P. , Rampell C. 2012. How the U. S. Lost Out on Iphone Work, New York Times, Jan. 21, Jan. 24.

［8］ Browning M. , Crossley T. F. 2001. The Life – Cycle Model of Consumption and Saving, *Journal of Economic Perspectives* 15 （3）: 3 – 22.

［9］ Chen P. 1987. Origin of the Division of Labor and a Stochastic Mechanism of Differentiation, *European Journal of Operational Research* 30: 246 – 250.

［10］ Chen P. 1990. Needham's Question and China's Evolution – Cases of Non – Equilibrium Social Transition, in Scott G ed. , *Time, Rhythms and Chaos in the New Dialogue with Nature*, chapter11, pp. 177 – 98, Iowa State University Press, Iowa: Ames.

［11］ Chen P. 1996. A Random Walk or Color Chaos on the Stock Market? – Time – Frequency Analysis of S&P Indexes, *Studies in Nonlinear Dynamics & Econometrics* 1 （2）: 87 – 103.

［12］ Chen P. 2002. Microfoundations of Macroeconomic Fluctuations and the Laws of Probability Theory: the Principle of Large Numbers Vs. Rational Expectations Arbitrage, *Journal of Economic Behavior & Organization* 49: 327 – 344.

［13］ Chen P. 2005. Evolutionary Economic Dynamics: Persistent Business Cycles, Disruptive Technology, and the Trade – Off between Stability and Complexity, in Dopfer K ed. , *The Evolutionary Foundations of Economics*, chapter 15, pp. 472 – 505, Cambridge University Press, Cambridge.

［14］ Chen P. 2007. Complexity of Transaction Costs and Evolution of Corporate Governance, *Kyoto Economic Review* 76 （2）: 139 – 153.

［15］ Chen P. 2008. Equilibrium Illusion, Economic Complexity, and Evolutionary Foundation of Economic Analysis, *Evolutionary and Institutional Economics Review* 5 （1）: 81 – 127.

［16］ Chen P. 2010. *Economic Complexity and Equilibrium Illusion: Essays on Market Instability and Macro Vitality*, Routledge, London.

[17] Darwin C. 1859. On the *Origin of Species*, *by Means of Natural Selection*, *or the Preservation of Favoured Races in the Struggle for Life*（1*st ed.*）, London：*John Murray*, London.

[18] Dasgupta D. 2010. *Modern Growth Theory*, Oxford University Press, Oxford.

[19] Daly H. , Farley J. 2010. *Ecological Economics*：*Principles and Applications.* Island Press.

[20] David P. A. 1985. Clio and the Economics ofQwerty, *American Economic Review*（Papers and Proceedings）75：332 – 37.

[21] Day R. H. 1982. Irregular Growth Cycles, *American Economic Review* 72：404 – 414.

[22] Eliasson G. 2005. *The Birth*, *the Life and the Death of Firms*, The Ratio Insitute, Stockholm.

[23] Forrester J. W. 1961. *Industrial Dynamics*, MIT Press, MA：Cambridge.

[24] Georgescu – Roegen N. 1971. *The Entropy Law and Economic Process*, Harvard University Press, MA：Cambridge.

[25] Goodwin R. M. 1967. A Growth Cycle, in Feinstein CH ed. *Socialism*, *Capitalism and Economic Growth*, Cambridge University Press, MA：Cambridge.

[26] Johnson S. 2009. The Quiet Coup, *Atlantic* 303（4）：46 – 56.

[27] Keynes J. M. 1936. *The General Theory of Employment*, *Investment*, *and Money*, Macmillan, London.

[28] Kikuchi M. 1981. Creativity and Ways of Thinking：the Japanese Style, *Physics Today*, 34：42 – 51.

[29] Knight F. H. 1921. *Risk*, *Uncertainty and Profit*, Sentry Press, New York.

[30] Kurz H. D. 2012. *Innovation*, *Knowledge*, *and Growth*：*Adam Smith*, *Schumpeter*, *and Moderns*, London：Routledge.

[31] Kuhn T. 1962. *The Structure of Scientific Revolutions*, University of Chicago Press, Chicago.

[32] Kydland F. E. 1995. *Business Cycle Theory*, E. Edgar.

[33] Kydland F. E. , Prescott E. C. 1982. Time to Build and Aggregate Fluctuations, *Econometrica* 50（6）：1345 – 1370.

[34] Lucas R. E. Jr. 1981. *Studies in Business – Cycle Theory*, Cambridge：MIT Press.

[35] Lucas R. E. Jr. 1988. On the Mechanics of Economic Development, *Journal of Monetary Economics* 22：3 – 42.

[36] Maddison A. 1998. Chinese Economic Performance in the Long Run, OECD, Paris.

[37] Maddison A. 2007. The World Economy：Amillennial Perspective/Historical Statistics, OECD：Development Center Studies.

[38] Malthus T. R. 1798. *An Essay on the Principle of Population*, London.

[39] May R. M. 1974. *Stability and Complexity in Model Ecosystems*, Princeton University Press, NJ：Princeton.

[40] Meadows D. H. , Randers J. , Meadows D. L. 2004. *Limits to Growth*：*the 30 – Year Update*, Chelsea Green.

[41] Menzies G. 2002. 1421, *the Year China Discovered the World*, Morrow.

[42] Mirowski P. 1989. *More Heat Than Light*, Cambridge University Press, Cambridge.

[43] Modigliani F. 1976. Life – Cycle, Individual Thrift, and the Wealth of Nations, *American Economic Review* 76（3）：297 – 313.

［44］ Morris I. 2010. *Why the West Rules—for Now*，Farrar，New York.

［45］ Needham J. 1954. *Science and Civilization in China*，Vol. I，Cambridge University Press，Cambridge.

［46］ Nicolis G.，Prigogine I. 1977. *Self – Organization in Nonequilibrium Systems*，Wiley，New York.

［47］ Pianka E. R. 1983. *Evolutionary Ecology*，6th Ed. Benjamin Cummings.

［48］ Pomeranz K. 2000. *The Great Divergence：China，Europe，and the Making of the Modern World Economy*，Princeton University Press，Princeton.

［49］ Prigogine I. 1980. *From Being to Becoming：Time and Complexity in the Physical Sciences*，Freeman，San Francisco.

［50］ Prigogine，Ilya. 1984. *Order Out of Chaos*，Bantam，New York.

［51］ Prigogine I.，Peter M. A.，Herman R. 1977. Long Term Trends and the Evolution of Complexity，in Laszlo E ed.，Goals in *A Global Community：a Report to the Club of Rome*，Pergamon Press，Oxford.

［52］ Romer P. M. 1986. Increasing Returns and Long – Run Growth，*Journal of Political Economy* 94：1002 – 38.

［53］ Rostow W. W. 1990. *The Stages of Economic Growth*，3rd ed. Cambridge University Press，Cambridge.

［54］ Samuelson P. A. 1971. Generalized Predator – Prey Oscillations in Ecological and Economic Equilibrium，*Proc. Nat. Acad. Sci. U. S. A*68（5）：980 – 983.

［55］ Schumpeter J. A. 1934. *The Theory of Economic Development*，Harvard University Press，Cambridge.

［56］ Schumpeter J. A. 1939. *Business Cycles，a Theoretical，Historical，and Statistical Analysis of the Capitalist Process*，McGraw – Hill，New York.

［57］ Schumpeter J. A. 1950. *Capitalism，Socialism and Democracy*，3rd ed.，Harper，New York.

［58］ Shaw，E. 2012. Marketing Strategy：from the Origin of the Concept to the Development of a Conceptual Framework，*Journal of Historical Research in Marketing* 4（1）：30 – 55.

［59］ Simon H. A. 1993. Altruism and Economics，*American Economic Review* 83（2）：156 – 161.

［60］ Smith A. 1776. *The Wealth of Nations*，Liberty Classics，Indianapolis.

［61］ Solow R. M. 1957. Technical Change and the Aggregate Production Function，*Review of Economics and Statistics* 39（3）：312 – 320.

［62］ Solow R. M. 1994. Perspectives on Growth Theory，*Journal of Economic Perspectives*8（1）：45 – 54.

［63］ Stigler G. J. 1951. the Division of Labor Is Limited by the Extent of the Market，*Journal of Political Economy* 59：185 – 193.

［64］ Toffler A. 1980. *The Third Wave*，William Morrow，New York.

［65］ Vernon R. 1966. International Investment and International Trade in the Product Cycle，*Quarterly Journal of Economics* 80（2）：190 – 207.

［66］ WallersteinI. 1974. *The Modern World System I，Capitalist Agriculture and the Origin of the European World – Economy in the Sixteenth Century*，Academic Press，New York.

从 A 体系到 B 体系：
转形问题百年综述

陈　旸[*]

摘　要　在转形问题的百年讨论中，可以按照对待劳动力商品的不同态度，分为 A 体系和 B 体系。其中 A 体系假设工人获得的是给定的实物形态的工资品，这一组商品的数量和构成是外生给定的，在价值和生产价格体系中相同。基于这一假定，A 体系的转形结果是"两个总量相等"只有一个能成立，生产价格体系下的平均利润率不等于价值体系下的平均利润率。基于这两个结果所做的推论，必然为劳动价值论是"不必要的迂回"。B 体系则放弃了给定的实物工资假设，将工人获得的工资视为社会净产品价值的一部分。B 体系的一个分支"新解释"派认为，劳动力商品的再生产并不属于典型的资本再生产，因此，劳动力的价值或工资在价值体系和生产价格体系下所占的比例是相同的。如果净产品的价值等于其价格，那么剩余价值必然等于利润，马克思的"两个总量相等"应该理解为"净产品的价值等于净产品的价格，剩余价值等于利润"。B 体系的另一个分支"平均利润率不变"派认为，平均利润率在价值和生产价格体系下是相等的。放弃给定的实物工资假设，生产价格体系下的平均利润率就必须由价值体系来决定，这样一来，马克思的"两个总量相等"就能同时成立。

关键词　实物工资向量　两个总量相等　新解释　平均利润率

一　引言

历史上，有一位名叫洛贝尔图斯的德国人，曾经在不同的场合宣称马克思的剩余价值理论是"剽窃"了他的观点。[①] 对这种诽谤，马克思本人并没有放在心上。倒是恩格斯在《哲学的贫困》的序言和《资本论》第二卷的序言中对这位诽谤者进行了驳斥和批判，希望洛贝尔图斯和他的追随者们能够证明"相等的平均利润率……不仅不违反价值规律，反而要以价值规律为基础来形成"。恩格斯之所以敢于旗帜鲜明地提出挑战，是因为他已经确认马克思将在《资本论》第三卷中解决这个难题。

恩格斯摆下这一学术擂台，实际上就是要解决历史上著名的"等量资本获得等量

---

*　陈旸，安徽大学经济学院博士研究生。
①　《马克思恩格斯文集》第 4 卷，人民出版社，2009，第 199～214 页。

利润和劳动创造全部价值"之间的矛盾（李嘉图学派正是因为无法正确地解释两者之间的关系才导致了解体）。马克思认为，李嘉图在这一问题上存在着"科学上的不完备性"。[①] 按照马克思的转形理论，价值规律并不是直接作用在现实经济关系中，而是通过一系列"中介环节"表现出来的。"如果想不经过任何中介过程就直接根据价值规律去理解这一现象……就是一个比用代数方法或许能求出化圆为方问题更困难得多的问题"。[②] 等量资本获得等量利润，是在生产价格规律作用的基础上形成的。根据生产价格规律，各部门资本家都依据统一的平均利润率，获得与各自预付资本量大小成比例的平均利润。各部门中商品的价值和生产价格的差额，主要是由各部门创造的剩余价值和获得的平均利润的差额导致的，归根结底是由剩余价值在各生产部门之间重新分配决定的。因此，等量资本获得等量利润的现实，并不是对劳动价值论的否定；相反，通过"总劳动价值等于总生产价格，总剩余价值等于总利润"（下称两个总量相等）来约束生产价格，正是劳动价值论在资本主义经济关系一定发展阶段的具体表现。

显然，洛贝尔图斯并没有能力解决这个问题。是恩格斯的挑战引发了关于转形问题的大讨论。在一百多年的时间里，各路经济学好手纷纷加入到辩论中，他们对转形问题的研究热情一直持续到今天仍未消散。限于篇幅，本文所进行的综述只涉及经典的"比较静态"过程，不去讨论劳动价值向生产价格转形过程中的时间序列问题。[③] 本文认为，在转形问题的百年讨论中，可以按照对待劳动力商品的不同态度，分为 A 体系和 B 体系。其中 A 体系假设工人获得的是给定的实物形态的工资品，这一组商品的数量和构成是外生给定的，在价值和生产价格体系中相同。基于这一假定，A 体系的转形结果是"两个总量相等"只有一个能成立、生产价格体系下的平均利润率不等于价值体系下的平均利润率。基于这两个结果所做的推论，必然为劳动价值论是"不必要的迂回"（Samuelson，1957）。B 体系则放弃了给定的实物工资假设，将工人获得的工资视为社会净产品价值中的一部分。B 体系的一个分支"新解释"派（或称 B - 2）认为，劳动力商品的再生产并不属于典型的资本再生产，因此，劳动力的价值或工资在价值体系和生产价格体系下所占的比例是相同的。如果净产品的价值等于其价格，那么剩余价值必然等于利润，马克思的"两个总量相等"应该理解为"净产品的价值等于净产品的价格，剩余价值等于利润"。B 体系的另一个分支"平均利润率不变"派（或称 B - 1）认为，平均利润率在价值和生产价格体系下是相等的。放弃给定的实物

① 《马克思恩格斯全集》第 26 卷第 II 册，人民出版社，1973，第 181 页。
② 《马克思恩格斯全集》第 26 卷第 III 册，人民出版社，1973，第 90 页。
③ 在转形研究中引入时间序列的文献有：Okishio（1972），Morishima（1974），Shaikh（1977），Kliman（2007），丁堡骏（2005），严金强、马艳（2010）等。

工资假设，生产价格体系下的平均利润率就必须由价值体系来决定，这样一来，马克思的"两个总量相等"就能同时成立。

本文的第二部分综述了转形问题 A 体系中的百年徘徊，第三部分综述 B 体系对转形问题的突破性贡献，第四部分探讨 A 体系和 B 体系差异的根源。

二　转形问题在 A 体系架构内的百年徘徊

（一）转形问题的"史前史"：恩格斯的提醒和马克思的解法

首先对剩余价值和利润之间关系提出疑问的很可能是恩格斯。在《资本论》第一卷出版前的校对过程中，恩格斯在处理剩余价值转化为资本的那一部分印张时，曾经给马克思写过一封信。在这封信里，恩格斯评论道："关于货币转化为资本的一章和剩余价值的产生那一章，就编排和内容而言，是迄今为止最光辉的两章。"① 而在另一封信中，恩格斯指出："关于剩余价值的产生，我还有以下的意见。工厂主及其附庸经济学家马上会一起反驳你：如果工人工作 12 小时而资本家仅仅付给工人 6 小时的工资，那也不可能由此产生任何剩余价值，因为这样一来，工厂工人的每一劳动小时只算半个劳动小时——与他所得的报酬相适应，——并且只按这一价值进入劳动产品的价值……虽然它的前提十分荒谬……但是，我对你没有注意这一点还是感到惊奇，因为肯定会对你马上作出这种反驳，最好是预先把它排除。"②

恩格斯的疑虑显然已经触及了转形问题的基本点。马克思回答说："回答这个问题的前提是：

一、例如劳动的日价格转化为工资或日劳动的价格。这在本卷第五章中已经谈到。

二、阐明剩余价值转化为利润，利润转化为平均利润，如此等等，要阐明这个问题首先必须阐明资本的流通过程，因为资本周转等等在这方面是起作用的。因此，这个问题只能在第三册里加以叙述（第二卷包括第二册和第三册）。……如果我想把所有这一类怀疑都预先打消，那我就会损害整个辨证的阐述方法。相反地，这种方法有一种好处，它可以导出给那些家伙陷阱，迫使他们过早地暴露出他们的愚蠢。"③

马克思让恩格斯相信，他将有办法使得价值转化为生产价格和平均利润率之间的关系相一致，这也是恩格斯敢于发出挑战的最重要的原因。《资本论》第三卷发表之后，立刻就受到了攻击。洛里亚声称，马克思从第一卷的劳动价值论转向第三卷的生产价格理论，是"理论上的重大破产"和"科学上的自杀行为"。庞巴维克则认为

① 《马克思恩格斯全集》，人民出版社，1972，第 314 页。
② 《马克思恩格斯全集》，人民出版社，1972，第 316 页。
③ 《马克思恩格斯全集》，人民出版社，1972，第 318 页。

"平均利润率和生产价格理论不能同价值理论相一致"。他将马克思的生产价格理论的矛盾归纳为两点：

（1）即使个别商品按生产价格高于或低于其价值出售，但总的趋势上这些波动会互相抵消。就总体商品而言，生产价格总和等于价值总量。

（2）在复杂的经济体系中，价值规律至少是间接地和最终地调整着生产价格。总剩余价值又调节着平均利润量，从而调节着平均利润率。

公正地说，这两点倒确实是马克思生产价格理论的特点。但庞巴维克却从中得出了完全相反的结论，他认为这两点是对劳动价值理论的彻底颠覆，所以生产价格理论和劳动价值论两者是矛盾的。

希法庭反驳了庞巴维克的批评，他指出，生产价格不过是价值规律在特殊历史时期的特殊表现方式。生产价格与劳动价值之间的区别不但不是矛盾的，反而是必要的。正因为总价值制约着总生产价格，总剩余价值制约着总利润，因此是价值规律采取了一种特殊的表现方式，而不是该规律的失败。（顾海良，1988）

总体上看，这一阶段的争论关注的是生产价格体系和劳动价值体系的相容性问题，而对于转形步骤本身的内在逻辑一致性没有涉及。

（二）转形步骤内在逻辑的争论：从鲍特凯维兹到斯威齐的三部门模型

在第一次世界大战之前，对于马克思转形理论研究最为深刻的学者是鲍特凯维兹。[1] 虽然与他同时代的学者如德米特里耶夫（Dmitriev，1974）等分别做出了开创性的研究，但只有鲍特凯维兹的成果在日后产生了巨大的影响。[2]

鲍特凯维兹（1907）将社会生产整合为三大部门：生产资料、工人的消费资料和资本家的消费资料；各部门的剩余价值率相等；并假设经济处于简单再生产的状况中。故而价值体系中各部门的数量关系可以写为[3]

$$\lambda_1 = c_1 + v_1 + s_1 = c_1 + c_2 + c_3$$
$$\lambda_2 = c_2 + v_2 + s_2 = v_1 + v_2 + v_3$$

---

[1] 鲍特凯维兹关于转形问题的论文有两篇，第一篇名为《马克思体系中的价值和价格》，另一篇较短的论文名为《对马克思〈资本论〉第 3 卷中基本理论结构的修正》。短文处理的是较为简单的情况，比如固定资本一次性全部消耗，各部类资本周转速度都是单位的；而在之前的那篇长文中，处理的却是更为一般的情况，比如假设存在 n 个部门，各部门资本周转率不同。

[2] 鲍特凯维兹的重新发现要归功于斯威齐的工作，在 1942 年出版的《资本主义发展论》中，他专门划出一章讨论价值转形问题，并介绍了鲍特凯维兹的方法。不久之后，在他编辑的一本合集（Sweezy，1949）（包括庞巴维克的《马克思及其体系的终结》和希法庭《论庞巴维克对马克思的批判》）中，斯威齐将鲍特凯维兹 1907 年的德文论文译成英文放在附录中，并在导言中评价鲍特凯维兹"称得上是 20 世纪前期一流的经济学家"。

[3] 方程组（1）和（2）表示的简单再生产关系和鲍特凯维兹的解法的关系并不大。因为实际上他解的是方程组（3），这一点张忠任（2004）也曾指出。

$$\lambda_3 = c_3 + v_3 + s_3 = s_1 + s_2 + s_3 \tag{1}$$

其中，c_i、v_i、s_i 分别表示 i 部门的不变资本、可变资本和剩余价值。C、V、S 分别表示总不变资本、可变资本和剩余价值。

将生产价格方程写为

$$
\begin{aligned}
p_1 &= (1 + \pi)(xc_1 + yv_1) = (c_1 + c_2 + c_3) \, x \\
p_2 &= (1 + \pi)(xc_2 + yv_2) = (v_1 + v_2 + v_3) \, y \\
p_3 &= (1 + \pi)(xc_3 + yv_3) = (s_1 + s_2 + s_3) \, z
\end{aligned}
\tag{2}
$$

或者

$$
\begin{aligned}
p_1 &= (1 + \pi)(xc_1 + yv_1) = (c_1 + v_1 + s_1) \, x \\
p_2 &= (1 + \pi)(xc_2 + yv_2) = (c_2 + v_2 + s_2) \, y \\
p_3 &= (1 + \pi)(xc_3 + yv_3) = (c_3 + v_3 + s_3) \, z
\end{aligned}
\tag{3}
$$

π 表示货币利润率以区别于价值利润率 r，x、y、z 分别表示不变资本 C、可变资本 V 和剩余价值 S 的价值量和生产价格量之比，或者称为转换系数。鲍特凯维兹认为，如果方程组（3）有解，那么就可以证明存在一组系数，使得价值可以转化为生产价格。而方程组（3）显然存在着 4 个未知数（x、y、z 和 π），却只有 3 个方程，故而无法求解。鲍特凯维兹的做法是，假定第 Ⅲ 部门生产以黄金为代表的价值或价格的标准，也就是 $z = 1$。此时解方程组（3）有多种方法，其中一种是将方程组（3）的前两个方程看作以 x 和 y 为未知数的线性方程组，如果 x 和 y 有解，那么此方程组的系数行列式应当为零。即：

$$
\begin{vmatrix}
(1 + \pi) - \dfrac{(c_1 + v_1 + s_1)}{c_1} & (1 + \pi)\dfrac{v_1}{c_1} \\[3mm]
(1 + \pi) & (1 + \pi)\dfrac{v_2}{c_2} - \dfrac{(c_2 + v_2 + s_2)}{c_2}
\end{vmatrix} = 0
$$

令

$$\sigma = 1 + \pi, \quad f_i = \frac{v_i}{c_i}, \quad g_i = \frac{c_i + v_i + s_i}{c_i},$$ 以上行列式变形为 $\begin{vmatrix} \sigma - g_1 & \sigma f_1 \\ \sigma & \sigma f_2 - g_2 \end{vmatrix} = 0$，

即 $(f_1 - f_2)\,\sigma^2 + (f_2 g_1 + g_2)\,\sigma - g_1 g_2 = 0$。

解此二次方程可得 π 的表达式。这样一来，平均利润率就成为资本有机构成倒数 f_i 的函数。

$$\sigma = \frac{(f_2 g_1 + g_2) - \sqrt{(g_2 - f_2 g_1)^2 + 4 f_1 g_1 g_2}}{2(f_2 - f_1)} \tag{4}$$

将 π 的解代入方程，可以解得 x 和 y 的表达式。

鲍特凯维兹将其这种转形方法与马克思所使用的方法进行了比较。通过观察式（4）可以发现，当剩余价值率不变时，平均利润率取决于第 I 部门和第 II 部门的资本有机构成。[①] 同时还可以发现，只有当第 III 部门的资本有机构成等于社会平均有机构成时，马克思的两个总量相等命题才能成立。为了说明这一结果，鲍特凯维兹使用了一组数例分别按照马克思和自己的步骤进行转形，分别由表1～表3表示。

表 1　价值体系

部　门	不变资本	可变资本	剩余价值	价　值
I	225	90	60	375
II	100	120	80	300
III	50	90	60	200
总　计	375	300	200	875

表 2　按照马克思步骤计算的生产价格

部　门	不变资本	可变资本	利　润	价　格
I	225	90	$93\frac{9}{27}$	$408\frac{9}{27}$
II	100	120	$65\frac{5}{27}$	$285\frac{5}{27}$
III	50	90	$47\frac{13}{27}$	$181\frac{13}{27}$
总　计	375	300	200	875
平均利润率 r		$\frac{8}{27}$		

表 3　按照鲍特凯维兹的步骤计算的生产价格

部　门	不变资本	可变资本	利　润	价　格
I	288	96	96	480
II	128	128	64	320
III	64	96	40	200
总　计	480	320	200	1000
平均利润率 π		$\frac{1}{4}$		

鲍特凯维兹认为，马克思计算步骤的第一个缺点在于简单再生产条件的破坏。[②] 在

[①]　因为 $S_i = ev_i$，所以 $g_i = 1 + \dfrac{v_i}{c_i} + e\dfrac{v_i}{c_i}$。因此式（4）中的 σ 仅仅与剩余价值率和 I、II 部门的资本有机构成（的倒数）相关。

[②]　Bortkiewicz, 1907, p. 9.

表 1 中，转形之后，部门 I 的总价格为 $408\frac{9}{27}$，但社会总不变资本仍然为 375；部门 II 的总价格为 $285\frac{5}{27}$，但社会总可变资本为 300。出现这种差异的原因是，如果将不变资本和可变资本投入仍然按照价值量计算的话，那么，一旦这两个部门的生产价格偏离了价值，就会出现转形后社会简单再生产关系无法维持的情况，唯一的例外是各部门的资本有机构成相等。[①] 而这种特殊情况并不符合马克思在《资本论》第三卷中的意图，更不符合资本主义的现实情况。尽管简单再生产是一个假设条件，但是鲍特凯维兹认为："既然特殊情况下都无法满足，那么在一般条件下也就无法成立。"[②] 因此，有必要对马克思的方法进行"修正"。修正的关键在于将投入部分也按照生产价格计算。在表 3 中，投入部分也由价值形态转化为生产价格形态，各个部门的投入量就偏离了价值形态下的投入量，但不会破坏再生产关系。

根据鲍特凯维兹的计算方法，数例中的平均利润率 π 应当为 0.25，而根据马克思的计算方法，平均利润率 r 为 $\frac{8}{27}$。鲍特凯维兹认为这是马克思方法的第二处错误。设社会总资本有机构成 $\gamma = \frac{C}{V}$[③] 和剩余价值率 $e = \frac{S}{V}$，那么，马克思的平均利润率 $r = \frac{e}{1+\gamma}$。由于剥削率 e 是外生给定的，因此平均利润率 r 仅与社会总有机构成 γ 相关。令 $h_i = \frac{v_i}{V}$，总有机构成为

$$\gamma = \frac{c_1 + c_2 + c_3}{v_1 + v_2 + v_3} = h_1\gamma_1 + h_2\gamma_2 + h_3\gamma_3 \tag{5}$$

马克思的平均利润率为

$$r = \frac{e}{1 + h_1\gamma_1 + h_2\gamma_2 + h_3\gamma_3} \tag{6}$$

式（6）中的 r 不但与 f_1 和 f_2 相关（$f_i = \frac{1}{\gamma_i}$），还与第 III 部门的资本有机构成相关。而式（4）中无论第 III 部门的资本有机构成如何变化，只要剩余价值率 e 不变，π 的大

---

① 假设剩余价值率 $e = \frac{S_i}{v_i}$；此时资本有机构成 $\gamma = \frac{1}{f_i} = \frac{c_i}{v_i}$。因此劳动价值 $\lambda_i = v_i\gamma + v_i + ev_i = (1 + \gamma + e)v_i$；平均利润率 $\pi = \frac{e}{1+\gamma}$。生产价格 $p_i = (1 + \frac{e}{1+\gamma})(\gamma v_i + v_i) = (1 + \gamma + e)v_i = \lambda_i$。这意味着资本有机构成相等和剩余价值率相等同时发生时，生产价格将不发生偏离。

② Bortkiewicz, 1906, p. 205.

③ 鲍特凯维兹和斯威齐等人使用 $\frac{C}{C+V}$ 来表示资本有机构成。

小就不会发生变化。

为了说明马克思对平均利润率的计算是错误的，鲍特凯维兹设计了另一个数例，其中第 Ⅱ 部门所需要的不变资本投入为 0。

表 4 第 Ⅱ 部门不变资本为 0 的数例

部 门	不变资本	可变资本	利 润	价 格
Ⅰ	180	90	60	330
Ⅱ	0	180	120	300
Ⅲ	150	30	20	200
总 计	330	300	200	830

按照马克思的计算方法，平均利润率 $r = 0.318$，而按照鲍特凯维兹的方法，平均利润率 $\pi = 0.667$。鲍特凯维兹认为，由于第 Ⅱ 部门的投入和产出都是同一种商品（工人消费品），因而该部门的利润率与其他部门产品的价格高低无关，只要投入和产出的实物数量关系不变，第 Ⅱ 部门的利润率就不会因价值转形为生产价格而发生变化。[1]

根据鲍特凯维兹的例子，当第 Ⅱ 部门的不变资本为 $c_2 = 0$ 时，平均利润率由第 Ⅱ 部门决定，与其余两个部门的资本构成无关，即 $\pi = \dfrac{s_2}{v_2}$；依据马克思的方法，平均利润率 $r = \dfrac{s_1 + s_2 + s_3}{c_1 + 0 + c_3}$，假如按照马克思的平均利润率来计算生产价格，那么必定有

$$\frac{s_2}{v_2} = \frac{s_1 + s_2 + s_3}{c_1 + c_3 + v_1 + v_2 + v_3} \tag{7}$$

由于我们始终假设剩余价值率相等，即

$$\frac{s_1}{v_1} = \frac{s_2}{v_2} = \frac{s_3}{v_3} \tag{8}$$

因此

$$\frac{s_1 + s_3}{c_1 + c_3 + v_1 + v_3} = \frac{s_1 + s_3}{v_1 + v_3} \tag{9}$$

根据式（9），当 $c_2 = 0$ 时，$\pi = r$ 意味着 $c_1 = c_2 = 0$（因为不变资本不可能为负）。这显

---

[1] 鲍特凯维兹的这个模型，与李嘉图的"谷物模型"十分类似。在李嘉图的谷物模型中，农产品部门的利润率起到为全社会设定平均利润率标准的作用。在数例中，第二部门的实物构成不因价值计量单位的变化而变化，总是等于 $\dfrac{120}{180} = 0.667$。因此斯威齐（1982）认为，"鲍特凯维兹煞费苦心地替李嘉图向马克思辩解"。

然违反了表 4 的初始假设，故而鲍特凯维兹认为马克思对于平均利润率的计算是错误的。

总而言之，鲍特凯维兹对马克思的转形方法的批评是：第一，马克思的方法造成了再生产平衡条件的破坏；第二，马克思的方法错误地计算了平均利润率。

鲍特凯维兹对马克思转形方法的批评和意图进行的修正，本质上是建立在他的三部门简单再生产模型之上的。当生产体系遵守简单再生产规则时，各部门的产出和各部门对产品的使用在实物数量上存在平衡关系。如第 I 部门的产品在实物数量上总是等于所有部门对生产资料的使用量。如果我们通过价值量来衡量这种实物数量在价值上的大小，那么，只要采取相同的计量手段，这种平衡关系就不会被打破。但鲍特凯维兹观察到，马克思将投入品按照价值量计算，将产出品按照生产价格量计算，这就对同一实物数量的产品采取了不同的计量手段。而出现这种情况，一般都会造成简单再生产的平衡关系在价值量上的失衡（见表 2）。只有将投入品生产价格化，简单再生产的平衡才不会被打破（见表 3）。

按照鲍特凯维兹的观点，当投入品也按照生产价格计算从而保证了再生产平衡时，马克思的生产价格体系中的平均利润率也应当得到"修正"。为了证明这一点，鲍特凯维兹使用了李嘉图的"谷物模型"（见表 4）。这一修正看上去合理，实际上却隐藏着重要关系。因为在三部门模型假设中，工人所消费的全部物质资料都来自第 II 部门（这一点我们将在后面做进一步分析）。

马克思的转形方法被鲍特凯维兹"修正"之后，产生了转形问题研究的两大结论。一是平均利润率不是总剩余价值和总成本价值（不变资本加可变资本）之比，而仅仅与那些"基本品"① 部门相关；二是马克思所声称的总价值和总生产价格相等、总剩余价值和总利润相等的两个命题只有一个能够成立。

第二个结论实际上来自于第一个：平均利润率按照马克思的方法计算、总价值等于总生产价格、总剩余价值等于总利润这三个假说中只要有任何两个成立，那么剩下的一个也就成立。我们用 Λ、S、C、V 分别表示总价值、总剩余价值、总不变资本和总可变资本；用 P、Π、C_P 和 V_P 分别表示总生产价格、总利润、按照生产价格计算的总不变资本和可变资本。假如有 $\Lambda = P$ 和 $S = \Pi$，那么就有 $C + V = C_P + V_P$，以及

$$\frac{S}{C + V} = \frac{\Pi}{C_P + V_P}$$

---

① 在斯拉法的价格体系中，有一类商品组合被称为基本品，这种商品以直接或间接的方式参与到其余商品的生产中；而那些不以直接或间接的方式参与到其余商品生产中的，称为非基本品。这与鲍特凯维兹的观点有相似之处。但新李嘉图学派将斯拉法的学说在这一点上改造成为鲍特凯维兹的翻版，则是彻底的误解，因为斯拉法始终将工资视为一个可变的部分，从未谈到工资的具体决定问题。见斯拉法，1963。

即 $\pi = r$。既然这一命题成立，那么逆否命题也就成立。当 $\pi \neq r$ 时，不会有 $\varLambda = P$ 和 $S = \varPi$ 同时成立。

在鲍特凯维兹的论文被斯威齐重新发掘之后，马克思经济学者们一般都承认马克思的转形步骤存在失误，认为应当把投入部分也按照生产价格进行计算。例如，斯威齐（1982）指出："马克思在变价值为价格的途中只走了一半。无怪这种处理方法要导致自相矛盾的结果。"鲍特凯维兹对马克思的批评被广泛接受的另一个原因是，马克思本人似乎也承认过自己的方法有错误之处："因为生产价格可以偏离商品的价值，所以，一个商品的包含另一个商品的这个生产价格在内的成本价格，可以高于或低于它的总价值中由加到它里面的生产资料的价值构成的部分。因此，必须记住成本价格这个修改了的意义，因此必须记住，如果在一个特殊生产部门把商品的成本价格看作和生产该商品时所消费的生产资料的价值相等，那就总可能有误差。"①

对鲍特凯维兹所提出的第二个问题，即平均利润率的确定问题，大部分马克思主义学者也都承认是有道理的。斯威齐（1982）将"利润率仅仅是取决于那些存在于对实际工资的组成有直接或间接影响的产业内部的生产状况"，称为"惊人的事实"。而根据这一原理推导出来的所谓的"马克思的基本定理"，则被认为是鲍特凯维兹"对马克思观点的明确支持"。②

我们已经提出，鲍特凯维兹所进行的两大修正来自于他的三部门简单再生产体系假设。假如承认这一出发点是合理的，而推导过程又没有错误，那么，就必须承认鲍特凯维兹的两大"修正"以及两个结论也是合理的。

但斯威齐等人却未曾注意到，鲍特凯维兹对马克思转形方法的批评完全是建立在三部门的简单再生产的假设之上。首先看他的第一个批评，鲍特凯维兹认为，投入品未曾按照生产价格计算的直接后果是使得简单再生产的物质平衡关系在价值量上被破坏了（见表2），因此有必要在转形过程中将投入品生产价格化。③ 鲍特凯维兹的第二个批评同样建立在三大部门的假设，特别是工人的消费品全部来自于第Ⅱ部门这样一个假设上。假如规定工人的全部消费品来自某一特定部门，那么，实际上就假设了在转形过程中社会总产品在实物形态上的划分是已经确定了的。更准确地说，任何假设工人所消费的产品在价值上的构成为已知的模型，都同时假设了实物形态上的社会

① 《马克思恩格斯全集》第 25 卷，人民出版社，1974，第 184~185 页。

② 鲍特凯维兹在 1907 年的文章中提出了，只有当剩余价值为正时才存在正的利润。置盐信雄（1963）和森岛通夫（1973）将其发展为"只有当剩余价值率为正时利润率才为正"，他们称之为"马克思的基本定理"。

③ 简单再生产的前提假设受到了许多经济学家的批评，见 Winternitz，1984；张忠任，2004；荣兆梓，2010；丁堡骏，2010。

产品在两大社会阶级中的划分。鲍特凯维兹的模型中的第 Ⅱ 部门，无非是这一推广的一种特例。以表 1 为例，三个部门中的工人所消费的商品分别是第 Ⅱ 部门产品总量的 $\frac{90}{300}$、$\frac{120}{300}$ 和 $\frac{90}{300}$。通过这样一个假设，价值量的分配关系就被改造成了实物量上的分配关系。这一看似无害的假设，延续在转形问题研究的百年探索中，其错误始终没有被认识到，以致最终发展成了一种公认的假设。自此，几乎所有的转形问题研究者都将给定的实物工资作为研究的出发点，长期徘徊在转形问题的十字路口。

（三）从三部门到多部门：转形问题的一般化

鲍特凯维兹和斯威齐都赞同使用简单再生产模型来处理转形问题。或许在他们看来，简单再生产模型中包含的那些平衡的数量关系有助于解决转形模型中的未知数。但很快就有学者发现，简单再生产的假设并非必要。温特尼茨（Winternitz，1948）指出，"因为价格架构中的一切变化会扰乱通常存在的均衡，如果价格发生变化，为了恢复均衡，就必将会有社会劳动的分配的变化"。因此，"鲍特凯维兹把他的计算放在简单再生产的等式上……是不够的，因为一般的情况，都是有一定的'纯投入资本'的扩大再生产"。虽然反对将简单再生产作为假设条件进入转形问题的研究，但温特尼茨仍然赞同将投入品按照生产价格进行计算，因为"一旦资本主义的生产获得成立……利润率的计算就必须根据这种预计，即对资本家的投入必须要按照生产价格来支付"。

温特尼茨的具体方法是，舍弃方程组（2），直接解方程组（3）。从解法角度来看，这两个方程组并无区别。但温特尼茨并不赞同将 z 视为已知数来减少方程组的未知数的做法。同时他也观察到，方程组（2）中的前两个方程已经决定了平均利润率 π，z 的大小并不影响平均利润率 π 的大小。因为在前两个部门中，平均利润率必然相等，所以

$$1 + \pi = \frac{\lambda_1 x}{c_1 x + v_1 y} = \frac{\lambda_2 y}{c_2 x + v_2 y}$$

令 $m = \frac{x}{y}$，

$$\pi = \frac{\lambda_1 m}{c_1 m + v_1} - 1$$

这说明平均利润率 π 是和 x、y 同时决定的，且与 z 无关。这实际上是肯定了鲍特凯维兹的第一个结论。

由于 $z = 1$ 被温特尼茨认为是"武断的假设前提"，因此应当被视为未知数，这样方程组（2）就还需要一个条件来解。温特尼茨认为，"符合马克思体系精神的明确前提是价格总计等于价值总计"，在为（3）增加这个条件后，方程组变为

$$(1 + \pi) \ (xc_1 + yv_1) \ = \lambda_1 x$$

$$(1 + \pi) \ (xc_2 + yv_2) \ = \lambda_2 y$$

$$(1 + \pi) \ (xc_3 + yv_3) \ = \lambda_3 z$$

$$\lambda_1 + \lambda_2 + \lambda_3 = x\lambda_1 + y\lambda_2 + z\lambda_3 \qquad\qquad (10)$$

方程组（10）中的 π 和方程组（3）或方程组（2）中的 π 的解是一样的，但 x、y、z 的解不同。[①]

梅（May，1948）对温特尼茨的解法给予了正面的评价。他评价道："温特尼茨……的方法不仅独立于简单再生产条件，而且也独立于经济的三部类分割的关系……这样的解释可以说是更加忠实于马克思。"梅认为放弃三部类分割关系更加"忠于马克思"是正确的，但是在温特尼茨的模型中，第Ⅱ部门的转换率等于可变资本的转换率，因此工人的消费品仍然全部来自于第Ⅱ部门，在实物形态上仍然是给定的，这并没有超越鲍特凯维兹的假设。

梅对于平均利润率的决定也给出了自己的观点，他认为在鲍特凯维兹的简单再生产假设下，第Ⅲ部门的价值与前两个部门有联系（等于总剩余价值）。虽然平均利润率公式（4）并不包含第Ⅲ部门的价值情况，但可以"利用它的均衡条件，改写包含有第Ⅲ部门的价值在内的利润率的公式"，于是"利润率就不是与第Ⅲ部门没有关系"。而温特尼茨的模型并没有这种平衡关系，"所以在上述场合，利润率就不可能依存于三个部门"。应该说，梅注意到了鲍特凯维兹和温特尼茨解法中的利润率与马克思的利润率是不同的，但他只是勉强辩解道利润率也可以同第Ⅲ部门发生间接的联系。事实上，这在数学中是一种等量代换，在经济学里也只是毫无意义的同义反复，完全没有回答这两者之间在数量上相异的原因以及意义。

值得注意的是，梅（May，1949）在一篇更为完整的论文中，将鲍特凯维兹 - 斯威齐模型扩展到了多部门。[②] 虽然这篇论文充满了混乱的概念和计算的错误，[③] 但梅却正确地发现了联立方程组解法仅仅能决定一组生产价格比例，或者相对生产价格，只有加上一定的限制条件，生产价格体系才能解出绝对值。这一限制条件，在日后的研究

---

① 证明方程组（10）和（2）中的利润率相同的一个办法是只看这两组方程中的前两个部门。在两组方程组中是完全一样的：$\begin{cases}(1+\pi) \ (xc_1+yv_1) \ =\lambda_1 x\\(1+\pi) \ (xc_2+yv_2) \ =\lambda_2 y\end{cases}$，变形后得到 $\begin{cases}\left(c_1 - \dfrac{\lambda_1}{1+\pi}\right) \ x + v_y = 0\\c_2 x + \left(v_2 - \dfrac{\lambda_2}{1+\pi}\right) \ y = 0\end{cases}$。将其视为由 x、y

为未知数组成的线性方程组，则可以得到相同的行列式，且行列式的值为零。这样就解出相同的 π。

② 进入多部门讨论之后，本文模型中的向量和矩阵使用粗体表示。

③ 梅在这篇论文中经常混淆商品的价值和生产商品所使用的活劳动这两个概念，导致他最后竟推导出了"净产品的价值等于净产品的生产价格"。而这恰好是 20 世纪 80 年代"新解释"学派所持有的结论。

中往往被称为"不变性假定"。

梅将鲍特凯维兹－斯威齐模型从三部门扩展到了多部门，算得上一个明显的进步。他从给定的生产技术体系建立劳动价值体系的思路，也与现代劳动价值理论十分接近。但真正从数学上对多部门转形问题做出精细阐述的，是赛顿（Seton）1957 年的论文。在赛顿的转形模型中，不再有那些逻辑推导上显而易见的错误。通过运用矩阵代数，他得出了与鲍特凯维兹相同的两大结论，而这些结论是无法从推导过程上予以否定的。转形问题发展至此提醒我们，要么接受他的结论，要么回过头去思考他的前提假设。也正因为如此，我们才能发现，在鲍特凯维兹－斯威齐的三部门模型中致使他们得出两大推论的那些假设，同样隐藏在梅－赛顿等人的多部门模型中。

赛顿首先按照里昂惕夫的投入产出模型建立了以下关系：

$$k_{11} + k_{21} + \cdots + k_{n1} + t_1 = \lambda_1$$
$$k_{12} + k_{22} + \cdots + k_{n2} + t_2 = \lambda_2$$
$$\cdots$$
$$k_{1n} + k_{2n} + \cdots + k_{nn} + t_n = \lambda_n$$
$$s_1 + s_2 + \cdots + s_n = s \tag{11}$$

其中 k_{ij} 表示生产 1 单位产品 i 所消耗的 j 部门的产品量，但这里的产出和产品量是以劳动价值量计算的。从每一行看，是该部门的产出劳动价值量分配到各个行业中的情况，t_i 表示 i 部门的产品除了生产以外留待分配的价值量。从每一列上看，是每个部门生产所需要投入的产品价值量，s_i 表示剩余价值。表面上看，方程组（11）描述了一种技术情况，但事实并非如此。赛顿的 k_{ij} 不但包含了由生产技术所要求的各种投入，而且包含了工人的消费品（价值）。假如用 $\boldsymbol{A} = \begin{bmatrix} a_{ij} \end{bmatrix}$ 表示生产 i 商品所需要的 j 部门的产品量，用 $\boldsymbol{D} = \begin{bmatrix} d_{ij} \end{bmatrix}$ 表示 i 部门的工人在生产 i 商品时所需要消费的 j 部门产品量，这些量都用劳动价值计量的话，那么 $\boldsymbol{K} = \boldsymbol{A} + \boldsymbol{D}$。赛顿认为式（11）表示的模型是一个一般化的马克思价值体系，从每一列上看，$\sum_{j=1}^{n} k_{ij} = c_i + v_i$，$\sum_{j=1}^{n} k_{ij} + s_i = \lambda_i$，这是马克思的劳动价值决定等式；从每一行上看，$t_i$ 表示各部门的剩余产品，可供资本家消费或者投资。当资本家将所有剩余产品都消费掉时，经济就处于简单再生产状况。利用方程组（11），赛顿开始解决转形问题。首先他用 p_i 表示 i 的单位产出（以劳动价值计量）价格（或生产价格），由于 p_i 的单位是货币每单位劳动时间，因此 p_i 实际上就是一种劳动价值－货币转换系数，相当于鲍特凯维兹模型中的 $(x, y, z, \cdots)$。假如 p_i 可以使得各部门的利润率 π 相等，那么应当有：

$$k_{11}p_1 + k_{12}p_2 + \cdots + k_{1n}p_n = (1 - \pi) \lambda_1 p_1$$

$$k_{21}p_1 + k_{22}p_2 + \cdots + k_{2n}p_n = (1 - \pi) \lambda_2 p_2$$

$$\cdots$$

$$k_{n1}p_1 + k_{n2}p_2 + \cdots + k_{nn}p_n = (1 - \pi) \lambda_n p_n \qquad (12)$$

将（12）视为以 p_i 为未知数的线性方程组，可以写为

$$[k_{11} - (1 - \pi) \lambda_1] p_1 + k_{12}p_2 + \cdots + k_{1n}p_n = 0$$

$$k_{21}p_1 + [k_{22} - (1 - \pi) \lambda_2] p_2 + \cdots + k_{2n}p_n = 0$$

$$\cdots$$

$$k_{n1}p_1 + k_{n2}p_2 + \cdots + [k_{nn} - (1 - \pi) \lambda_n] p_n = 0 \qquad (13)$$

线性方程组（13）的系数矩阵就是 $\boldsymbol{K} - (1 - \pi) \boldsymbol{I}$，假如这一方程组有解，那么系数行列式应当等于零，即

$$|\boldsymbol{K} - (1 - \pi) \boldsymbol{I}| = 0 \qquad (14)$$

式（14）作为一个隐函数决定了平均利润 π 和 $\boldsymbol{K}$ 的关系，因为 $\boldsymbol{K}$ 是已知量，所以式（14）就决定了 π。关于方程组（12）和（13），赛顿指出：

（1）π 与 $\boldsymbol{K}$ 的关系，看上去是平均利润率和劳动价值之间的关系，但是将 $\boldsymbol{K}$ 视为经济中的实物量而非价值量，不会对结论产生影响。假设原本由价值量表示的产量现在改为实物量，那么生产投入矩阵 $\boldsymbol{K}$ 就变成了实物投入矩阵 $\boldsymbol{K}^* = [k_{ij}^*]$，$k_{ij}^*$ 表示生产 i 商品所用的 j 商品的量。将式（12）改写为

$$\frac{k_{11}}{\lambda_1}p_1 + \frac{k_{12}}{\lambda_1}p_2 + \cdots + \frac{k_{1n}}{\lambda_1}p_n = (1 - \pi) p_1$$

$$\frac{k_{21}}{\lambda_2}p_1 + \frac{k_{22}}{\lambda_2}p_2 + \cdots + \frac{k_{2n}}{\lambda_2}p_n = (1 - \pi) p_2$$

$$\cdots$$

$$\frac{k_{n1}}{\lambda_n}p_1 + \frac{k_{n2}}{\lambda_n}p_2 + \cdots + \frac{k_{nn}}{\lambda_n}p_n = (1 - \pi) p_n \qquad (15)$$

由于 $k_{ij} = \lambda_j k_{ij}^*$，因此式（15）又可以写为

$$\frac{\lambda_1 k_{11}^*}{\lambda_1}p_1 + \frac{\lambda_2 k_{12}^*}{\lambda_1}p_2 + \cdots + \frac{\lambda_n k_{1n}^*}{\lambda_1}p_n = (1 - \pi) p_1$$

$$\frac{\lambda_1 k_{21}^*}{\lambda_2}p_1 + \frac{\lambda_2 k_{22}^*}{\lambda_2}p_2 + \cdots + \frac{\lambda_n k_{2n}^*}{\lambda_2}p_n = (1 - \pi) p_2$$

$$\cdots$$

$$\frac{\lambda_1 k_{n1}^*}{\lambda_n}p_1 + \frac{\lambda_2 k_{n2}^*}{\lambda_n}p_2 + \cdots + \frac{\lambda_n k_{nn}^*}{\lambda_n}p_n = (1 - \pi) p_n \qquad (16)$$

以 $\boldsymbol{K}$ 为系数矩阵的方程组（12）可以通过变形成为以 $\boldsymbol{K}^*$ 为系数矩阵的线性方程组

（16），这一变形实际上是对方程组（12）进行线性变换，不会影响方程组的解。换言之，以 K^* 为系数矩阵的方程组（16）与（12）是同解的。

（2）由于方程组（16）的系数矩阵是非负的，因此符合配龙 – 弗罗比尼尤斯定理（简称 P – F 定理，谢东秀，2012），$(1-\pi)$ 是该系数矩阵的最大特征值，p 是该矩阵最大特征值对应的特征向量。这一定理的应用，确保了 π 和 p 都是存在的。

由方程组（16）解出的生产价格是一组比例。问题是，选择哪一个商品作为标准，让所有其他的商品价格都能和它进行比较——这在数学上称为"归一化（Normalization）"过程。赛顿认为，正是在选择"不变性假定"上，学者之间出现了分歧。他指出，鲍特凯维兹 – 斯威齐的方法是选用了第Ⅲ部门的产品价格等于 1，在三部门简单再生产体系中，这实际上是选用总剩余价值等于总利润作为不变性假定。而温特尼茨 – 梅的解法是选用总生产价格等于总劳动价值作为不变性假定。假如抛弃简单再生产假定，那么，总利润等于总剩余价值也可以作为一个不变性假定。赛顿声称："怎样从各种假定中选出优于其他的某些特殊的不变性假定，似乎没有一个客观的依据。在这个意义上，转形问题可以说尚未达到完全的确定。"

令赛顿苦苦寻找合适的不变性假定的原因是，马克思所宣称的"两个总量相等"无法同时实现。我们将式（12）增加两个方程形成以下方程组：

$$k_{11}p_1 + k_{12}p_2 + \cdots + k_{1n}p_n = (1-\pi)\lambda_1 p_1$$
$$k_{21}p_1 + k_{22}p_2 + \cdots + k_{2n}p_n = (1-\pi)\lambda_2 p_2$$
$$\cdots$$
$$k_{n1}p_1 + k_{n2}p_2 + \cdots + k_{nn}p_n = (1-\pi)\lambda_n p_n$$
$$\pi \sum_{i=1}^{n} \sum_{j=1}^{n} k_{ij} = \sum_{i=1}^{n} s_i$$
$$\lambda p = \sum_{i=1}^{n} \lambda_i \tag{17}$$

方程组（17）有 $n+1$ 个未知数（p，π）却有 $n+2$ 个方程。我们已经说明，总价值等于总生产价格和总剩余价值等于总利润同时成立的话，那么必然有 $\pi = r$。但在方程组（16）中，平均利润率是由 k^* 表示的生产技术情况和产品实物分配情况所决定的，与价值体系并无关系，没有理由认为式（17）中的 π 一定等于 r，所以方程组（17）一般来说是无解的。也就是说，在赛顿的多部门体系中，鲍特凯维兹的两大结论同样成立。

不难看出，在将鲍特凯维兹 – 斯威齐解法扩展到多部门之后，转形问题的结论并没有发生任何变化。在写出价值和生产价格体系的一般性表达式后，作者们纷纷回到简单的三部门模型中，似乎转形方法只有在能够应用到特殊模型中去的时候，这一解法才算成功。但所有的尝试都说明，鲍特凯维兹的两大结论是正确的。在简单再生产时，只有第Ⅲ部门的资本有机构成等于社会平均资本有机构成，才存在满意的解法，而没有理由要求奢侈品工业必须拥有这种特性。多部门模型清晰地反映出，留给马克思阵营经济学家们的选择只有两个：要么从两个总量相等命题中选择一个作为不变性假定，要么承认马克思的两个命题只能作用于极为特殊的状况。

温特尼茨和梅认为总价值和总生产价格相等反映了马克思的本意，米克（Meek，1979）则认为："对于马克思来说，重要的事情肯定不是利润率必须在转化中保持不变，而是利润总额必须等于预先决定的剩余价值总额。"而对于总价值和总生产价格的等量关系，米克干脆承认这是马克思"粗糙转形方法的错误"。

（四）转形问题的现代表述及其遗产：置盐信雄和森岛通夫的"马克思基本定理"

直至赛顿（1957）的论文出现之前，转形问题的研究基本上是按照马克思的顺序进行着，亦即先假定一个已知的价值体系，其中包含了资本有机构成，工人消费的各种商品的价值量，再从这一体系出发，寻找一组"转形系数"，使得转形后的生产价格体系在原有的技术和分配结构基础上，能够满足利润率平均化的要求。但方程组（16）表明，在这样一个已知的价值体系中，实际上隐含着一个用实物量表示的技术体系。反过来看，如果给定一个用实物量表示的技术体系，就能够推导出价值体系。置盐信雄（Okishio，1963）就是在一个给定的实物体系下建立了劳动价值体系。用 $A = [a_{ij}]$ 表示生产 1 单位商品 i 所需要的 j 商品的量，用 l_i 表示生产 1 单位商品 i 所需要的活劳动量，商品 i 的单位劳动价值为：

$$\lambda_i = \sum_{j=1}^{n} \lambda_j a_{ij} + l_i \tag{18}$$

劳动价值公式（18）正确地说明了给定技术条件（A，l）下的劳动价值的决定。虽然置盐信雄并没有将工人的消费结构视为一种技术结构，但他却认为工人所消费的商品量是由经济以外的因素决定的，由 $b = [b_i]$ 表示，并写出了生产价格和工资率的表达式：

$$\begin{cases} p_i = (1 + \pi)(\sum_{j=1}^{n} p_j a_{ij} + w l_i) \\ w = \sum_{i=1}^{n} p_i b_i \end{cases} \tag{19}$$

生产价格方程右边第二部分是按照生产价格计算的物质资料投入和工资投入之和，也就是生产成本，而工资率是由工人实物工资向量 b 和这些商品的价格决定的。根据式（18）和式（19），置盐信雄认为，只有在各部门的资本有机构成相等时，马克思的两个总量相等才能同时成立。鲍特凯维兹的两大结论在置盐信雄的模型中仍然没有被推翻。

森岛通夫（Morishima，1973）在置盐信雄模型的基础上进一步研究了平均利润率和剩余价值率之间的关系。他将方程组（19）合并写为矩阵形式：

$$p = (1 + \pi)\ p\ (A + bl) \tag{20}$$

其中矩阵 $A + bl$ 就是赛顿（1957）所说的增广投入矩阵，这是一个非负矩阵。根据 P－F 定理，存在一个严格为正的右特征向量 x，使得：

$$x = (1 + \pi)\ (A + bl)\ x$$

将上式两边左乘 λ，有：

$$\lambda x = (1 + \pi)\left(\lambda A x + \frac{1}{1 + e} l x\right) \tag{21}$$

其中 e 表示剩余价值率。由式（21）左右两边都是正的，因而可以改写为：

$$1 + \pi = \frac{\lambda x}{\left(\lambda A + \dfrac{1}{(1 + e)} l\right)\ x}$$

显然，π 与 e 同方向变化。森岛通夫和置盐信雄各自证明了这一结论，并称之为"马克思基本定理"。

至此，转形问题的现代或曰"公认解法"（Foley，2000）已然完成。P－F 定理的应用，使得转形问题成为数学和经济学优雅契合的典范之一。但鲍特凯维兹的两大结论，却始终未被推翻。马克思经济学家们能够聊以自慰的是，置盐－森岛的"马克思基本定理"至少说明了资本主义的利润来自于对工人的剥削，而这正是马克思学说的核心之一。难怪霍华德和金（Howard & King，1992）在他们著名的学说史著作中断言：在转形问题被解决之后，马克思的价值理论"只剩下马克思基本定理了"。

（五）"不必要的迂回"和"橡皮擦"：萨缪尔森、斯蒂德曼对劳动价值论的彻底否定

早在赛顿（1957）发表转形问题论文的同一年，萨缪尔森（Samuelson，1957）就发表了全面反对马克思理论的一篇论文。萨缪尔森得到的结论是"所谓的转形问题是毫无意义的"，是"不必要的迂回"。因为技术、利润率、工资率"就能决定所有的市场量"。十余年之后，萨缪尔森再次发表关于转形问题的论文（Samuelson，1970），他将价值体系写为：

$$\boldsymbol{\lambda} = \omega l + \boldsymbol{\lambda} A + e \omega l = (1 + e) \; \omega l \; [I - A]^{-1}$$

$$\lambda b = \omega \tag{22}$$

将生产价格体系写为：①

$$\boldsymbol{p} = (1 + \pi) \; (wl + pA) = wl \; (1 + \pi) \; [I - (1 + r) \; A]^{-1}$$

$$pb = w \tag{23}$$

萨缪尔森使用了类似于将方程组（22）进行线性变换的方法，说明了价值体系可以还原为实物体系，并再次表达为方程组（23）。萨缪尔森讥讽地说："所谓转形，逻辑上的描述就是以下步骤：（1）写下价值关系；（2）用橡皮擦掉；（3）写下价格关系——这就是所谓的转形步骤。"

斯蒂德曼（Steedman，1991）持有和萨缪尔森相同的观点，他强调应该按照斯拉法（Sraffa，1963）的方法，"以生产和实际工资的实物数量为基础，来分析政治经济学的基本关系"。他同时还强调，没有理由相信平均利润率等于价值利润率，"如果我们想完满地解释利润和价格，我们必须离开价值公式，回到以实物数量表示的经济中去"。

对于这样的批评，马克思阵营的经济学家们能做出怎样的反击呢？鲍莫尔（Baumol，1974a、1974b）认为，萨缪尔森误解了马克思的"本意"。他指出，马克思"关注的是利润和剩余价值之间的关系，仅仅偶尔关注价格和价值的关系"。因此，转形过程不是要建立一个价格体系，而是要说明利润来自于剩余价值。萨缪尔森（1974）则反驳说："在任何有用的意义上，我都否认'剩余价值是利润的源泉'。我否认马克思（或森岛通夫或鲍莫尔）曾在什么地方有力地让我们相信一个人只有在了解剩余价值规律后才能接着弄明白利润。"对于鲍莫尔依赖的"马克思基本定理"［式（21）］，萨缪尔森认为该定理是"完全可逆的对称"，即"利润是剩余价值的源泉"。

"公认解法"是从一个由生产技术决定的实物体系出发建立一个价值体系，再加上实物分配结构，进一步建立生产价格体系。如果我们把这两个体系之间的关系理解为仅仅由剥削率－利润率之间的单调关系维持，那么，我们就很难反驳"利润是剩余价值的源泉"这一说法。鲍特凯维兹、赛顿、萨缪尔森、森岛通夫这些数理经济学大师不会在推导过程上留下任何漏洞，要想破解转形难题，看来还要回到"公认解法"的初始假设中去。

三　B 体系与马克思的转形理论

所谓的"公认解法"实际上是把技术结构由（A，l）变成了 $M = A + bl$。假如这

---

① 在萨缪尔森（1970）的论文中，价值体系下的工资率和价格体系下的工资率都写成了 w，有学者认为（张忠任，2004）这是一处明显的错误。

一"技术结构"是"可行的（Viable）"或者是"生产性的（Productive）"，即社会产出量大于投入量，那么，**M** 矩阵就决定了由资本家获得的社会剩余品的结构和数量：

$$u = x - Mx$$

在"公认解法"或 A 体系中，实物形态的社会总产品被固定地划分为三类：资本品、工人消费品和资本家获得的剩余品。萨缪尔森等人认为，如果想要研究价格体系，只需要直接从 **M** 出发即可。至于价值体系，则是与价格体系无关的，完全可以用橡皮"擦去"。但是，价值体系和生产价格体系真的都是建立在 **M** 所代表的技术条件之上吗？在 20 世纪 80 年代出现了一派观点，他们接受价值和生产价格体系都是建立在一定的技术结构（**A**，**l**）之上的说法，却拒绝接受关于工人实际工资所给定的假设，并进而拒绝将 **M** 视为技术结构的代表。我们将这一类观点称为"B 体系"。

（一）劳动价值论的"新解释"：对 A 体系的突破

在反对 A 体系的种种流派中，最著名的一派理论被称为"新解释"。"新解释"的创始人弗利（Foley，1982）和杜门尼尔（Dumenil，1983）各自提出，劳动价值和生产价格实际上是建立在同一个物质或者技术条件下的两个独立的交换计算体系，是一种对劳动价值论的"双体系"解释（Foley，2000）。在双体系解释中，"多大程度上能够联结这两个体系"，是论证马克思劳动价值论是否存在内在逻辑缺陷的关键。由于两个总量相等无法在双体系解释中同时成立，因此劳动价值论的内在一致性就不可避免地受到了质疑。弗利认为，解决这一问题的方法是，将所有货币交换关系看作劳动价值的表现。他认为："马克思最重要的思想是：货币代表了劳动时间。因此只要恰当地定义劳动时间的货币表示，就能将资本主义经济中的货币量转化为劳动时间量，反之亦可。"这样一种看待劳动价值论的好处是，"可以免于建立一个基于凝结劳动时间量的会计体系"，因此，是一种"单一体系解释"。

杜门尼尔用这样一幅图（见图 1）来表示价值规律和交换规律之间的关系：只存在一个价值规律，即商品的价值是在生产中耗费的社会劳动时间；而交换规律却至少有两个，按照劳动价值量比例进行交换和按照生产价格比例进行交换。这两种交换规律不是对价值规律的背离而是价值规律的必然表现，因为交换中的货币量总是体现着已经在生产中决定过的一定量的劳动时间，故而只要找到合适的表示方法，就建立了外在表现和内在本质之间的联系，转形问题也就解决了。

对于"新解释"来说，它们的出发点是货币表示的劳动时间，或者说是劳动时间的货币表示。假如按照马克思在《资本论》第一卷中所假设的，商品是按照生产中所耗费的社会必要劳动时间量交换的，那么，1 单位货币所表示的劳动时间，就是全部劳动时间和全部货币量之比，或者是净产品的价值和净产品的价格之比，抑或是某一个

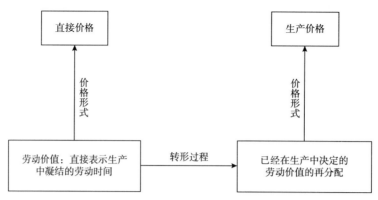

图 1　单一体系或者新解释中的价格、生产价格和价值

产品的价值和价格之比，而这些比例都是相等的。所有商品的价值乘以这个比例，就得到了它的价格量；所有商品的价格除以这个比例，就得到了价值量。图 1 中按照商品价值量进行交换的价格被称为直接价格（Campbell，1997）。

现在不妨考虑一下另一种价格形式，这种价格形式与直接价格不同，并不固定地表示商品之间劳动价值的比例，而发生这种差异的一个可能原因是这一价格需要实现平均利润率。现在要弄清楚的是，在不同的价格体系下，1 单位货币表示了多少劳动时间。回答这一问题最简便的方法，就是直接用总产品的价值量除以总产品的价格量，从而得出"平均"意义上的 1 单位货币所表示的劳动时间。但"新解释"认为这种做法是错误的。他们的理由来自于马克思在《资本论》第三卷中讨论的"重复计算问题"。①

"新解释"认为，如果我们假设社会总产品中那些属于生产资料的产品在同一个生产期间再次进入其他产品的生产过程中，那么就必须考虑重复计算带来的影响。因为在这种条件下，总产品价值 λx 和总产品价格 px 中包含了重复计算的剩余价值和利润，重复计算的量由生产技术构成决定。当商品按照劳动价值量进行交换时，重复计算对于总价值和总价格的比例关系并没有什么影响，1 单位货币总是固定地表示一定量的劳动时间。而当这一交换法则发生变化时，使用总价格和总价值之比来表示单位劳动时间所代表的货币量，就会放大价值体系和价格体系之间的偏离。

由于社会净产品价值和价格并不受这种重复计算的影响，因此，弗利和杜门尼尔提出，应当使用净产品价格和净产品价值之比来表示单位劳动时间所代表的货币量（MELT）。

当商品按照直接价格进行交换时，工人获得的工资除以 MELT 就得到了劳动力的

---

① 《马克思恩格斯全集》第 25 卷，人民出版社，1974，第 179～180 页。

价值。这与用工人花费工资购买的那些消费品的价值来计算劳动力的价值没有什么不同。但是当商品不按照直接价格进行交换时，这两种方法就会出现差别。在"新解释"看来，给定的工资品在此时成了一个不必要的假设，因此应该放弃后一种计算劳动力价值的方法，直接将货币工资量转换成劳动力价值。

"新解释"坚持认为，任何交换的实质都是社会劳动的交换，只是采取了货币的形式。从这一点出发，"劳动力的价值是由劳动力和工资的交换体现的一部分社会必要劳动"，亦即工人从其提供的活劳动中获得的那一部分。按照这种解释，工人的工资是价格体系中新增值或者净产品价格中的一个比例，表示工人能从活劳动中获得的那部分。换言之，在"新解释"看来，工人的货币工资在新增值中的比例等于劳动力价值在活劳动中的比例。而这一比例，恰恰表示了剩余价值率，因而只要知道剩余价值率 e 或者工资率 w 中的任意一个，另一个量就能被确定下来，见式（24）。

$$\frac{V}{lx} = \frac{wlx}{py} = \frac{w}{\mu} = \frac{V}{V+S} = \frac{1}{1+e} \tag{24}$$

新解释并不局限于任何一种技术结构，如之前常用的里昂惕夫技术假设，甚至不需要通过确定的技术结构来计算个别商品的价值，而仅仅只是需要建立货币与活劳动之间的联系，就能够完成总量分析的要求。在这种"单一体系解释下"，价值体系和价格体系是合二为一的，通过"劳动时间的货币表示"使彼此相互联系。我们可以用一种非常简单的方式对"新解释"进行正规的表述，见式（25）。

$$\begin{cases} \mu = \dfrac{P_y}{L} \\[2mm] \Pi = P_y - wL \\[2mm] V = \dfrac{w}{\mu}L \\[2mm] S = L - \dfrac{w}{\mu}L \end{cases} \tag{25}$$

其中 L、P_y、w 分别表示总活劳动、净产品的价格和货币工资率，且都是已知量。通过这些量，可以计算出可变资本 V、剩余价值 S 和剩余价值率 e 或者价值工资率 ω，并且有：

$$\Pi = \mu S$$
$$P_y = \mu L$$
$$w = \mu \omega \tag{26}$$

（二）"新解释"和转形问题

式（24）已经表明，按照"新解释"的观点，净产品的价格和价值之间的比例与利润和剩余价值之间的比例是相等的，无论这一价格属于生产价格还是其他。据此，"新解释"建议将马克思的第一个等量命题改为"净产品的价值等于净产品的生产价格"，同时保留"剩余价值等于利润"这一命题。因为这样一来，马克思的两个总量相等命题就能一致地纳入一般性的框架之中。但在转形问题研究中，我们要做的是从一个已知的价值体系推导出生产价格体系，并研究这两个体系之间的内在关系。"单一体系"之说在这里意味着这两个体系之间存在着联系，但却不能否认从一个已知的生产技术出发确实存在两个迥异的体系。从这个意义上说，式（25）建立的总量关系还需要进一步具体化才能用来研究转形问题。

为了保持一致性，我们将"新解释"的转形过程同样放在一个里昂惕夫经济模型中考察。给定技术结构（ A ， l ），商品的价值可以写为：

$$\boldsymbol{\lambda} = \boldsymbol{l} \ (\boldsymbol{I} - \boldsymbol{A})^{-1} \tag{27}$$

给定剥削率 e ，价值工资率或者工人从活劳动中获得的那一部分可以写为

$$\omega = \frac{1}{1+e} \tag{28}$$

可变资本为

$$V = \frac{1}{1+e} \boldsymbol{l}\boldsymbol{x} \tag{29}$$

剩余价值为

$$S = \frac{e}{1+e} \boldsymbol{l}\boldsymbol{x} \tag{30}$$

净产品的价值或者活劳动可以表示为

$$\boldsymbol{\lambda}\boldsymbol{y} = \boldsymbol{l}\boldsymbol{x} \tag{31}$$

生产价格体系为

$$\boldsymbol{p} = \ (1+\pi) \ (\boldsymbol{p}\boldsymbol{A} + \omega\boldsymbol{l}) \tag{32}$$

马克思的第一个"总量相等"被"新解释"改写为

$$\boldsymbol{p}\boldsymbol{y} = \boldsymbol{\lambda}\boldsymbol{y} \tag{33}$$

注意到"新解释"认为价格体系下的工资率和价值体系下的工资率是相同的，均为 ω 。[①] 无疑，在新解释的体系中，"转形问题"已然不存在了，或者更准确地说，"新

_____

① "新解释"认为，劳动力价值等于货币工资与 MELT 之积。而在新解释的转形步骤中，MELT 被假定为等于 1，因此 $\omega = w$ 。

解释""消除了转形问题"（Foley，2000）。因为马克思的两个总量相等命题中的第一个，生产价格总量等于价值总量，被新解释理解为"净产品的生产价格总量等于价值总量"，并且由式（33）规定为一种恒等式或者定义。又因为"新解释"实际上假设转形前后工资率并不发生变化，即货币工资和价值工资相等：

$$\omega lx = wlx \tag{34}$$

因此利润和剩余价值必然相等：

$$\pi \,(pA + \omega l)\, x = \frac{e}{1+e} lx \tag{35}$$

式（33）和（35）说明，在"新解释"中，马克思的（修改后）等量命题是始终成立的。和 A 体系的模型相比，式（27）表示的价值体系是相同的。两者的差别主要在于生产价格体系中的工资率。在 A 体系中，货币工资率是由工人的实际消费量 b 决定的，而在"新解释"中，货币工资率与价值工资率相等，是由剥削率 e 决定的。

由此看来，工资和劳动力价值的确定方式才是问题的"症结"所在[①]。尽管在这一点上"新解释"与 A 体系存在巨大的分歧，但是"新解释"对此并不十分确定，而是采取了一种调和的态度（孟捷，2011）。例如，弗利（1982）认为，虽然按照"新解释"来理解劳动力的价值相比较 A 体系的解释有着"决定性的优势"，[②] 但与传统的 A 体系中的实物工资向量是相容的，后者的作用在于"货币工资的水平是由工人的生存必需品的价格决定的"。正如"新解释"学派自己承认的那样，它不是一个理论，而是对已有理论范畴的"排序"或者"解释"，是一组概念。在"新解释"的逻辑顺序中，劳动力的价值是工人活劳动中获得的那一部分，反映了劳资力量对比。工人获得的这一部分社会劳动以相同的比例表现为新增值中工人获得的工资，进而又表现为工人可以用这部分工资购买的实际商品。换句话说，"新解释"是从 e 出发而不是从 b 出发考察劳动力的价值，或者说在新解释中，e 是事前的，b 是事后的。

利皮耶茨（Lipietz，1982）将这一关系用所谓的"e − b 循环"来表示。利皮耶茨认为，剥削率 e 和实物工资 b 是"辨证联系"的，"工会就提高工资展开谈判，而现存的生活水平一旦确定（由 b 表示），……就对工资（w，进而 e）产生反作用"。这种内

---

① 将工资和劳动力价值的确定方式视为转形问题的"症结"，是荣兆梓（2010）提出的。

② "在概念上，这种解释优先于任何劳动力价值实际上是如何决定的理论"，而传统的 A 体系解法，"是考虑……其他的假设条件，例如，假设劳动力价值等同于工人消费品中包含的凝结劳动。"（弗利，2000）但为何优于 A 体系的解释？弗利只声称"在现实中，工人不是为了一束商品而斗争，而是为了货币工资"。

在联系虽然的确存在，但却无法说明"新解释"的逻辑链为何从 e 开始，自然也无法说明 A 体系的逻辑链从 b 开始有何不妥。或许正因为这种随意性，利皮耶茨一方面批评 A 体系对待劳动力商品的方式属于"准奴隶制"，另一方面又将 A 体系称为"可接受的解法"。新解释的创始人之一杜门尼尔（1984）批评利皮耶茨，认为新解释和"可接受的解法"无法融合。他认为 e 涉及的是劳动力价值的定义，而 b 涉及的是劳动力价值的实际决定过程，"这两种解释是无法调和的"。

（三）平均利润率不变的解法：张忠任等人的研究

在 21 世纪初，张忠任（2001）和罗兰杰（Loranger，2004）各自独立地提出了一种转形问题的解法。他们坚持在转形过程中保持平均利润率在价值体系和价格体系中的一致性，并都放弃了给定的实物工资向量 b。为了区别 B 体系内的两种解法，我们将张忠任和罗兰杰的平均利润率不变解法称为 B - 1 子体系，将"新解释"称为 B - 2 子体系。按照 B - 1 解法所进行的转形计算，不但弥补了马克思未将投入成本生产价格化的缺陷，还保持了马克思所提出的两个总量相等的结论。我们认为这是一种更加符合马克思本意的解法。

张忠任的模型有以下假设：c_i、v_i、s_i 分别表示 i 部门的不变资本、可变资本和剩余价值；c_{ij} 表示生产 j 商品所需要的第 i 种不变资本量投入量，$c_{ij} \geq 0$；x_i 表示第 i 种商品的价值转化为生产价格时的系数，y 表示可变资本的转化系数。于是得到 n 个方程表示 n 种商品的生产价格：

$$(1+r)(c_{11}x_1 + c_{21}x_2 + \cdots + c_{n1}x_n + v_1 y) = \lambda_1 x_1$$
$$(1+r)(c_{12}x_1 + c_{22}x_2 + \cdots + c_{n2}x_n + v_2 y) = \lambda_2 x_2$$
$$\cdots$$
$$(1+r)(c_{1n}x_1 + c_{2n}x_2 + \cdots + c_{nn}x_n + v_n y) = \lambda_n x_n \qquad (36)$$

并将平均利润率 r 按照马克思的方法定义为

$$r = \frac{S}{C+V} \qquad (37)$$

由于 c_i、v_i、s_i 均为已知量，因此平均利润率 r 也是一个已知量，这就为方程组（38）减少了一个未知数。此时再加上一个条件：总价值等于总生产价格

$$\sum_{i=1}^{n} \lambda_i x_i = \sum_{i=1}^{n} \lambda_i \qquad (38)$$

式（36）~（38）构成的是一个以 $(x_1, x_2, \cdots, x_n, y)$ 为未知数的非齐次线性方程组，可以将其写为一个方程：

$$\begin{bmatrix} c_{11} - \dfrac{\lambda_1}{1+r} & c_{21} & \cdots & c_{n1} & v_1 \\[2mm] c_{12} & c_{22} - \dfrac{\lambda_2}{1+r} & \cdots & c_{n2} & v_2 \\[2mm] \cdots & & \cdots & & \cdots \\[2mm] c_{1n} & c_{2n} & \cdots & c_{nn} - \dfrac{\lambda_n}{1+r} & v_n \\[2mm] \lambda_1 & \lambda_2 & \cdots & \lambda_n & 0 \end{bmatrix} \times \begin{bmatrix} x_1 \\ x_2 \\ \cdots \\ x_n \\ y \end{bmatrix} = \begin{bmatrix} 0 \\ 0 \\ \cdots \\ 0 \\ \sum \lambda \end{bmatrix} \tag{39}$$

我们在上一节中曾说明，式（37）表示的平均利润率、式（38）表示的总价值等于总生产价格、总剩余价值等于总利润中的任意 2 个等式成立，则第三个等式成立。因此有总利润等于总剩余价值：

$$r \sum_{i=1}^{n} \left(\sum_{j=1}^{n} c_{ij} x_i + v_i y \right) = \sum_{i=1}^{n} s_i \tag{40}$$

罗兰杰（2004）的解法同张忠任（2001）的几乎一样，只不过他选择了在传统的里昂惕夫技术假设下进行正规的表述，其转形模型由式（41）~（42）表示：

$$r = \frac{\dfrac{e}{1+e} lx}{\lambda A x + \dfrac{1}{1+e} lx} \tag{41}$$

$$\begin{cases} p = (1+r)(pA + wl) \\ px = \lambda x \end{cases} \tag{42}$$

（四）转形问题 B 体系：数理的综合

在张忠任和罗兰杰的解法正式提出之前，日本经济学家藤森（Fujimori，1985）就将传统的解法、新解释（B – 2 子体系）和罗兰杰 – 张忠任的解法（B – 1 子体系）一并纳入统一的数理框架之中进行分析。[①]

藤森（1985）的观点同法拉斯切尔（Flascher，1983）的类似，认为转形问题实际上是求解马克思 – 斯拉法价格方程的过程：

$$\boldsymbol{p} = (1+\pi)(\boldsymbol{p}A + w\boldsymbol{l}) \tag{43}$$

在式（43）中，存在着（$\boldsymbol{p}$，π，w）总共 $n+2$ 个未知数，但是只有 n 个方程，因此存在 2 个自由变量。给定的实物工资向量 $\boldsymbol{b}$ 决定了工资率，减少了一个自由度，马

---

① 藤森将这三种解法称为 A 体系、B 体系和 C 体系，但并没有讨论这三者之间的优劣，也不认为 B – 1（C 体系）是更加符合马克思本意的解法。

克思的两个总量相等就不可能同时成立。

B-2子体系选择了净产品的价值等于净产品的价格这样一个约束条件来减少第一个自由度（B-2子体系将其理解为马克思的第一个总量相等），再增添马克思的第二个总量相等以减少第二个自由度。给定的实物工资成了一个不必要的假设，于是被B-2子体系放弃。

藤森发现了使式（43）封闭的另一种方法（B-1子体系），即直接增加马克思的两个总量相等来消除两个自由度。用这一思路构建的转形模型，与张忠任和罗兰杰的转形模型实际上是相同的。[①] 按照藤森的综合，A体系和B-1子体系、B-2子体系之间的区别在于选择了不同的封闭方程（43）的条件。但是，藤森的综合并没有真正解释这三大体系的根本差别。

其实A体系和B体系的差别是显而易见的。我们可以将价值体系和生产价格体系视为建立在相同的技术结构（A，l）之上的两个空间，通过比较这两个空间各自的函数关系，来研究不同转形模型的差异。

式（43）可以改写为

$$\frac{p}{w} = (1+\pi)\left(\frac{p}{w}A + l\right) \tag{44}$$

这是一个以$\frac{p}{w}$为未知数的线性方程组，式（44）已经包含了我们想要解得的生产价格比例。

（1）A体系中平均利润率由矩阵$M = A + bl$的最大正特征根决定

$$\frac{1}{1+\pi} = \rho\,(A + bl) \tag{45}$$

因此π是A、b、l的函数。所以生产价格空间中的函数关系是：

$$\left(\frac{p}{w},\ r\right) = f\,(A,\ l,\ b) \tag{46}$$

而按照A体系解释的价值空间关系表示为：

$$(\lambda,\ v,\ s) = g\,(A,\ l,\ b) \tag{47}$$

正如萨缪尔森所言，给定A、l、b，就能分别决定价值空间和生产价格空间，这两个空间之间并无特定的联系。

[①] 有的学者提出（丁堡骏、黎贵才，2005），将马克思的两个总量相等命题同时放入模型中是不合适的，应当选择一个作为不变性假定，然后推导出另一个成立。但是正如孟捷（2005）指出的，转形模型的目的不是推导某一个等量命题，而是证明是否存在一组（p，r，w）使得马克思的两个总量相等命题同时成立。

（2）"新解释"（B-2）的平均利润率可以写为：

$$\frac{e}{1+e} lx = \frac{(1+\pi) \, \boldsymbol{L} \, [\, \boldsymbol{I} - (1+r) \, \boldsymbol{A} \,]^{-1} \boldsymbol{y}}{\lambda \boldsymbol{y}} - 1 \tag{48}$$

这是一个包含了 π 的隐函数，因此 π 是 $\boldsymbol{A}$、$\boldsymbol{l}$、$\boldsymbol{x}$、e 的函数，生产价格空间中的函数关系是：

$$\left(\frac{\boldsymbol{p}}{w}, \ \pi\right) = f \ (\boldsymbol{A}, \ \boldsymbol{l}, \ \boldsymbol{x}, \ e) \tag{49}$$

"新解释"的价值空间函数关系为：

$$(\lambda, \ v, \ s) = g' \ (\boldsymbol{A}, \ \boldsymbol{l}, \ e) \tag{50}$$

一方面，式（49）和（50）表示，价值空间和价格空间中存在着相同的剥削率 e，而生产价格空间受到产量 x 的影响。利皮耶茨（1982）认为这是"新解释"优于 A 体系的一个特点。另一方面，剥削率从本质上来说涉及劳动价值量，这就保证了生产价格的计算无法脱离劳动量的计算。由于 B-1 子体系中的 e 同时也被假设为等于利润——工资比，因此，B-1 子体系中的生产价格空间和价值空间之间并无特定的联系，完全可以脱离价值量直接计算生产价格量。这一点，是"新解释"至今没有解释清楚的问题。

（3）B-1 子体系的平均利润率由式（41）表示，因此生产价格空间中的函数关系是：

$$(\boldsymbol{p}, \ w) = f \ (\boldsymbol{A}, \ \boldsymbol{l}, \ \boldsymbol{x}, \ e, \ r) \tag{51}$$

B-2 子体系下的生产价格，一方面依赖于产量的确定，另一方面又依赖于价值体系来确定平均利润率，这是 B-1 子体系区别于其他模型的特点，也使得 B-1 子体系更加符合马克思的劳动价值理论。

四 从 A 体系到 B 体系：给定的实物工资量假设及其后果

在 A 体系中，或隐藏或明显地安排了一个假设：工人所获得的实际工资及结构是已知的。这正是转形问题的症结所在。根据这一假设解决转形问题的尝试，不可避免地复制了鲍特凯维兹-斯威齐的两大结论。

（一）延续百年的假设：给定的实物工资向量（或矩阵）

在鲍特凯维兹-斯威齐模型及其他三部门（资本品、工人消费品和奢侈品）模型中，给定的价值体系都隐含着一个给定的工人消费实物量假设。由于工人的消费品是由第Ⅱ部门生产的，我们又知道三大部门分别消耗的可变资本，因而就明白了第Ⅱ部门的总产品实物量是怎样分配的。从数学上看，假如可变资本的变换系数等于第Ⅱ部门产值的变换系数（本文中往往以 y 表示），就相当于决定了社会总产品的分配结构。

在赛顿的多部门模型（12）中，方程的系数矩阵是由用价值量表示的技术投入与工人消费之和 K 构成的，这看起来似乎与给定的实物工资假设没什么关系。但方程组（16）说明，方程组（12）不过是增广投入矩阵 k^* 经过线性变换后产生的。对于方程的解（p，π）来说，投入品和工人消费品的价值量是无关紧要的，无论这些值怎么变换，都只是对原方程组的线性变换，不会对解产生影响。而真正影响解的，是由物质投入矩阵和工人实物工资矩阵之和决定的增广投入矩阵 k^*。赛顿的 k^* 其实就等于森岛通夫等人的（$A+bl$）。因此，在赛顿的模型中同样隐藏着一个给定的工人实物工资向量 b，只不过分解为方阵（方程）进入了 k^*。而森岛通夫和萨缪尔森等人在转形问题的现代表述中，更是将给定的工人实物工资向量 b 作为一个假设直接纳入模型之中。

（二）一个假设和两个结论：A 体系的错误根源

A 体系的转形方法可以正规地表示如下：

$$\begin{cases} p = (1+\pi)(pA+wl) \\ w = pb \\ px = \lambda x \\ \pi(pA+wl)\,x = \dfrac{e}{1+e}lx \end{cases} \quad (52)$$

其中 x 表示各部门的实物产出量。方程组（52）实际上是一个无解的方程组，因此两大结论可以表示为

（1）$\pi \neq \dfrac{\dfrac{1}{1+e}lx}{\lambda Ax + \dfrac{1}{1+e}lx}$

（2）$\begin{cases} px = \lambda x \\ \pi(pA+wl)\,x = \dfrac{1}{1+e}lx \end{cases}$　　　不可能同时成立。

我们已经说明，A 体系中的平均利润率 π 是由增广投入矩阵 $A+bl$ 的最大特征值决定的，仅仅与矩阵 $A+bl$ 中的元素相关，与价值量无关。因此一般情况下不等于马克思的平均利润率 r。再看生产价格公式

$$p = (1+\pi)(pA+wl) \quad (53)$$

这实际上是一个有 $n+2$ 个未知数（p，π，w）的方程组，却只有 n 个方程，因此存在 2 个自由度。要使得式（53）闭合，必须增加2 个限制条件。A 体系假设实物工资向量 b 已知，只需要增加1 个限制条件就能使模型闭合。但 A 体系的转形模型（52）

中却有 $n+2$ 个限制条件，这就造成了模型的过量决定。可见，只有在极为特殊的情况下，方程组（52）才有解。

按照 A 体系解决转形问题，其症结在于它假设了一个外生给定的实物工资向量。追根溯源，是因为鲍特凯维兹错误地混淆了马克思在《资本论》第三卷中的转形方法与第二卷中的再生产平衡关系，假设出了一个专门生产工人消费品的部门。当该部门产品的（单位）价值已知、各部门的可变资本已知，也就不可避免地决定了工人所消费的实物工资。本来，在抛弃了简单再生产和三部门模型假设之后，是有机会同时放弃上述这一假设的，然而，给定的实物工资量又被学者们同马克思的劳动力价值决定理论相混淆，变成了一个公认的假设。更有甚者将实物表示的技术结构与分配结构混为一谈，构造出包含实物工资在内的"增广投入矩阵"。

增广投入矩阵产生的直接后果是，平均利润率 π 由该矩阵决定，与价值体系毫无关系，因此一般不等于马克思所坚持的平均利润率 r。于是，马克思的两个总量相等就会使得生产价格体系过量决定，从而无法同时满足。这就是实物工资向量假设带来的两个结论。正是基于这两个结论，萨缪尔森和斯蒂德曼等人完全否定劳动价值论的意义。

（三）转形理论中的"b 向量"的再批判

B 体系对转形问题研究的突破建立在放弃给定的实物工资假设基础之上，进而产生了不同的劳动力商品价值概念。莫汉（Mohun，1994）认为，对劳动力价值的认识不同，导致了传统解法和新解释之间的区别。弗利（1982）将劳动力的价值定义为"工人获得的、全部社会抽象劳动中的一部分，并以工资形式表现出来，是货币工资与货币价值的乘积"。在"新解释"看来，这是劳动力价值的最合理的定义。至于用给定的实物工资向量来决定劳动力价值，只有在商品按照劳动价值量进行交换时才是相容的。但弗利又认为，"用给定的工人消费品来约束劳动力价值的理论"与"新解释"的劳动力价值理论是"一致的"，因为"货币工资水平是由工人生存必需品的货币成本决定的"。按照弗利的观点，实物工资、货币工资和劳动力价值之间的逻辑顺序似乎是这样的：工人的生活必需品（实物工资）决定了货币工资的高低，进而又和货币的价值（净产品价值与净产品价格之比）共同决定了劳动力的价值。弗利拒绝实物工资向量决定劳动价值论的理由有两点：一是实物工资与资本主义的现实不符，二是实物工资向量会使得剩余价值理论的有效性受到影响。关于第一点，弗利指出资本主义社会中工人并不是为了取得某一组商品而出卖劳动力，而是为了获得一部分货币，用于自由购买所需要的消费品。关于第二点，弗利认为实物工资使得资本主义剥削和社会剩余品的存在看起来是一回事，这就模糊了剩余价值理论的内在逻辑。准确地说，是预先给定的实物工资将社会净产品在实物状态上分为了工资品（Wage Goods）和剩余品（Surplus Goods）。于是劳动力的价值或者可变资本就是工资品的价值，剩余价值就是剩余品的价值。剩余价值的存在不但是以剩余品的存在为前提，而且剩余品的存在等价于剩余价值的存在。

利皮耶茨（1982）在比较了"公认解法"和马克思的解法后，发现了"问题的根源"："所有在马克思的直觉和森岛式解法之间相矛盾的地方都有着共同的来源：他们按照鲍特凯维兹的传统来对待劳动力价值的转形。他们都把劳动力价值的决定方式同不变资本的决定方式等同起来。"针对 A 体系将劳动力缩约为一种需要投入向量 b 并且成本为 pb 的产出，利皮耶茨警告说，"这样的构造会产生出准奴隶制的生产方式模型"，并会造成这样的矛盾："工人的预算约束和他们所购买的商品束表现在同样一个价格体系内，但价格体系又依赖于他们最终选择的商品束来确定。"

荣兆梓（2009、2010），荣兆梓、陈旸（2013）认为，给定的实物工资向量假设在《资本论》第三卷中是与平均剩余价值率假设相悖的。在《资本论》第三卷第十章中，马克思将剩余价值率相等作为利润率平均化的前提，因而也成为生产价格体系的前提。在马克思的理论体系中，由劳动力再生产消耗的消费资料价值所决定的劳动力价值，对应着各部门不等的剩余价值率；而通过劳动力市场竞争形成的各部门剩余价值率相等趋势，则一定是对劳动力再生产耗费的消费资料价值量决定工资量的否定和背离。因此，在马克思的理论体系中，它们必须在两个不同的理论层次上使用，而不允许直接运用到同一个数学公式中。这一道理与劳动价值论与平均利润率的悖论等价，它们的内在逻辑关联必须通过一个"转形"来实现。在马克思主义的转形理论框架内，$\lambda b = \omega$ 是一个自相矛盾的公式，它把两个适用于不同理论层次的数量关系凑合到一个数理公式中：一边是工资由劳动者消费资料价值量决定，另一边则是全社会统一的工资率。这个公式与马克思主义经济学风马牛不相及。同样道理，公式 $pb = w$ 也根本背离了《资本论》的理论逻辑。

纵观整个转形理论史，实物工资向量及其决定的劳动力价值和货币工资率，确实属于一个极其具有迷惑性的假设（从鲍特凯维兹以降的 A 体系研究者以为它符合马克思原意而不假思索地接受它，也说明了这一点）。根据这一假设，必定会推导出马克思的转形理论存在内在逻辑不一致性的结论，而这，也成了各路反对者抛弃劳动价值论的理由。但是 B 体系，尤其是 B - 1 子体系却排除了这一陷阱，最终证明马克思转形理论在逻辑上是完整的和自洽的。

参考文献

［1］丁堡骏、黎贵才：《转形问题真的"最终解决"了吗?》，《当代经济研究》2005 年第 3 期。

［2］丁堡骏：《马克思劳动价值理论与当代现实》，经济科学出版社，2005。

［3］丁堡骏：《再生产平衡条件公式是如何被引入转形研究领域的》，《当代经济研究》2010 年第 4 期。

［4］《马克思恩格斯文集》第 4 卷，人民出版社，2009。

［5］《马克思恩格斯文集》第 25 卷，人民出版社，1974。

［6］《马克思恩格斯文集》第 26 卷，人民出版社，1973。

［7］《马克思恩格斯文集》第 31 卷，人民出版社，1972。

［8］马艳、严金强：《转形问题的理论分析及动态价值转形模型的探讨》，《马克思主义研究》2010
年第 9 期。

［9］顾海良：《希法亭反驳庞巴维克对马克思的批判》，《马克思主义研究资料》1988 年第 3 期。

［10］霍华德·金：《马克思主义经济学史（1929～1990）》，中央编译出版社，2003。

［11］孟捷：《劳动价值论的"新解释"及其相关争论评述》，《中国人民大学学报》2011 年第 3 期。

［12］孟捷：《评张忠任博士的〈百年难题的破解：价值向生产价格转形问题的历史与研究〉》，《海
派经济学》2005 年第 20 辑。

［13］米克：《劳动价值学说的研究》，陈彪如译，商务印书馆，1979。

［14］荣兆梓：《马克思转形模型的技术结构与转形问题的症结》，《马克思主义研究》2010 年第 9 期。

［15］荣兆梓、陈旸：《转形理论的 B 体系：模型与计算》，工作论文，2013。

［16］荣兆梓、程建华：《转形理论的现代表述及转形问题的最终解决》，《经济学动态》2009 年第 10 期。

［17］斯蒂德曼：《按照斯拉法思想研究马克思》，吴剑敏、史晋川译，商务印书馆，1991。

［18］斯拉法：《用商品生产商品：经济理论批判绪论》，巫宝三译，商务印书馆，1963。

［19］斯威齐：《价值转化为价格》，《马克思主义研究资料》1982 年第 44 期。

［20］斯威齐：《资本主义发展论》，陈观烈、秦亚男译，商务印书馆，1997。

［21］谢冬秀：《矩阵理论及方法》，科学出版社，2012。

［22］郁中丹、张忠任：《关于 BSZ 转形模型存在唯一正解的充要条件》，《海派经济学》2009 年第 28 辑。

［23］张忠任：《百年难题的破解：价值向生产价格转形问题的历史与研究》，人民出版社，2004。

［24］张忠任：《转型问题的最终解决》，《数量经济学技术经济研究》2001 年第 2 期。

［25］Baumol, William J. 1974a. The Fundamental Marxian Theorem：a Reply to Samuelson：Comment,
*Journal of Economic Literature*12（1）.

［26］Baumol, William J. , 1974b. The Transformation of Values：What Marx "Really" Meant（an Inter-
pretation）, *Journal of Economic Literature*12（1）.

［27］Campbell, A. 1997. The Transformation Problem：a Simple Presentation of the "New Solution", *Re-
view of Radical Political Economics* 29（3）.

［28］Dmitriev, V. K. 1974. The Theory of Value of David Ricardo, *Economic Essays on Value*, *Competition
and Utility*, Cambridge University Press.

［29］Dumenil, G. 1983. Beyond the Transformation Riddle：A Labor Theory of Value, *Science and Society* 47（4）.

［30］Dumenil, G. 1984. The So – Called "Transformation Problem" Revisited：a Brief Comment, *Journal
of Economic Theory* 33（2）.

［31］Flaschel, P. 1984. The So – Called 'Transformation Problem' Revisited：a Comment, *Journal of Eco-
nomic Theory* 3（2）.

［32］ Foley, D. 1982. The Value of Money, the Value of Labor – Power, and the Marxian Transformation Problem, *Review of Radical Political Economics* 14 （2）.

［33］ Foley, D. 2000. Recent Developments in the Labor Theory of Value", *Review of Radical Political Economics* 32 （1）.

［34］ Fujimori, Yoriaki. 1985. On a Recent Discussion of the Transformation Problem （Notes）. 城西経済学会誌 21.

［35］ Kliman, A. 2007. *Reclaiming Marx's Capital*: *a Refutation of the Myth of Inconsistency*, Lexington Books.

［36］ Lipietz, A. 1984. The So – Called "Transformation Problem". Revisited: a Brief Reply to Brief Comments, *Journal of Economic Theory* 33 （2）.

［37］ Loranger, Jean – Guy. 2004. A Profit – Rate Invariant Solution to the Marxian Transformation Problem, *Capital & Class* 28 （1）.

［38］ May, K.. 1948, Value and Price of Production: a Note on Winternitz' Solution, *The Economic Journal* 58.

［39］ May, K. 1949. The Structure of Classical Value Theories, *The Review of Economic Studies* 17 （1）.

［40］ Mohun, S. 1994. Are （in） Statement of the Labour Theory of Value, *Cambridge Journal of Economics* 18 （4）.

［41］ Morishima, Michio. 1973 *Marx's Economics*: *a Dual Theory of Value and Growth*, CUP Archive.

［42］ Okishio, N. 1963. A Mathematical Note on Marxian Theory, Weltwir Tschaftliches Archiv.

［43］ Okishio, N. 1972. On Marx's Production Prices, *Keizaigaku Kenkyu* 19.

［44］ Samuelson, P. A. 1957. Wages and Interest: a Modern Dissection of Marxian Economic Models, *The American Economic Review* 47 （6）.

［45］ Samuelson, P. A. 1970. The "Transformation" from Marxian Values to Competitive Prices: a Process of Rejection and Replacement, *Proceedings of the National Academy of Sciences* 67 （1）.

［46］ Samuelson, P. A. 1974. Insight and Detour in the Theory of Exploitation: a Reply to Baumol, *Journal of Economic Literature* 12 （1）.

［47］ Seton, F. 1957. The Transformation Problem, *The Review of Economic Studies* 24 （3）.

［48］ Shaikh, A. 1977. Marx's Theory of Value and the Transformation Problem, in the *Subtle Anatomy of Capitalism*, Jesse Schwartz, Editor, Santa Monica.

［49］ Sweezy, P. M. 1949. ed., *Karl Marx and the Close of His System*, Kelley.

［50］ Von Bortkiewicz, L. 1907. On the Correction of Marx's Fundamental Theoretical Construction in the Third Volume of Capital, In P. M. Sweezy, *Karl Marx and the Close of His System*, Kelley, 1949.

［51］ Von Bortkiewicz, L. 1906. Value and Price in the Marxian System, Translated from German by J. Kahane, International Economic Papers No. 2, 1952.

［52］ Winternitz, J. 1948. Values and Prices: a Solution of the So – Called Transformation Problem, *The Economic Journal* 58 （230）.

金融化与现代资本主义

马克思、明斯基与大衰退[*]

玛丽亚·N. 伊万诺娃

张雪琴　译

王生升　校

摘　要　本文运用源自卡尔·马克思和海曼·明斯基的两种独特理论观点，对大衰退的金融性根源这一盛行的解释进行了批判。随着美国经济日益金融化以及生产全球化，金融危机的国内与国际因素，以及金融性根源与实体性根源也日益错综复杂地交织在一起。马克思对危机的解释至少在以下两点上超越了明斯基。①大衰退的结构性根源不在于美国金融部门而在于生产全球化体制，这一体制反映了资本积累在全球范围内日益加剧的不平衡，这已为全球经济失衡所证明。②社会问题的根源在于货币或金融，通过对货币金融体系的调整解决这些问题，这种传统观点存在根本缺陷，危机的不断再现已经证明了传统的财政货币政策在确保积累平衡方面存在局限性。

关键词　资本主义与危机　金融危机　全球性失衡　大衰退　海曼·明斯基　卡尔·马克思

引　言

本文运用源自卡尔·马克思和海曼·明斯基的两种独特理论观点，对大衰退的金融性根源这一盛行的解释进行了批判。马克思坚决反对将危机归因于金融投机或个人的鲁莽行径。投机与恐慌可能是危机的诱因，但它并不是危机的根源。对马克思而言，一切危机的根源都在于实体经济的生产与交换。但是危机发生的可能性源自货币的固有属性：货币作为一般等价物，使得买卖行为在时空上分离。隐藏在资本主义生产体制内隐含的矛盾威胁着生产的实现：商品转化为货币。因

---

*　译自 Maria N. Ivanova. Marx, Minsky, and the Great Recession. *Review of Radical Political Economics* 45（1），2013：59 - 75。作者伊万诺娃（Maria N. Ivanova）毕业于索菲亚大学和波恩大学，获得了政治学学位与经济学学位，现为伦敦大学金史密斯学院经济学讲师，曾经任教于纽约大学与德国卡塞尔大学。她的研究兴趣包括激进社会学理论和政治经济学、货币金融理论、危机理论、国际政治经济学与比较政治经济学、美国的政治经济（社会转型和经济史、房地产、消费主义、美元的国际地位、全球不平衡）、经济思想史、激进经济学与异端经济学（马克思、凡勃伦、熊彼特、哈耶克、明斯基、后凯恩斯主义的货币金融论）。

此，资本主义的危机经常表现为缺乏货币，或者用今天流行的说法，即"流动性"所引发的货币恐慌或商业危机。

在对近期危机的讨论中，明斯基的金融不稳定性假说经常被引用。明斯基同样反对将金融不稳定性归罪于人为的决策失误。相反，他提出，在一个拥有私人资产和复杂金融机构的经济体中，长期繁荣容易引发金融结构从稳态向非稳态的转变，前者由对冲性融资主导，而后者由投机性融资甚至庞氏融资所主导。因此，金融的内在不稳定性及其发展最终危害实体经济。

本文的目的在于比较这两种方法的解释力，进而探究大衰退的起源。这绝不是一件轻松的工作，因为马克思和明斯基显然是异大于同。他们的理论均认可货币在资本主义经济体中的重要地位：一切生产的最终目的在于转化成货币以实现货币量的积累。但马克思关于货币的概念迥异于明斯基。马克思将货币视为价值的社会表现，其大小由凝结在商品中的社会必要劳动时间决定。价值根本上是"资本通过商品形式对工作（抽象劳动）施加影响的能力的产物"（Marazzi，1995：70），并且货币是劳方与资方阶级关系最根本的表现。马克思强调货币以"一种可感觉到的形式"表现了资本主义生产的根本矛盾，但是货币并没有创造这一矛盾。明斯基的思想来源于凯恩斯。凯恩斯关注经济体的货币维度，因为这一维度与以下几点相关：①稀缺性造成货币的独特性，即货币无法被生产，其替代弹性几乎为零；②货币产生利息的能力；③源于①和②而形成的货币对资产价格、投资和就业的影响。与马克思相反，凯恩斯强调资本的生息性质，资本在这里首先表现为一种资产资本形式，而不是职能资本形式。由于这一形式的资本不会像职能资本那样运行（即并不从事直接生产），因此这一形式的资本并不直接参与对劳动力的剥削；这里的利润率与利息率而不是劳动工资相对立，阶级斗争也因此被抹去了。明斯基从资本主义固有属性出发研究金融不稳定的来源和性质，这是凯恩斯理论的自然发展。凯恩斯－明斯基思想暗含如下基本观点：金融会抑制生产，压倒生产，甚至对生产去耦化（至少可以暂时如此），因此金融对整个经济不利。对金融进行调控，可以对资本主义某些坏的方面有所抑制。

暂且不考虑这些差异，马克思与明斯基的方法至少存在一个共同特征：他们都承认资本主义体系存在的固有缺陷导致了危机的不断再现。然而，马克思认为资本主义的根本矛盾是无法解决的；而明斯基在很大程度上与凯恩斯主义传统相一致，他认为危机源自资本主义体系的长期失衡，这可以通过"大政府以及大银行"进行调控。

明斯基的金融不稳定性理论及其对通过货币手段来管理危机的信心，在总体上与有关危机的金融性起源这一流行的解释在逻辑上是一致的，因此明斯基的理论自然获得了热烈的追捧。然而，本文指出，马克思对危机解释至少在以下两点上超越了明斯基对危机的解释。首先，大衰退的结构性根源不在于美国的金融部门而在于全球性生产体制，这一体制反映了资本积累在全球层面上日益加剧的不平衡，这已为全球经济失衡所证明。[1] 在此背景下，美国经济金融化趋势的加剧与美国生产的海外迁移息息相关。其次，那种认为社会问题的根源在于货币或金融，对货币金融体系的调整可以解决这一问题的传统观念存在根本性缺陷，危机的不断再现已经证明了传统的财政货币政策在确保积累平衡方面存在局限性。美国生产资本的对外扩张，加之国内经济的金融化，已改变了美国经济的结构，使其越来越无法对明斯基所提出的稳定性政策做出反应，这导致旨在支撑资产价值及稳定公司利润的危机管理政策无法刺激国内投资以及就业。

一 马克思论货币、过度积累与危机

对马克思而言，危机的可能性与资本主义生产最基本的单位——商品——的固有矛盾有关。这一矛盾源自每一个商品都同时具有使用价值和交换价值这一事实。正是货币作为交换价值的一种独立存在形式，使得价值与使用价值的分离成为可能。但是交换价值作为某种特殊商品和货币这一双重存在，为交换行为分裂为两个相互独立的行为（即买与卖）提供了基础。

资本主义生产方式代表着由与货币相关的生产经济与金融系统构成的一种不稳定的辩证统一体。货币具有二重性，一方面，作为价值尺度和流通媒介，货币是体现社会劳动价值的货币基础；另一方面，作为支付手段的信用货币，是金融系统的基础。货币的二重性为其矛盾本身提供了基础。金融系统具有再生产信用货币的能力，它试图不断将其自身从第一种货币职能中解放出来。经验证明，它采取了信用超过社会产品价值这一生产过剩的形式。"货币主义本质上是天主教的；信用主义本质上是基督教的。……但是，正如基督教没有从天主教的基础上解放出来一样，信用主义也没有从货币主义的基础上解放出来。"[2] 由于信用与金融这一精心设计的大厦依赖于由简单商品生产条件和交换所决定的货币基础，信用货币如果没有社会劳动产品作为支撑只能成为虚拟货币（Harvey，2006a：253）。然而这一令人不快的真相仅在危机时期才会显露，"届时人们才会发现支付手段只能代表货币，而绝非货币本身"（Arnon，1984：566）。

银行制度——货币形式的制度化组织——体现并且加剧了这一商品形式与这一特殊生产关系之间的矛盾。很自然的，前者通常是危机的震中。在以信用为基础的生产

---

① 从马克思主义角度对美国房地产、金融和经济危机的国内与国际根源的分析参阅 Ivanova（2011a）。

② 马克思：《资本论》第三卷，人民出版社，2002，第 669～670 页。

体制下，对信用流的任何重大干扰必将引发危机；"乍看起来，好象整个危机只表现为信用危机和货币危机"。① 但这仅仅只是表面现象，因为随之而来的将是商业危机以至全面的工业危机。在商业危机中，处于商品形式的资本无法转变为货币资本。这种表现出来的实现危机（Crisis of Realization）实际上是生产过剩的危机，其根源在流通领域以外。生产过剩是资本过剩（过度积累）的征兆。剩余资本的形成与剩余资本的使用机会相关。尽管危机表现为因缺乏货币而未能通过交换实现其所生产的产品，但真正缺乏的不是作为流通媒介的货币，而是作为货币的货币；也就是说，货币作为对象化的人类劳动，作为其自身具有的价值。在危机中，货币的代表将毫无意义，货币必须作为货真价实的货币，作为一般等价物，作为已经实现为货币的剩余价值，也就是已经实现商品的惊险跳跃后攥在商品所有者手里的货币亲自呈现出来。

二 明斯基论金融与不稳定性

明斯基提出了金融不稳定假说，以替代由新古典综合经济学作为内核的标准经济学理论。在明斯基看来，标准经济学存在两个问题：①无法将货币与资本整合进经济学分析；②无法解释金融不稳定性（Minsky, 1982：91~92）。明斯基将其理论视为后凯恩主义的演化成果，他将金融经济制度及其运行整合进经济学分析，从而使经济理论成为一门关于"经济周期的投资理论和投资的金融理论"（Minsky, 1982：95）。凯恩斯反对货币数量论——货币数量的增加只会导致（物品和劳务）产出价格水平的上扬，凯恩斯认为货币数量的变动还会影响资产价格。货币贮藏倾向的变化或者流动性偏好基本不会影响价格，而会影响利率（Keynes, 1937：216）。利率决定了给定预期利润水平上的资产价格，投资量影响产出水平和就业。在凯恩斯看来，投资"取决于对未来的两种判断，这两种判断都不是取决于精确或者稳定的基础——由于对货币的贮藏倾向和对资产未来收益的看法"（Keynes, 1937：218），投资倾向于大幅波动，这是资本主义经济持续失衡的原因。

在经济体中，投资需求由现有的资本存量价值、外部融资成本，以及投资产出的供给价格共同决定，资产价值的暴跌将会导致投资的下滑。明斯基将资产价值贬值和投资波动的原因归结为债务结构和金融系统。尤其是，他区别了经济体中的三种收入－债务关系：对冲性融资、投机性融资和庞氏融资（Minsky, 2008［1986］：230~233；1982：105~106）。与第一种融资对应的金融单位，其债务结构中拥有一个相对较大的资产份额（本金＋利息），这使它们能够用现金流（利润）来偿还债务。与第

---

① 《马克思恩格斯选集》第 2 卷，人民出版社，1995，第 536 页。

二种融资对应的金融单位，它们只能偿付利息，不能偿还本金，需要不断对债务进行展期。与第三种融资对应的金融单位，它们无法获取足够的利润以支付利息或者本金，需要通过进一步负债以对债务进行融资；一旦借债不再可能，它们将不得不卖掉其资产以抵债。无论何时，对冲性融资、投机性融资和庞氏融资三者的混合，将反映经济的历史发展状况并将影响长期。随着投机性融资和庞氏融资在总债务结构中所占比例的逐步增加，经济对利率和资产价格的变动将越来越敏感，经济体也将日趋不稳定。无论出于何种原因，一旦信贷获取减少，无法对债务进行融资将会引发去杠杆化的过程，这反过来将导致资产价值的崩溃（Minsky，1992b：8）。

凯恩斯（1997 [1936]：376）相信经济计划将逐步导致那些不劳而获者，那些从利息和租金中牟利的"食利者和较少履行职能性资本功能的投机者的安乐死"。相反，明斯基并不相信资本主义的食利性只是其过渡阶段，他对潜伏在食利者所驱动的经济中的灾难怀有深深的忧虑。引发明斯基追问的关键问题是，"它（另一次大萧条）会再次发生吗"？

金融系统的本性使得不同程度的周期性萧条无法避免，在一个严重的周期性衰退中，收入或某种资产价值的初步下降所引发的资产价值的普遍下降将引发连锁反应。在一个温和的周期性衰退中，价格贬值被限制在一些具体的资产种类上，这避免了连锁反应。决定周期性衰退类型的因素不仅包括经济单位和金融中介资产负债状况，而且还包括某些具体的政府部门（如美国联邦储蓄保险公司以及由联邦住房管理局所构成的特殊金融机构）的资产负债状况。通常，这类政府部门之所以存在是由于经济学家认为，可以通过政府债务或增发货币的方式由政府承担危机所造成的某些损失（Minsky，1964）。因此，金融脆弱性的关键指标不仅包括对冲性融资、投机性融资和庞氏融资在经济体中所占的相对份额，而且包括政府使用特权对经济体再融资的意愿，以及政府在市场不景气、利润和工资减少时维持总利润和工资水平的能力（Minsky，1992～3：80）。

明斯基将维持利润水平作为避免金融崩溃的关键条件，他提出大政府大银行的方案作为避免另一次大萧条的药方。大政府和大银行是危机时刻稳定利润的必要条件：首先，将反周期性支出作为预算结构的固有特征，并辅之以相机决策的措施；其次，通过低利率政策及美联储承担最后贷款人的职能进行干预。在明斯基看来，衰退是正常的，是经济周期中固有的、无法避免的阶段；只要大政府和大银行能够像战后那样发挥作用，那么衰退的程度就可以被控制，最坏的情形就能得以避免。

三 大衰退的国内与国际根源

引发大衰退的金融危机发生在一次严重的房市泡沫破灭之后。1992～2006 年，伴随着住房价格的一路飙升，美国住宅投资和住房建设经历了战后最长的繁荣时期。2000～2006 年间，住房价格几乎翻了一番。美国标普 10 城市房价指数，在 2000 年 1 月份尚且徘徊在 100.74，但是在 2006 年 4 月份已经飙升至 226.8。2003～2006 年间，美国每年平均销售 115.6 万套新增住房，与之形成鲜明对比的是，在 20 世纪 70 年代、80 年代、90 年代每年新增住房平均销售量为 655200、609000，以及 698300 套。乍一看，美国房市危机的发生过程与明斯基对危机的解释不谋而合。惠伦（Whalen，2009：12）将房市危机视为一种"典型的明斯基危机"，表现为"房市繁荣为日益强化的升值预期、不断扩大的债务以及金融创新所造就。一旦泡沫破裂，首先将导致信贷危机，紧接着是银行业和股市的危机，并最终导致衰退来临"。与之类似的是，雷（Wray，2009：809）也将危机归因于未加监管的"货币管理资本主义，它以高杠杆化的资金在一个存在系统性低风险的环境里寻求最大化回报（收入流加资本利得）为特征"。

明斯基的理论侧重于投资需求，它由预期未来利润和外部融资成本所决定。据此，明斯基进一步论证到，房价持续升值的预期将会刺激信贷和住宅投资。证券化以及多种金融工具的使用扩大了次级抵押市场，进一步推动了住房的供给和需求。信用扩张以及信贷环境的放松抬高了房价并推动金融创新的发展及杠杆工具的使用，这些因素共同推动了经济的膨胀。

对问题的这种描述抓住了危机的某些表面现象，但并未对危机的根源做出任何实质性的分析。明斯基的主要论点在于金融不稳定内在属性。他认为，无论是金融危机还是实体经济危机，都是金融系统内部运动的产物："历史表明，每一次严重且长期的衰退都伴随着金融危机，尽管在近期历史中，金融危机并没有造成严重的衰退"（Minsky，1992a：12）。首先，相关并不意味着原因。其次，更重要的是，明斯基对金融行为的巨大变化以及金融系统在经济周期中作用的分析也相当模糊。根据明斯基的描述，经济周期第一阶段的主要特征是金融稳定和相对平静。逐渐地，日益增加的利润驱使企业不断通过借债以增加投资。最后，借债变得越来越危险，并且存在债务增长越来越快于收入和利润增长的趋势，这终将导致经济体的债务结构出现相应变化。究竟是什么力量在背后推动这一趋势，明斯基并没有给出清楚的解答。人们可以推测它与泡沫的自我运动机制相关，因为不断增加的利润导致了狂热，并且需要通过银行的作用（明斯基用以描述所有类型金融中介的一个术语）以满足追求更多债务融资的欲望。银行是逐利的，而投机性企业不仅天生热衷于从事投机性融资，而且也充当了"其他机构进行投机性融资的传送带"（Minsky，1977：20）。一方面，银行资产的期限（展期贷款）通常要长于银行其他债务，这对银行产生了一个再融资成本，推动了银行的"投机"行为。另一方面，为了获得市场份额，银行鼓励其他经济单位将短期债务替换成长期债务。然而银行以一个可以维持利润的成本来获取资金是必要的，并且金融创新可以进一步提高利润。例如，金融创新可以加快货币周转速度，这不仅可以确保既定数额货币的流通，而且不会改变利率（Minsky，1957）。

关于经济周期的这一论述面临两个挑战。首先，它没有解释在资本主义经济持续失衡的条件下，是什么机制保证了平衡阶段成为可能。相应的，除了投资者的"乐观"和"过度自信"等空洞的心理学术语外，明斯基未能对泡沫的来源及由此导致的金融不稳定性做任何解释，因为"一个系统性的失调理论应该建立在或者至少说能够在系统范围的协调理论中得到确认"（Prychitko，2009：208）。其次，金融不稳定性假说建立在对单个企业特定金融行为微观分析的基础上，这表现为在经济周期中企业债务猛增并且杠杆化率攀升。此后，这一框架被概念化到宏观经济学中，但有关宏观与微观之间的比较分析并未得到仔细的探究（Lavoie and Seccareccia，2001）。没有任何经济学定律表明，整个经济的杠杆化率在经济扩张时期必定提高；也没有任何实证材料可以支撑这一说法（Bellofiore and Halevi，2009）。任何有关融资模式和总债务水平的研究都应该涉及中央银行的利率政策以及政府的债务和赤字。对金融系统而言，这两个外生的因素对其运行有着举足轻重的作用。

然而，许多评论家倾向于将大衰退的根源归结为格林斯潘时期美联储的低利率政策，这类解释存在很大局限性。在 2001 年 1 月至 2002 年 1 月间，联邦基金利率和贴现率从 6% 跌至 1.25%，并且在这一水平上保持了将近一年。格林斯潘因其任职期间对利率的驾驭能力而备受褒扬。就在他离开美联储之前不久，他还被同事们称为"有史以来最伟大的央行行长"（Blinder and Reis，2005：3）。然而，房地产崩溃后，格林斯潘立刻变成了"制造泡沫的刽子手"，此前那些令他大获褒扬的政策则变成了条条罪状，低利率政策与金融创新所带动了多重信贷，被视为房地产泡沫的主要根源。的确，低利率和廉价的信用导致了房市泡沫。但正如我下面将要谈到的，房市泡沫的根源不能仅仅被归咎为金融性原因或国内政策的失误，它还与资本积累全球化制度下的根本条件有着莫大的关系。

低息货币的出现不应该完全归因于格林斯潘的政策，这源于以下两个原因。首先，自 20 世纪 70 年代以来，美国经济已经历了根本性的结构性变化，这一变化比 80 年代明斯基的"货币管理资本主义"（这也就是今天所谓的金融化）更为根本，不能将这一变化简化为明斯基所谓的货币管理资本主义。20 世纪 60 年代，美国制造业利润率的下降，以及海外竞争的加剧，加上美元的世界货币地位所形成的铸币税特权，推动了一大波生产外包的浪潮。国内大规模生产的减少及向服务业的转型彻底转变了工作和工资关系，这导致了就业保护制度的逐步废除，弹性、低福利、低工资的工作大量增加，作为美国生活方式结构性特征的经济不安感随之出现（Lipietz & Cameron，1997；Vallas，1999；Uchitelle，2007）。不断将工作外包至低工资的国家，以及美国国内工资的停滞，这两个因素导致美国经济无法摆脱对信用扩张及个人消费持续增加的依赖。消费信贷的大规模使用缓解了日益加剧的收入差距和经济增长压力（Brown，2008）。换句话说，低息信贷对美国的"新经济"增长至关重要。

其次，外围的出口导向型国家所赚到的钱被大量投资于美国债券，新兴市场外汇储备激增与美国消费者债务的激增息息相关。格林斯潘和伯南克时期美联储的放松货币政策，一方面依赖于外围的出口导向型国家中辛勤工作的人民，另一方面依赖于中心国家的银行和机构投资者。有证据表明，外资大规模购买美国国债不断压低了收益利率及大量的关键利率，如与十年期国债收益挂钩的按揭利率。[①] 此外，机构债券、债务抵押债券，以及各种房地产投机衍生品，也使美国经济证券化空前高涨。

明斯基（1987）宣称，证券化和金融全球化携手并进，而且"全球金融一体化很可能将成为下一时期资本主义扩张的特征"，这为全球金融脆弱性和国际债务贬值创造了可能（Minsky，1995：93）。然而，他没有认识到全球金融系统与全球生产系统在资本积累日趋不平衡中存在着共生关系。在一百五十年前，马克思就已经认识到，"创造世界市场的趋势已经直接包含在资本的概念本身中"。[②] 与明斯基相比，马克思的高明之处在于，他以资本主义生产全球化为前提对当前危机进行解释。

马克思生活在自由竞争资本主义阶段，当时资本的国际化在很大程度上仅限于商品资本（国际贸易）循环。在 19 世纪末 20 世纪初的帝国主义阶段，资本的国际化扩张至货币资本循环阶段。"二战"后，这种国际化进一步扩张至其最后阶段，即生产资本循环，这导致了新国际分工的出现（Palloix，1977）。20 世纪 70 年代严重的结构性危机加剧了这一过程。资本家主要采取了两个策略以缓解这一危机：第一，在国内以及在全球规模上对生产和交换过程进行时空重建；第二，重组劳动过程（Bluestone，1984；Harvey，2006b；Hymer，1972；Sassen，1990）。下面，将强调外围地区的出口导向型产业化与中心地区的金融化之间的联系。需要强调的是，如果忽略美国生产资本的对外扩张，那就无法正确理解美国经济过度负债的金融化，这两个过程是有机结合并且相互作用的。

外围国家和地区的产业化从一开始就已经深受外资需求的形塑与影响。毫不令人奇怪的是，新兴国家的经济策略已经适应了出口导向型增长，但是随着发展中国家逐渐融入世界资本主义经济，这一过程的具体情形在"二战"后的几十年里发生了巨大

---

① 更详细的论证参阅伊万诺娃（2011a），以及后续即将发表的文章。
② 《马克思恩格斯全集》第 30 卷，人民出版社，1995，第 388 页。

的变化。这一过程不再主要按照传统的国际贸易渠道进行，而是日益采用随后被称为商品链、价值链或者全球生产网络的方式。中心地区日益下降的利润率以及追求利用外围国家和地区更廉价的劳动力的欲望，成为重塑这一产业的主要动机。然而，根本性问题在于，中心地区通过资本有效控制其劳动力的能力严重下降。正如海默（Hymer，1972：97）曾经提出的：

> 20 年的繁荣已经转变了工人对消费标准和工作强度的预期。劳动力短缺的类似趋势，在日本出现了。从资本的视角出发，美国反抗工作的行为似乎将要达到很高水平。这些国家的所有企业都正试图从外面寻找劳动力。

然而，直到 20 世纪 80 年代末期，在外围国家重置生产仍然只是在一个相对较小的范围内进行的，并局限于某些特殊的产业和国家。苏联解体在世界范围内重构了生产和社会关系，因为这使得跨国资本可以跨过最后的障碍进行全球渗透。首先，20 世纪 90 年代的自由化风暴，伴随着金融资本流，将单个民族国家控制下的物品和劳务极大地释放了出来。旨在"打造公平竞争环境"的改革措施进一步强化了全球企业革命，这一革命已通过价值链在一系列领域和全球规模上实现了企业的高度集中（Nolan et al.，2001）。其次，在 90 年代，大量的产业后备军被吸收进全球劳动力大军之中。到 2000 年，中国、印度以及前苏联集团（Former Soviet Bloc）加入了生产和消费的全球体系，有效地增加了全球劳动力，并且全球经济中的力量对比从劳方转向了资方（Freeman，2010）。全球劳动力供应的激增与贸易国投资率的上涨相对应，这些国家的投资率在 2000 年达到了顶峰。正如国际清算银行所报道的（2009：75）：

> 在巴西、中国、印度、韩国和波兰，每个国家可贸易部门（农业、矿业和制造业）的总固定资本在 2003 年至 2007 年间增加了 3.2%，占到了总固定投资的 39%。相比之下，在 90 年代上半期中国可贸易部门总固定资本仅占其总固定投资的 28%，而在 2003 年至 2007 年间，这一比例为 36%；类似的巴西在 90 年代约为 19%，而 2003 年至 2006 年间为 56%。

过度积累的各种迹象现在已经通过出口导向型增长增加全球制造业产能以及加剧生产过剩的方式，在外围国家和地区显露出来，这反过来压低了全球商品价格和利润（Brenner，2009；McNally，2009）。经过数十年的过度投资，作为外围国家产业化的典型代表和全球制造业强国，中国已经开始在努力解决大规模产能过剩及由此对价格和利润率造成的巨大压力（McKay & Song，2010）。在此情形下，公司利润率的维持很大程度上取决于高强度的劳动力剥削和工资压榨。尽管在很多的国家工资份额在 55% ~

65% 之间波动，但对于中国而言，这一份额从 1996 年的 54% 降至 2007 年的 40%（Luo and Zhang，2010：2）。

外围地区超额利润的产生，通常与来自中心国家和地区的跨国公司的直接干预有关，这一联系强化了后者的金融化趋势，并在美国表现得尤为突出。自 20 世纪 90 年代中期后，美国经济增长严重依赖于两类连续产生的泡沫（互联网泡沫和房地产泡沫），这中间还夹杂着巨大的由信贷所推动的消费泡沫。金融化是一个复杂的过程，它表现在许多不同的方面，包括全球金融市场的融合，机构投资者地位和股东价值的日益提高，以及食利者收入在 GDP 中所占比例的增加。明斯基对"货币管理资本主义"的定义强调了第二个方面：

> 美国资本主义现在正处于一个新的阶段，即"货币管理资本主义"阶段，在这一阶段拥有大量金融工具的所有者是互助基金和养老基金。投资组合总回报率是评价这些基金管理者绩效的唯一标准，这就将重点转移到了强调企业组织管理的盈亏底线上。（Minsky，1996：358～359）

在这一分析中，对美国经济金融化的理解需要重新定位，即将利润的源泉从生产投资转向不断扩张的食利者阶层的金融寻租上。后者的成员从处于中心地区的较少履行职能性资本功能的投机者——他们通过拥有贷款所有权而获取租金——扩展到了一些在职位上与金融部门相关从而能够攫取租金的非生产性阶层，如股票经纪人、抵押贷款经纪人和各种金融咨询师。此外，金融化的蔓延不仅与金融部门扩张的大小与规模有关，而且也与非金融行业日益增加的金融投资有关。大量的研究表明，美国所谓的"非金融公司部门的金融化"导致了一个更低的资本投资率和资本积累的下滑（Crotty，2005；Stockhammer，2004；Orhangazi，2008）。这一趋势与低工资国家（比如中国）劳动密集型生产过程不断集中的全球生产体系息息相关。中美贸易逆差从 1998 年的 569 亿美元猛增至 2008 年的 2663 亿美元。2009 年由于需求下滑，这一数据下降为 2268 亿美元，中美贸易逆差占美国整个贸易逆差的 45%。在 2010 年，与中国的贸易逆差再次反弹至 2731 亿美元，而这一数据在 2011 年第一季度还在继续上升。[①] 中国政府官员表示，美国在中国的跨国公司生产了中国对美国出口的 60%（Pomfret，2010）。

自 20 世纪 80 年代中期以来，美国公司推动了全球对外直接投资（FDI）的增加，它也因此从全球价值链的巨大扩张中获得了源源不断的利润（Nolan et al.，2001）。生产在全球范围内的垂直一体化进一步降低了投入成本（包括劳动力成本），这使得美国

---

① 数据来自美国商务部。

顶级公司无须提高产品价格就可以保持甚至提高成本之上的加成与利润率。首先，在进口价格持平甚至下降的条件下，美国实际收入的停滞并未妨碍进口品消费量的增加。其次，由于在消费篮子里进口品占有相当大的份额，他们对总价格水平的稳定起到了巨大作用。最后，尽管生产外包大大增加了公司利润，但是回到国内的公司利润绝大部分都被用于抬高股东价值，很多都是通过股份回购和更高额的红利派发，而以牺牲能够提高美国经济的生产就业和收入的生产性投资为代价（Milberg and Winkler，2010）。

正在进行中的世界经济重组表明，全球资本主义再生产对外围地区的渗透日益加深。2009 年，全球经济不景气之后，直接投资总流入量为 1.114 万亿美元，下降了37%，而流出量为 1.101 万亿美元，下降了 43%。更令人震惊的是，直接投资流入发展中国家和转型经济体的下降幅度为 27%，远小于流向发达国家的 44%。因此，流入发展中国家的直接投资量在全球直接投资流中继续增加；这些经济体有史以来第一次吸收了全球直接投资流入量的 50%，而中国成为继美国之后最大的直接投资吸收国（UNCTAD，2010：xviii ~ xix）。生产的全球化并不意味着生产和交换条件在世界范围内的平等化趋势，而是加剧了在世界范围内的差异化趋势。正如拜卢阿（Palloix，1977：3）在这一过程的早些阶段所观察到的那样，"资本的国际化标志着工业活动向全球化层面转移，因此工业活动可能在发达资本主义国家被消解掉"。这一趋势在接下来的 30年里逐步展开，但是没有任何一个地区能够与美国这个拥有近 86% 服务业劳动力的发达资本主义国家相媲美。

总而言之，生产的全球化和美国经济的金融化通过两个主要的渠道联系在了一起。首先，美国的跨国公司将生产活动外包所产生的巨额利润用于国内能获得丰厚利润的金融业务。这一商业模式导致了美国贸易逆差及其金融资产的升值。其次，出口导向型国家的很大一部分盈利被再投资于美国国债，这进一步刺激了美国国内的消费、信贷扩张和资产价格膨胀。这两个渠道通过由国际信用和债务循环机制所组成的金融市场，与中间商相互联系在了一起。保证这一国际信用和债务循坏机制的潜在流动性来源——美国的经常账户赤字，在 2006 年达到了 8035 亿美元的历史高峰。因此，大衰退的根源不是美国国内的债务泡沫，而是全球经济发展与资本积累的日益不平衡。

四 "它"会再次发生吗：从投资社会化到资本共产主义

任何试图用明斯基的理论去分析当前危机的做法必将面临一系列的挑战。正如上面已经讨论过的，当今全球化与美国经济的金融化已经同明斯基所描述和分析的情形大相径庭。在当今的美国经济中，投资需求成为公司利润的决定性因素，而利润反过来又被用于再投资。银行借贷主要是为企业投资活动进行融资。金融投机推动资产价格上升，使其超过了未来利润所规定的合理水平，并因此对经济施加影响。尽管可以据此炮制出用于解释房产泡沫的供给理论，但这一理论无法解释对应的需求。如果家庭没有以投机性"投资者"的身份加入，那么泡沫就不会达到如此显著的水平。明斯基承认战后工资收入与消费的关联性在减弱，因此家庭信贷被用于支持消费，而房子主要是通过对冲融资的形式购买。也就是说，"正是因为收入（工资）的下降，才导致这些合约转变为庞氏融资"（Minsky，1982：32）。但明斯基没有考虑以下情形的出现，即家庭消费或者购置房产不断采取投机性融资和庞氏融资的方式，但所支付的价格却超出了他们未来收入的承受能力。

在美国经济金融化日益深化的背景下，明斯基关于企业投资是利润关键来源的观点是很难与最近 10 年的现实情形相吻合的。自 20 世纪 60 年代末期以来，除住宅建筑外的净投资率一直停滞不前甚至有下滑的趋势，这一比率仅在 90 年代末期略有提升（Beitel，2009）。相应地，存在利润率与净投资率去耦化的趋势。尤其是在过去十年，公司利润主要依赖于政府和家庭的债务扩张才得以维系（Beitel，2009：87）。事实上，在泡沫年代，信用融资超过劳动收入成为支撑美国消费需求的主力（Ivanova，2011b）。最近三十年银行和金融服务的快速变革已使不断上涨的个人债务日益常态化且制度化。大公司重新定位于市场金融，并且远离银行贷款，这促使商业银行及大量金融中介机构转向"金融掠夺战"（即金融利润的攫取直接来源于个人的工资收入，Lapavitas，2009）。这种现代形式的阶级垄断地租类似于传统的高利贷，它不是企业利润的分割，而是对工资收入的剥夺。总而言之，全方位的金融化加剧了金融脆弱的规模和程度，金融不稳定性的威胁亦挥之不去。而且，私人经济的庞氏融资过程在多大程度和多长时间内能被政府的庞氏融资过程所抵消，这个问题的答案也同样不明确。

上述问题暴露了明斯基理论的第二个问题，这与运用财政货币政策以稳定经济相关。根据明斯基的理论，每个经济周期都包含了倾向于吸收可得流动性并将金融系统拖入紧缩性萧条的投机泡沫的可能。私人经济转向由投机性融资和庞氏融资所主导的债务结构，同时"最终流动性"出现紧缩（资产拥有固定合约价值，并且没有违约风险，包括国库通货、铸币，以及最重要的"国内拥有的除政府债务以外的资金"），这两种结果与明斯基所谓的"庇古货币流通速度"（国内生产总值除最终流动性的数量）的下降相伴而行（Minsky，1982：9）。最终，危机或衰退将要求增加最终流动性，或者增加能够被杠杆化（如作为贷款抵押品的功能）的政府债务，以对抗资产价值、利润以及投资的严重下滑。通过与美联储的"外部市场再融资"相配合，日益增加的政府债务将对高涨期金融创新和投机引发的债务结构进行"检验"，从而"阻止"深度衰退的来临。

这一分析并不表明明斯基试图以社会其他人的损失为代价来优先保证金融集团获利。但一眼就可以看出，他用于"阻止"深度衰退的药方可能为脆弱的金融提供了一个更便捷的渠道以突破金融本身的限制，从而使金融集团免于对他人的损失负责。毫不奇怪的是，在最近的金融风暴中，华尔街内部人员乐于接受这一不可避免的"明斯基时刻"的流行说法，并且一再强调用于稳定经济的政府救助方案是必要的。表面上看，此类危机管理措施与明斯基的建议相一致；但实际上它却是用心险恶，因为这意味着金融掠夺成本被社会各阶层所分摊，资本共产主义大力鼓吹的好处事实上恰恰使工人和失业者痛苦不堪。

自 2007 年秋以来，大政府、大银行竭尽全力通过财政货币手段，大规模的救助破产公司，这包括两轮量化宽松政策，购买以按揭为基础的有价证券，以及放松会计准则以避免资产价值下跌并恢复公司利润（Pittman & Ivry，2009）。根据估算，用于稳定经济动荡的全部支出大约有 12.8 万亿美元。而根据布雷思韦特的估测，这一支出甚至可能高达 23.7 万亿美元（Braithwaite，2009）。然而，这些财政货币手段只能缓解危机而已，它们有助于恢复大企业的盈利；但它不能避免大规模取消抵押品赎回权，也不能避免就业率的进一步下降。根据资产负债表，公司利润从 2009 年开始已经得以恢复，股市也有所恢复，虽然尚未达到之前的高位；但是整个经济面临的仍然是高失业率和不景气的房市，复苏并没有如期而至。

值得强调的是，当前的危机救助已不是一种必要的手段，而是政府当局为保证金融利益特权的有意行动。官方的策略是全力阻止资产价值贬值及公司利润大幅下滑。然而，与明斯基和其他人的想法相反，维护公司利润水平并不必然意味着对工资水平或就业水平的维护。公司的行动在很大程度上与马克思的预期相一致：它们试图通过削减工资和裁员以应对危机。在 2009 年，劳动生产率增长了 3.5%，而单位劳工成本下降了 1.6%，这是 60 年以来的最大降幅。同时，工资总额在 2008~2009 年间下降了 2500 亿美元。[①] 马克思将危机作为资本解决其自身矛盾的途径，这一睿智洞察已为资本主义国家试图通过财政货币政策等危机管理手段所证明。虽然危机管理政策有助于巩固金融权力并将美国经济中的金融巨头与企业集团凝聚起来，但没有任何证据表明，这种"成功"有助于国家未来经济发展及社会稳定。

对于明斯基的理论，我们必须看到，它在很大程度上是明斯基所处的特殊历史时期的产物。战后发达资本主义国家经历了一个特殊的历史时期，即福特主义阶段。明

---

① 数据来自美国劳工统计局和美国联邦储备委员会资金流量表。

斯基将这一历史时期概念化，从而为政策的实施提供了一个理论基础。在明斯基的一生中，他不断重复论述一个观点："资本主义世界的中心国家在二战后的 50 年里没有经历过大萧条，是因为大政府提供了对抗危机的保证，这有效避免了类似 1929 ~ 1933年利润和资产价格大幅下跌现象的出现"（Minsky, 1996：359）。稳定利润意味着阻止投资、产出和就业的下滑。但由于美国的经济结构已经发生了重大转变，早期适用的政策对当下已不再有效。正如雷（Wray, 2009：813）所提出的那样，大萧条和"二战"通过勾销大量金融资产和债务而"直接促成了金融稳定性环境的形成"，这将企业和家庭从过度债务的重负下解放出来。但现在，战后积累体制的根本性结构所依赖的大生产基础已经不复存在了。

明斯基（1996：362）认为，非金融性企业依赖于使用外部资金以实现长期资本融资，这是经济不稳定性的关键来源。这也为政府干预提供了一个重要的理论基础，"一旦大政府稳定了总利润，银行家拥有市场权力的理由将不复存在"（Minsky, 2008 [1986]：367）。然而，有证据表明，近年来大企业的投资决策并不受外部融资成本的制约，因为公司本应用于投资的内部资金甚至都未被用作投资。正如贝茨（Bates）所发现的那样，在 1980 ~ 2004 年，美国工业企业的平均资产变现率提高了 129%，这导致平均净负债大幅下降，并在 2004 年变为负值。大公司的高现金持有率已经与其资本支出呈现负相关，这一情形至今尚未改变。在公司利润快速恢复的过程中，美国大公司的收入中有很大一部分来源于国外，这些公司持有大量现金，但是他们并未将这些现金用于扩大或者改善国内的资本基础，而是选择将其贮藏起来或者分发股利，或投资于金融资产（比如收购本公司的股票）。可以说，正是"离岸金融化连锁效应"使得非金融部门在 2008 年危机之后的自我恢复能力不断下降（Milberg and Winkler, 2010）。也正是因为这种能力的下降，推动金融资产价格上升与稳定金融利润的做法未能有效刺激就业。

明斯基理论的最后一个问题是稳定金融的社会影响。凯恩斯（1997 [1936]：372）精确地描述了资本主义体系的两大缺陷：无法持久地维持充分就业以及"财富和收入的不平等分配"。凯恩斯认识到了资本主义与维持有效需求水平之间的矛盾。在某种程度上说，明斯基的观点是对凯恩斯思想的一个退步，因为他试图在维持资本主义体系的同时将金融系统的稳定优先排序在社会稳定之前。

> 有的人主张，资本主义社会是不平等且无效率的。但是，贫困、腐败、公共福利设施和私人权力的不平等分配，以及导致低效率的垄断等（这些概括起来的结论就是，资本主义是不公平的），并不总是与资本主义体系相伴而生。不平等和无效率令人反感，但没有科学的法律和历史证据证明，为了能持续存在，一种经

济制度就必须符合公平和效率的标准。(Minsky，2008［1989］：6）。

这一观点的问题在于，政府救助金融的做法倾向于加剧不平等和无效率。明斯基意识到了控制金融的社会制约条件（Social Limitations），但他将这些副作用视为更小的恶。在他看来，它们并不必然威胁资本主义的存在。他承认政府干预成功地阻止了严重的衰退，但是却无法维持就业、增长和价格稳定。经济已经陷入了极端的滞胀中；努力阻止衰退将导致通货膨胀，而对抗停滞又会导致经济萧条的重现（Minsky，1982：xv ~ xvi）。

五　结论

明斯基的工作为研究资产泡沫的动因、不确定性的影响，以及债务水平提高对经济整体的紧缩性影响这一金融运行机制提供了有益的视角。然而，正如本文力图证明的那样，最近这次危机的金融形式掩盖了危机的"实际"根源，即资本积累的全球失衡。马克思的理论在探究全球生产日益加剧的危机与美国社会经济危机的关系上提供了更为深刻的见解。根据马克思的研究，金融化只是资本主义危机的表面原因。传统的财政货币政策依赖于政府支出和货币供应的扩张，但这些危机管理政策并不能解决全球化时代美国经济的结构性问题，亦无法为美国和全球资本主义的系统性危机提供一个一劳永逸的解决方案。

参考文献

［1］Arnon，A. 1984. Marx's Theory of Money：The Formative Years. *History of Political Economy* 16：555 – 575.

［2］Bank for International Settlements. 2009. *Annual Report*. Basel：Bank for International Settlements.

［3］Bates，T. W.，K. M. Kahle，and R. M. Stulz. 2006. Why Do U. S. Firms Hold So Much More Cash Than They Used To? NBER Working Paper Series，No. 12534.

［4］Beitel，K. 2009. The Rate of Profit and the Problem of Stagnant Investment：A Structural Analysis of Barriers to Accumulation and the Spectre of Protracted Crisis. *Historical Materialism* 17：66 – 100.

［5］Bellofiore，R.，and J. Halevi. 2009. A Minsky Moment? The Subprime Crisis and the "New" Capitalism. International Economic Policy Institute，Working Paper 2009 – 04.

［6］Blinder，A. S.，and R. Reis. 2005. Understanding the Greenspan Standard. CEPS Working Paper Series，No. 114，September.

［7］Bluestone，B. 1984. The Deindustrialization of America：Plant Closings，Community Abandonment，and the Dismantling of Basic Industry. New York：Basic Books.

[8] Brenner, R. 2009. What is Good for Goldman Sachs is Good for America: The Origins of the Present Crisis. UC Los Angeles: Center for Social Theory and Comparative History. Available at http://escholarship. org/uc/item/0sg0782h. Accessed on 1 July 2010.

[9] Braithwaite, T. 2009. Treasury Clashes With Tarp Watchdog on Data. *Financial Times*, 20 July. http://www. ft. com/cms/s/0/ab533a38 − 757a − 11de − 9ed5 − 00144feabdc0. html.

[10] Brown, C. 2008. *Inequality, Consumer Credit and the Saving Puzzle.* Cheltenham, UK: Edward Elgar.

[11] Crotty, J. 2005. The Neoliberal Paradox: The Impact of Destructive Product Market Competition and "Modern" Financial Markets on Nonfinancial Corporation Performance in the Neoliberal era. In *Financialization and the World Economy*, ed. G. Epstein. Cheltenham, UK: Edward Elgar.

[12] Freeman, R. 2010. What Really ails Europe (and America): The Doubling of the Global Workforce. The Globalist, 5 March. Availableat. http://www. theglobalist. com. Accessed on 1 July 2010.

[13] Harvey, D. 2006a. *Limits to Capital.* London: Verso.

[14] Harvey, D. 2006b. *Spaces of Global Capitalism: A Theory of Uneven Geographical Development.* London: Verso.

[15] Hymer, S. H. 1972. The Internationalization of Capital. *Journal of Economic Issues* 6: 91 − 111.

[16] Ivanova, M. N. 2011a. Money, Housing, and World Market: The Dialectic of Globalised Production. *Cambridge Journal of Economics* 35: 853 − 871.

[17] Ivanova, M. N. 2011b. Consumerism and the Crisis: Wither "the American Dream"? *Critical Sociology* 37: 329 − 350.

[18] Ivanova, M. N. 2011c. Can "it" Happen Again: The Limits of Money Artistry. *Critique* 39: 211 − 232.

[19] Ivanova, M. N. Forthcoming. The Dollar as World Money. Science & Society 76. Keynes, J. M. 1937. The General Theory. *Quarterly Journal of Economics* 51: 209 − 223.

[20] Keynes, J. M. 1937. The General Theory. *Quarterly Journal of Economics* 51: 209 − 223.

[21] Keynes, J. M. 1997 [1936] . *The General Theory of Employment, Interest and Money.* New York: Prometheus Books.

[22] Lapavitsas, C. 2009. *Financialized Capitalism: Crisis and Financial Expropriation.* Historical Materialism 17: 114 − 148.

[23] Lavoie, M. , and M. Seccareccia. 2001. Minsky's Financial Fragility Hypothesis: A Missing Macroeconomic Link? In *Financial Fragility and Investment in the Capitalist Economy: The Economic Legacy of Hyman Minsky*, ed. R. Bellofiore and P. Ferri, vol. II. Cheltenham, UK: Edward Elgar.

[24] Li, M. 2009. Socialization of Risks Without Socialization of Investment: The Minsky Paradox and the Structural Contradiction of Big Government Capitalism. PERI Working Paper No. 205.

[25] Lipietz, A. , and A. Cameron. 1997. The Post − Fordist World: Labour Relations, International Hierarchy and Global Ecology. *Review of International Political Economy* 4: 1 − 41.

[26] Luo, C. , and J. Zhang. 2010. Declining Labor Share: Is China's Case Different? *China & World Econ-*

omy 18：1 – 18.

［27］ Marazzi, C. 1995. Money in the World Crisis：The New Basis of Capitalist Power. In *Global Capital*, *National State and the Politics of Money*, ed. W. Bonefield and J. Holloway, 69 – 91. New York：St. Martin's Press.

［28］ Marx, K. , and F. Engels. 1975. *Collected Works*, vol. 15. New York：International Publishers.

［29］ Marx, K. 1993 ［1939］. Grundrisse：*Foundations of the Critique of Political Economy*. London：Penguin Books.

［30］ Marx, K. 1991 ［1894］. *Capital*：*A Critique of Political Economy*, vol. Ⅲ. London：Penguin Books.

［31］ McKay, H. , and L. Song. 2010. China as a Global Manufacturing Powerhouse：Strategic Consideration and Structural Adjustment. *China & World Economy* 18：1 – 32.

［32］ McNally, D. 2009. From Financial Crisis to World Slump：Accumulation, Financialisation and the Global Slowdown. *Historical Materialism* 17：35 – 83.

［33］ Milberg, W. 2008. Shifting Sources and Uses of Profits：Sustaining US Financialization with Global Value Chains. *Economy and Society* 37：420 – 451.

［34］ Milberg, W. , and D. Winkler. 2010. Financialisation and the Dynamics of Offshoring in the USA. *Cambridge Journal of Economics* 34：275 – 293.

［35］ Minsky, H. P. 1957. Central Banking and Money Market Changes. *Quarterly Journal of Economics* 71：171 – 187.

［36］ Minsky, H. P. 1964. Longer Waves in Financial Relations：Financial Factors in More Severe Depressions. *American Economic Review* 54：324 – 335.

［37］ Minsky, H. P. 1977. Banking and a Fragile Financial Environment. *Journal of Portfolio Management* 3：16 – 22.

［38］ Minsky, H. P. 1982. *Can "it" Happen Again*. Armonk, NY：M. E. Sharpe.

［39］ Minsky, H. P. 1987. *Securitization. Mimeo*, Published as Policy Note, 2008/2, Levy Economics Institute of Bard College.

［40］ Minsky, H. P. 1992a. Reconstituting the United States Financial Structure：Some Fundamental Issues. Working Paper No. 69, Levy Economics Institute of Bard College.

［41］ Minsky, H. P. 1992b. The Financial Instability Hypothesis. Working Paper No. 74, Levy Economics Institute of Bard College.

［42］ Minsky, H. P. 1992 – 3. On the Non – neutrality of Money. *Federal Reserve Bank of New York Quarterly Review* 18：77 – 82.

［43］ Minsky, H. P. 1995. Longer Waves in Financial Relations：Financial Factors in the More Severe Depressions II. *Journal of Economic Issues* 29：83 – 95.

［44］ Minsky, H. P. 1996. Uncertainty and the Institutional Structure of Capitalist Economies：Remarks Upon Receiving the Veblen – Commons Award. *Journal of Economic Issues* 30：357 – 368.

［45］ Minsky, H. P. 2008 ［1986］. *Stabilizing an Unstable Economy*. New York：McGraw Hill.

［46］ Nolan, P. , D. Sutherland, and J. Zhang. 2002. The Challenge of the Global Business Revolution. *Contributions to Political Economy* 21: 91 – 110.

[47] Orhangazi, O. 2008. Financialization and Capital Accumulation in the Nonfinancial Corporate Sector: A Theoretical and Empirical Investigation on the US Economy, 1973 – 2004. *Cambridge Journal of Economics* 32: 863 – 886.

[48] Palloix, C. 1977. The Self – Expansion of Capital on a World Scale. *Review of Radical Political Economics* 9: 3 – 17.

[49] Pittman, M., and B. Ivry. 2009. Financial Rescue Nears GDP as Pledges Top ＄12.8 Trillion. Bloomberg News, 31 March. http://www.bloomberg.com/apps/news? pid = newsarchive&sid = atgpW1E28_4s.

[50] Pollin, R., and G. Dymski. 1994. The Costs and Benefits of Financial Instability: Big Government, Capitalism and the Minsky Paradox. In *New Perspectives in Monetary Macroeconomics: Explorations in the Tradition of Hyman P. Minsky*, ed. G. Dymski and R. Pollin. Ann Arbor: University of Michigan Press.

[51] Pomfret, J. 2010. China's Commerce Minister: U.S. Has the Most to Lose in a Trade War. *Washington Post*, 22 March: A06.

[52] Prychitko, D. L. 2010. Competing Explanations of the Minsky Moment: The Financial Instability Hypothesis in Light of Austrian Theory. *Review of Austrian Economics* 23: 199 – 221.

[53] Sassen, S. 1990. *The Mobility of Labor and Capital: A Study in International Investment and Labor Flow.* Cambridge: Cambridge University Press.

[54] Stockhammer, E. 2004. Financialisation and the Slowdown of Accumulation. *Cambridge Journal of Eco – nomics* 28: 719 – 741.

[55] Vallas, S. P. 1999. Rethinking Post – Fordism: The Meaning of Workplace Flexibility. *Sociological Theory* 17: 68 – 101.

[56] Uchitelle, L. 2007. The Disposable American: Layoffs and Their Consequences. New York: Vintage.

[57] United Nations Conference on Trade and Development. 2010. *World Investment Report.* New York and Geneva: United Nations.

[58] Whalen, C. J. 2009. A Minsky Perspective on the Global Recession of 2009. Research on Money and Finance Discussion Paper Series, No. 12, SOAS, University of London.

[59] Wray, L. R. 2009. The Rise and Fall of Money Manager Capitalism: A Minskian Approach. *Cambridge Journal of Economics* 33: 807 – 828.

马格多夫－斯威齐和明斯基论劳动对金融的实际隶属[*]

理查德·贝福雷　约瑟夫·哈利维

张雪琴　译

王生升　校

摘　要　为了试图更清楚地解释20世纪90年代出现的新型资本主义，本文在马格多夫－斯威齐和明斯基对债务扩张机制的研究的基础上做了进一步的整合与发展。这一新型资本主义包含两个要点，第一个要点是资本市场膨胀；第二个要点是饱受创伤的工人与躁郁的储蓄者和负债累累的消费者矛盾。这两个要点相互作用以实现劳动的隶属。

关键词　新型资本主义　资本市场膨胀　劳动的实际隶属

一　垄断资本与停滞：金融增长的新型式所需的条件：马格多夫－斯威齐和明斯基

20世纪70年代末，每月评论出版社出版了哈里·马格多夫（Harry Magdoff）和斯威齐（Paul Sweezy）合著的一册文集。在该书中，哈里·马格多夫和斯威齐指出，美国资本主义以停滞和负债为主要特征，而负债对于私人部门而言尤为严重。在该书的核心论点是银行业已经如履薄冰。对于哈里·马格多夫和斯威齐而言，垄断资本主义与负债之间存在着某种关系。简而言之，寡头垄断资本主义制度经常造成过剩产能不断增加的趋势，有效需求相对于生产潜力的不足迫使私人部门日益依赖于不断增长的债务。该书的重点在于，它是关于银行经济学的专业文献，这些文献是相当有远见的，并且有助于我们那以后所发生的事情（《银行业：如履薄冰》，Magdoff and Sweezy，1977）。

该文集表明，借债扩张并非经济增长的产物，因为增长率已经停滞不前。相反，尽管存在流动性制约，但日益增加的借债已成为关键，并且用于更新设备的资金时间显然长于贷款的偿付时间。哈里·马格多夫和斯威齐发现越来越多的资金涌向短期借

---

　*　本文译自：Riccardo Bellofiore and Joseph Halevi. 2010. Magdoff－Sweezy and Minsky on the Real Subsumption of Labour to Finance. in Tavasci, D., and J. Toporowski（eds.），*Minsky, Financial Development and Crises*, Palgrave，2010。

贷。此后不久，他们进一步指出，除了之前提到的现象之外，还出现了另一种现象，即消费信贷与可支配收入之比有显著提高。他们表示，这两个现象均源于实体经济的停滞趋势，从而需要日益增加的债务以维持经济运行（Magdoff and Sweezy，1981）。

而今，海曼·明斯基（Hyman Minsky）关于金融不稳定性的思想正在全世界复兴，这一思想可能与马格多夫－斯威齐的研究存在某种关联。在明斯基看来，信用的快速增长发生在经济景气并且银行日益增加贷款之际。但是，这一过程最终会在某一时刻无法继续。借款者无法支付利息，从而导致金融增速放缓，债务紧缩趋势。偿还日期已确定的贷款被要求立即偿还，整个系统将演变为一场信贷危机也就是说，届时将会出现一场对有效需求和就业产生巨大影响的金融危机。根据马格多夫－斯威齐的研究，我们必须对美国资本主义历史的不同阶段予以区分。信贷扩张的动力机制必须被置于由相应经济条件所决定的具体的历史情境下予以分析。

自大萧条以来，停滞趋势已经成为美国经济的一个结构性特征，但这一趋势被政治上的反趋势力量，以及一些能使这一系统有效运行的经济政策所抵消。在后凯恩斯主义经济学中，沃尔克与瓦特（Walker & Vatter，1986）表明：1933～1983 年（"二战"除外），美国经济潜在增长率，甚至是高于增长率的时间总共只有 10 年。其中有 3 年是在朝鲜战争时期，5 年是在越战时期。而在 20 世纪 50 年代，经济危机的发生机制发生了巨大转变。在"二战"前，资本主义系统倾向于产生毁灭性的破坏。相反，1945 年后，停滞被各种制度性手段所抵消。当然这也仅仅是针对美国而言。查尔斯·金德尔伯格在《权力与货币》（*Power and Money*，1970）一书中强调对欧洲而言，马歇尔计划从未结束，它只是转变为北大西洋公约组织这一军事联盟，而这一组织受到了华盛顿的支持。

此外，哈里·马格多夫和斯威齐继续强调了另外一种力量，力量自他们共同写作以来就已经成为支撑积累过程的主要动力。

> 在所有对停滞趋势起抵消作用的力量里面，没有任何力量比开始于 20 世纪 60 年代并且在 70 年代几次严重衰退中依然保持强劲增长的债务结构（政府、公司和个人）的增长更加重要，经济学家所理解。债务结构的增长远远超过了实体经济的缓慢增长是日益威胁整个经济的巨大且脆弱的金融上层建筑。（Magdoff and Sweezy，1987：13）

债务在 20 世纪 60 年代的增长与明斯基对银行在繁荣时期急于放贷以及随后的借贷扩张的思考相一致。长期繁荣之后，70 年代停滞紧随而至。但是，正如明斯基所说的，这是凯恩斯主义经济政策对大银行和大政府进行干预的预期产物：债务扩张的代价是增长放缓以及价格和工资的提高。这就解释了为何 60 年代的债务增加，尤其是家户和公司的债务增加大大少于 70 年代这一经济低增长年代。如明斯基和马格多夫－斯威齐所预料的那样，除非像 30 年代那样的大崩盘再次发生，否则金融系统不可能越来越保守。并且，由于实际利率在 1973～1978 年为负值，而实体经济部门似乎能够产生高于这一实际利率的回报，因此会产生不断借钱和放贷的动力。

20 世纪 80 年代标志着一个转折点的来临，而明斯基与马格多夫－斯威齐并未完全解释清楚接下来数十年的债务扩张机制。这一债务扩张十分不稳定，并且时常中断，1981～1982 年的 V 型衰退是这种状态的典型证据。在这一时期，与衰退相伴出现的是高利率和通货膨胀。在整个 80 年代，整个美国的实际增长率只略高于 70 年代。那么，金融机构是如何开启这一轮无与伦比的放贷狂潮的呢？马格多夫－斯威齐与明斯基对这一机制的研究是将债务扩张与 80 年代以来所见证的金融创新与有效需求不足结合起来。以这一理论作为起点来理解引发 2007～2008 年金融危机的概念框架，的确是令人信服的。但另一方面，这一理论仍需要整合与发展。这里只需要强调这一新型资本主义的两个要点：①资本市场膨胀的作用；②饱受创伤的工人与躁郁的储蓄者和负债累累的消费者所构成的矛盾结合体。

二　资本市场膨胀的作用：扬·托普罗斯基

首先是资本资产膨胀，这一问题在托普罗斯基的著作中多有强调（Toporowski，2000）。与明斯基的预期相反，相比于非金融行业，负债首先对于金融业，其次是对家庭而言，尤为重要。金融中介机构所发行的证券以及其他金融中介机构所购买的证券呈爆炸性增长，这并不意味着信用的净扩张。资本主义年金基金和机构投资基金不断增长（它们最早是从美国和英国开始的），它们与明斯基所称的货币经理资本主义相对应。正是这些变化对公司资产负债表的平衡有着直接的影响。尤其是自 20 世纪 80 年代后，在资本市场发行证券的公司发现它们能以廉价成本发行股票，股票的收益主要以资本收益的形式存在。这是导致系统性、非平衡型的资本资产膨胀的关键。公司所发行的资本超过了它们在商业和产业上对资本的需要。

基金经理追求金融资本回报，股东价值成为企业的优先目标，高级管理人员薪酬制度发生变革，债务管理技术不断进步。在这些因素的驱动下，金融资本膨胀与过度资本化之间的回路开始被嵌入到资本主义系统中。银行借贷被更便宜的长期资本和过剩资本所取代。后者也再投资于短期金融资产。合并和并购浪潮，以及资产负债表的重建，这些是托普罗斯基故事的一部分。这个故事阐明了为何银行被迫转而从事跟收费相关的业务，或者从事发行并转售的活动：他们失去了作为其主要顾客来源之一的大公司，因此越来越赢弱。

正如托普罗斯基所一再告诫的那样，资本市场膨胀刺激了长期资本市场和房地产市场的繁荣。在预期资本收益非均衡（正是由于资本市场收益非均衡才有钱可赚）、长期流动性增加，并且抵押品质量提高的市场上——明斯基安全边际将会在这一自我实现的过程中具有越来越好的内生性。资产价值的增加不存在任何限制，因为这里没有自动重新调整的机制，也没有任何内在的导向均衡的趋势（这也是新古典主义和新李嘉图主义所憧憬的乐园）。

剩下的故事中最有趣的地方，在于这种变化对非金融公司和家庭债务所产生的影响。正如我们前面所暗示的那样，非金融公司的债务在下降，产业资本部门变得越来越稳定。显然，这个结论与明斯基的正统说法相背离，与巴兰－马格多夫－斯威齐的解释不完全一致。而家庭债务不仅增加了，而且成为支撑消费以对抗雇佣劳动者可支配收入停滞的力量。储蓄倾向的崩溃使得消费占个人可支配收入的比重增加，即消费倾向增加，从而导致乘数增长并且进一步稳定了公司的财务状况。

正如托普罗斯基所指出的，资本资产膨胀与抵押贷款的结合具有互相增强的效应，这能够通过资本收益对投机性融资和庞氏融资予以保值，从而延缓危机的爆发。只要资产膨胀继续，资本资产市场就会保持流动性并使抵押贷款的不断增长成为可能。因此，不是投资导致非金融公司的大量债务；相反，债务是"被强塞给"非金融公司的：它开始时源于资本资产膨胀的出现和金融中介机构的行为，后来则源于资本资产膨胀的崩溃所导致的非金融公司现金流的减少效应。

三 资本资产价格

在转向我们想强调的第二个要点之际，我们需要先回顾一下明斯基的理论。明斯基的理论有一个概念上的细分，一旦经过适当的修正，将有助于解释受停滞所迫的资本主义系统的利润运行机制。在明斯基的体系中，存在两种价格。第一种价格是当前产出价格，并且，在绝大多数情况下，这种价格由标准的成本加成所确定。第二种价格是资本资产价格。这里提凯恩斯是有必要的。

凯恩斯在《就业、利息和货币通论》（以下简称《通论》）第 16 章中，指出：

> 人们更愿意把资本看做是在使用期间内，利润超过原始成本的资产，而不仅仅认为它是生产性的。一项资产能在整个存续期间提供其总价值超过初始供给价格的预期利润，唯一的原因是这种资产是稀缺的，货币利息率之间的竞争造成这种稀缺性。如果资本不那么稀缺，过多的利润就会下降，它的生产力并不会下降——至少在物质意义上不会。（约翰·梅纳德·凯恩斯：《凯恩斯文集》上卷，李

春荣、崔人元主持编译，中国社会科学出版社，2013，第 88 页。)

对凯恩斯而言，当然这也是《通论》第 16 章的核心：金融系统允许资本资产产生类似于"租"的收益。资本资产的稀缺性显然是一个社会的产物，但凯恩斯并未对其社会形成机制加以解释。明斯基继续了凯恩斯的上述思路，他进一步指出，资本资产的需求价格在很大程度上与生产成本相分离。资本资产价格（第二种）从生产成本中独立出来的原因在于预期，明斯基认为它与股票价值有关。对资本资产市场预期需求价格的依赖使它具有不稳定的特点，凯恩斯由此出发在《通论》第 12 章研究了长期预期的不确定性问题。

对明斯基而言，资本资产价格与当前产出价格的关系是资本主义制度下十分关键的相对价格。良好的投资情况决定了前者的价格总是高于后者。资本资产的需求价格形成于金融领域，而资本资产的供给价格则是在生产领域内被决定的。在此情形下，资本品的供给曲线与需求曲线相交决定了对该资本品的投资水平及其动力机制。通过对所有公司进行加总，明斯基得到了加总后的投资水平，从而得出了日益杠杆化的趋势。

在本篇文章中，我们不会深入探讨明斯基金融不稳定假设的微观基础是否正确。我们只想提醒大家，事实上，无论是凯恩斯通过社会所建构出来的资本资产稀缺性理论，还是明斯基的两种价格模型，都不是与供需相关，而是与作为一种社会关系的资本相关。这一分析资本主义的核心概念已为后凯恩斯主义所抛弃，因为他们转向了政策咨询，从而不可能将资本作为一种社会关系，而是将其视为一种给定的制度安排，视为存在的一种自然本质。但这一关键性概念，是马克思与古典经济学的关键性区别，对此后文还将予以强调。

四 从停滞趋势到"新资本主义"：一个更为长期的视角

为了更好地理解我们目前的经济形势，我们应该从一个更为长期的视角来看问题。危机不像人们常常声称的那样，是不顾后果的新自由主义的产物。在过去的 40 年间，自 1979～1980 年新自由主义转型以来，除了国家普遍放松管制以及退出之外，还发生了很多事。与 1979～1980 年新自由主义转型相伴随的是利率——无论是名义利率还是实际利率——的急剧提升和不确定性的扩大，以及随之而来的投资下滑。与此同时，社会公共支出遭到削减，工资在国民收入中的比例也在下降，这些减少了工薪阶层的消费。对此，我们不禁要问，为什么有效需求不足的危机在 20 世纪 80 年代并未发生？

一个简明的答复，是存在政治上的抵消趋势。最显而易见的就是维持美国经济勉强运行的里根政府的双赤字政策，以及增加美国对世界其他工业国，特别是亚洲等国进口量的政策。美国与其他更小的国家，诸如英国、西班牙、澳大利亚等，为德国、日本、意大利等新重商主义强国的最终产品提供了必要的市场。

但所有这些都只能抵消基本趋势的反向因素而已。事情的关键在于，作为新自由主义转型的直接后果，在 90 年代产生了一种新型资本主义。需要明确的是，我们不认为这一"新型"资本主义是所谓的严格意义上的"全球化"，也不是奈格里（Negri）想象中的所谓的帝国，并且，它肯定也不是那种假定地建立在非物质性生产和无危机基础上的以知识为核心的资本主义。如果我们无法正确理解这一现象，我们对当代资本主义的研究就显然是缺乏力度的。同 20 世纪相比，这一"新型资本主义"复兴了资本主义在 19 世纪的某些特征，这可以用我们之前提到的三个相互关联的代表性角色予以概括：饱受创伤的工人、躁郁的储蓄者和负债累累的消费者。这一新型资本主义的运转完全建立在金融化与非正规雇佣劳动的相互作用之上。现在我们转向这一新型资本主义的第二个要点：这一要点将会与托普罗斯基所强调的第一要点相互作用。

五 金融资本主义、饱受创伤的工人、没有积累的集中

第一类代表性角色是饱受创伤的工人，这一称呼并非为我们所首创，而是格林斯潘的杰作。它是处于至高无上地位的金融业对生产组织产生实际影响的产物，这反映在对就业以及对那些与垃圾债券交易和股权投资收购等有关的雇佣合约的影响上。金融业再度延续了至高无上的地位，这对于生产性企业而言并非是外生的。在 20 世纪 70 年代早期，保罗·斯威齐就发现，大公司主要关注的是金融。明斯基亦有此发现。货币经理资本主义脱胎于巨型垄断资本企业。从那些对公司活动的金融面感兴趣的公司经理——而非公司的生产性工人以及工程技术人员，到金融公司内部试图将短期回报最大化的货币经理的崛起，这样一个跨越显然并不算大，所需要的是将至关重要的短期货币收益的理念扩展至整个经济系统。如果实体投资和积累滞后且停滞不前，统治集团中关于短期金融收益的共识就有可能迅速地实现。

从事资产组合管理的专业化金融公司从银行和其他金融机构中纷纷涌现出来。资产组合管理平衡了它们在许多不同公司中的风险，因此不可能对具体的个别特征做严格的研究。此外金融工具分散风险的设计导致金融工具会立即吞没其他一些公司的资产组合，以至于这些公司几乎不为这些所谓的货币经理们所知。后者的目标被迫转为在尽可能短的时间内追求尽可能高的金融回报。金融管理的短期视野已通过立法得以制度化，即要求根据以市值计价的会计准则披露季度性会计报表。仅仅是在 2009 年早期，随着金融危机的加剧，美国才转而放弃根据以市值计价披露年度性会计报表的会计准则。在追求短期回报时，那些在短期内从股票期权报酬中受益的货币经理们对生

产和劳动组织产生了意义深远的影响。

结果是我们目睹了没有积聚的资本集中过程，与之伴随的还有导向系统性生产过剩的资本间的激烈竞争；后者成为生产过剩的前提条件。关键部门都经历了大量的合并与并购，合并与并购所动员的货币量远远超过了自我融资所需要的货币量。然而，合并与并购的结果并不是垂直一体化的公司，而是一个以工厂和生产单位网络为导向的生产性结构，其中生产单位网络通过价值链相互作用。换句话说，通过合并与并购所实现的资本集中并没有导致生产集中。这意味着在这一网络体系中，存在着一个有等级的公司体系，雇员的条件取决于每一个公司在这一价值链等级中的地位。没有积聚的资本集中趋势有助于解释，为何生产的增长不再必然导致在同质化地域中共享同样物质生活资料和司法制度的同质化工人阶级的扩张（工人阶级的扩张，在英国谢菲尔德结束于 20 世纪 60 年代末期，在法国里尔结束于 70 年代末期，在意大利米兰结束于 80 年代末期，等等）。现在，劳动过程呈现出碎片化的特点，非正规就业在一个地方可能有所限制，但在另一个地方作为对工作稳定程度较高地方的威胁则达到了毁灭程度。这些是"放纵的资本主义"的产物，这里"放纵资本主义"取自安德鲁·格林最后一本书的书名（安德鲁·格林，《放纵资本主义》，2006）。在继续对劳动对金融的实际隶属展开分析之前，做一个历史性的概述是有益的。

六　导致劳动隶属的历史过程

人们通常认为，通过运用各种抵消停滞的手段，经济环境将保持相对稳定。正是在这种信念下，金融活动强化了劳动对资本的隶属。由于欧洲国家接受甚至故意保持停滞以实行工资紧缩政策，因此对抗停滞的力量主要来自美国和日本。这两个国家都是世界上最大的经济体并且相互间的融合程度也相当高。这方面的原因可以追溯至 1945 年美国通过马歇尔计划对日本资本主义的战后重建，日本依附于美国发展其资本主义。由于 1987 年 10 月 9 日华尔街大崩溃，日本通过急剧降低其由央行管理的利率以再次膨胀其经济，结果是日本国内和美国的大量资金迅速涌入日本金融市场。这引起美国股票市场中流动性的匮乏，同时也导致了巨大的投机泡沫的产生。日本政府害怕投机性经济过热会影响出口产业，因此它在 1992 年通过提高利率戳破了这一泡沫。但在经济系统中，经济政策很少能达到既定目标。很快，日元币值不断上涨，到 1995 年，日本经济滑向了深度停滞的深渊。为了避免萧条的出现，日本政府将利率降低至零，并且注入了大量货币，将财政赤字扩大至几乎占国内生产总值 10% 的水平。

这些超级凯恩斯主义政策使日本免于陷入萧条，但它并未带来经济复苏。相反，这为日元套利交易开启了大门。日本和其他国家的银行与金融机构以极低的利率购买日元，并将这些货币投资于美国市场上具有更高收益的证券和股票。通过这种日元套利交易，不仅日本危机得以缓和，而且美国也实现了对其经济停滞趋势的对抗。

美国对抗停滞趋势的手段可以在"负债"和"金融化"这一孪生过程中找到。后者是将投资引向实际工厂和设备的主要因素。事实上整个 20 世纪 80 年代和 90 年代，除了军工部门外，为金融部门服务的生产部门均快速增长，并且吸收了越来越多的实际投资份额。今天的金融化过程及其机制源于自 70 年代以来日益增加的负债。最初，这主要是公司债，后来家庭债务在总债务中越来越占主导（Magdoff、Sweezy，1987；Chesnais，Franccois，2004）。70 年代末期，一系列金融创新术语，如用于维持私人债务市场供应的"证券化"，以及专门从事风险管理的对冲基金等在美国大量涌现。在此期间，美国资本主义深陷停滞危机，而这主要是由以下三点所致：①越南战争的结束；②与苏联签订《裁减战略武器协议》；③对伊朗国王沙阿的驱逐大大减少了对美国军火的采购并且直接影响到美国的石油 - 金融网络（Ferguson and Rogers，1986）。由于债务创造成为对抗停滞的主要力量，制度空间需要首先被创造出来。

为了从历史的角度予以分析，我们必须谈谈股市在 20 世纪 50 年代中期和 60 年代所发生的剧烈波动。这些股市波动既未影响经济政策，又未对未来实际投资产生影响。1963 年道·琼斯指数是 700，1969 年为 750，但是在 1963 ~ 1969 年间曾达到 1000 点，也就是说这表现为一个近 50% 的波动率。然而，由于罗斯福时期确立的银行与证券分业经营法，股市波动处于一个封闭的系统内。由于受越南战争的刺激，实体经济和产业与金融部门的利润率有所提升。随着 70 年代停滞的到来，政治和经济上对抗停滞趋势的手段发生了转变：债务转变为一种金融租，家庭债务成为支撑有效需求的主要力量。在这一背景下，服务于上述转变的制度在 80 ~ 90 年代被创造出来：罗斯福时期的银行与证券分业经营法被废除；原本只能用于个别指定投资项目的年金现在可以被用于整个金融市场，由此导致其收益日益依赖于市场资本化。

有关债务创造空间的制度扩张将人们对停滞的注意力转移到这样一种信念上：金融市场会呈现一个保证预期和未来资本化相一致的系统性趋势。然而，这一信念不过是全球范围内政府向市场注入流动性这一政策的产物。这一政策始于 1987 年的华尔街崩盘，并在 90 年代进一步扩大范围，其后在 2001 年阿富汗战争和 2003 年伊拉克战争中达到了无与伦比的程度。正是这类公共资金维持了私有资金和衍生品市场的繁荣。过去十年间，如果没有政府创造流动性，庞大的私人金融操作——从投资垃圾债券再到私募股权收购必将面临重重困难。

国家注入流动性具有以下两重效应。一方面，它加剧了投机及随之而来的波动。但另一方面，它似乎增强了吸收上文已提及的波动的能力。因此，我们在经济不断金融化的过程中，目睹了这一根深蒂固的信念。尽管存在金融机构破产，导致许多受害人出现这一事实，但是直到 2007 年之前，仍未出现任何大规模的连锁反应来打碎上述信念，这很大程度上当然要归功于政府持续注入流动性的政策。2000 年互联网泡沫的破灭开始动摇这一信念，但是美国货币政策在 2001 年转向一种为战争融资的新形式（De Cecco，2007），从而为吸收破产的金融机构开创了条件。这不禁给人这样一种印象，即金融的海面依然风平浪静。

七　通过金融货币政策实现的劳动隶属

到 20 世纪 90 年代中期，资本主义采用另一种经济政策管理手段的时机已经成熟，与这一套经济政策管理手段相伴的是一种新型的资本积累动力机制。这一"新型资本主义"绝不是停滞，尽管已经宣布放松对市场的管制，但它也不回避对有效需求的政策性管理。在这个对劳动管制的新型模式中，工资不再是通货膨胀的来源（这是与明斯基在 70 年代阐述其金融不稳定假说的又一个不同之处）。有数据可查的失业率降低了，但是工资并未增加。美国的实际工资呈现长期性下降，而欧洲则受到了竞争性通货紧缩的影响。在整个 70 年代和 80 年代的一部分时间里，凯恩斯主义和货币主义所争论的菲利普斯曲线变得越来越平坦。负债累累的工人被迫工作越来越长的时间，同时提高劳动强度，这意味着劳动生产力的提高与更长的劳动时间并行不悖（用马克思主义经济学的术语来讲就是相对剩余价值和绝对剩余价值生产过程结合在了一起）。

当饱受创伤的工人与负债累累的消费者出现后，金融改变了生产价值增值的条件，金融强化了劳动对资本的实际隶属。资本主义现在可以重新实现充分就业，这一充分就业实质上意味着在灵活用工体制下的绝对的非充分就业。一个绝对的非充分就业将迅速转变为我们今天所目睹的大规模失业。

20 世纪 90 年代，这一新型资本主义调节可以根据央行发行货币和注入大规模流动性以使股票膨胀，从而成为私人储蓄最钟情的投资乐园，但其代价是政府债券的贬值。建立在控制货币供应量，或者说建立在控制货币供应量这一美好愿望上的传统货币主义思想已经被摒弃，政府转而投向了与泰勒法则相关的利率控制主义的怀抱。货币供应曲线也变得越来越平坦：在货币当局所制定的利率标准下，货币供应适应于内生性需求而自动扩张。在此情形下，问题的关键是对利率的政策性干预。

八　负债累累的消费者和躁郁的储蓄者

尤其是在一个如此不均衡的背景下，这一调节体制如何能确保资本主义系统的运转呢？正是在这里，其他两种代表性角色开始登场：处于躁郁状态的储蓄者和负债累累的消费者。当资本资产价格膨胀孕育出一个成熟的投机泡沫时，这两种角色出现了，他们通过各种信用手段使得大量消费成为可能。现在，可支配收入中的储蓄部分不断下滑甚至为负，而收入中用于消费的部分则因此增加，股市和房市高涨所引致的财富效应使得消费进一步增加。

负债累累的消费者跟生活富裕沾不上边，尽管它体现为非必需品消费增加这一扭曲的事实，且这类事实通过媒体等时常呈现在大众面前。正如美国的情况所表明的那样，为了维持平均生活水平，中产阶级家庭不得不日益依赖于家庭中至少两人的工作收入。哈佛大学法律系教授伊丽莎白·沃伦在国会上对此做了一番详细的说明。她指出，美国家庭消费品购买在整个收入中所占比重是下降的，而这还得多亏廉价的中国货的存在。医疗、教育和保险费则是上涨的，而这些是谋求金融租最关键的部门。在实际周工资不断下降的状况下，负债已成为许多家庭必需或者说成为维持其必要的平均生活水平的唯一手段（沃伦，2007）。

因此，以资产价格膨胀和货币政策为核心的这一调节机制确保了在一个相对长的时间内剩余价值的货币实现。然而，这不过是饮鸩止渴。负债累累的消费者成为推动美国经济增长的主要动力，而后者成为诸如日本、德国、中国等新重商主义经济体的最后购买者。然而这一模式无法持续，因为这一机制的运转建立在投机性泡沫之上，而这最终引发了系统性危机。

九　从泡沫到系统性危机

2000 年，债务驱动机制（事实上这是一个国际化过程，尽管其震中位于美国）随着互联网泡沫的破灭而首次陷入危机。之前的危机要么发生在资本主义外围地区（如东亚、巴西、俄罗斯等地区或国家），要么仅限于特定的公司（如长期资本公司）。随着互联网泡沫的结束，产生了如下可能性，即作为局中人的躁郁的储蓄者将筋疲力尽。也就是说，家庭在面对其资产价格下降时，将被迫削减债务从而削减可支配收入中的开支份额。

2000 年后，为了延缓危机，政府进一步放松管制并取得了相当成效。其具体策略包括：重建巴兰 - 马格多夫 - 斯威齐的军事凯恩斯主义，以及向经济中大量注入货币的格林斯潘低利率政策。亚洲，尤其是中国和日本对美国市场的依赖性也因其对美资本输出而进一步增强。对于这些亚洲国家而言，除了为美国的赤字提供资金外别无选择，这进一步迫使美联储追求低利率政策。如果我们可以将两次世界大战的发生也视为政策的话，此时的政策搭配已经点燃了另一轮房地产价格的膨胀，当然这种膨胀是在改进后的新经济泡沫机制的基础上重建的产物。与建立在大量风险资本上的新经济泡沫相比，房价膨胀通过按揭和房地产抵押直接扩张了家庭部门的债务规模。互联网泡沫仍旧需要对工厂和设备进行实际投资，而房地产价格膨胀则什么都不需要。因此，从 2003 年开始，投资始终滞后于消费。

这一新的泡沫从一开始就是不稳定的，因为它对利率的提高十分敏感。也正缘于此，美国房地产泡沫在 2004 年开始出现问题，房价在 2005 年已经开始下滑。这一新泡沫的脆弱性意味着美联储对货币政策的控制力正在丧失。值得强调的是，确定通货膨胀这一目标现在已经毫无意义。到目前为止，这些作为刺激消费型增长的措施同样倾向于重新引发通货膨胀。然而，通货膨胀的压力不是来自于工资而是来自于原材料或者经济体垄断程度的提高。工资紧缩确实有助于在一定程度上抵消通货膨胀的效果。但如果通货膨胀真的被控制住，利率必然会上升，而这将动摇美联储所支持的资产价格膨胀过程。

正是在此背景下，一种战斗性的狂热吞没了政府和私人部门。它们相信金融市场效率将产生两个相互有关系的奇迹。第一个奇迹与证券化分散风险的权力有关，即金融市场的有效性将通过提高金融工具的复杂性——允许建立一套与打包和销售顺序有关的复杂模型——得以增强。在早期，人们本来认为这种复杂性并不是有效性的必要条件，但关于这一效应的任何警告式言论都被政府封锁了。2008 年 11 月 17 日一位读者在致《纽约时报》的一封信上曾指出，美国商品期货交易委员会负责人布鲁斯科里·波恩（Brooksley Born）早在 90 年代末期就曾提议增强衍生品交易的透明度，包括披露交易和储蓄方面的信息，但萨默斯（Summers）却将波恩叫到办公室严厉斥责，她的改革提议最终在萨默斯、罗伯特·鲁宾以及阿兰·格林斯潘的阻拦下被扼杀。

第二个奇迹是这样一个戏法：依靠假冒产品实现的直接盈余将被储蓄到那些负储蓄国（排在首位的当然非美国莫属）。然而，这个奇迹没有发生，因为它绝不可能发生。证券化是非透明资金试图不断祛除风险的过程，国际贸易不平衡不可能通过储蓄的顺利转移得以扭转，它必须通过更大规模的实际有效需求来予以解决。

十　危机的另一面：危机与世界新重商主义的联系

美国债务导向型增长与欧洲和日本的停滞以及中国出口导向型增长有关。当次贷危机开始在金融市场上产生影响之际，另一个奇妙的理论腾空出世，缓和了人们对危机的恐惧：中国和欧洲都能在发源于美国的次贷危机中独善其身。这些想法来自诸如《金融时报》等财经新闻，以及善于计量和战略分析的智库。然而，任何一个即使只听听贸易与金融类新闻的有头脑的听众都知道，这种所谓的"独善其身理论"是荒谬的。毫无疑问，门外汉是这一理论的主要受众。当然，这一"独善其身理论"有其知识和道德的立足点，它是数十年宣传全球化必然性及其积极作用的同一批人所炮制的。全球化乃是重中之重的理论也为众多遭受重创的左翼"知识分子"所秉持。非常突然地，"独善其身理论"时兴了起来，虽然仅仅持续了几个月而已。现实情况就是如此，这让全球化主义者不得不缄默不语。下面我们将分析的重心放在采用最乖戾形式的欧洲新重商主义上。毕竟日本和中国的情况是一目了然的：美国关掉了这两个国家的有效需求回路，但欧洲不是这样。让我们来看看这是怎么回事。

欧盟政治经济体的前身是共同市场（1957）以及欧洲经济共同体，其目标仅仅是为了实现净出口的平衡。但并不是欧盟内的每一个国家都能实现这一目标。成员国中，诸如西班牙、英国、葡萄牙、希腊以及绝大部分东欧国家并不以此为目标。英国、西班牙、希腊的经常账户已经数十年处于赤字状态。而波兰、匈牙利以及波罗的海诸国不仅面临经常账户赤字，而且其大型金融部门同样有大量的外债。至于冰岛那种类型的国家，已经没有必要通过借外债为其经常账户赤字筹资。但是，之前所谓的共同市场的六个核心国，即法国、德国、意大利、比利时、荷兰和卢森堡，加上奥地利以及三个斯堪的纳维亚国家确实表现为出口增长明显高于国内需求增长。

在出口导向型国家里，三个最大的经济体存在着明显的等级结构，而这三个最大的经济体也正好位于欧元区内。第一等级是德国，无论是过去还是现在，其出口动力都不取决于它与其他主要货币的名义汇率。德国的出口与技术创新及一系列资本品部门的扩张有关。实际上，其价格竞争优势主要源自工资紧缩。事实上，德国以欧元为基础，将这一政策扩张至整个欧元区。[1] 第二等级是意大利，因为其出口策略完全与德国相反。它采用了以弱势货币为基础进行竞争性贬值的策略。但是对于欧元而言，弱势货币这一手段消失了，并且意大利需要的工资紧缩程度大于德国。第三等级是法国。自相矛盾的是法国一直以净出口为目标，但只是偶尔实现了这一目标。法国的策略是将金融保守主义与工资紧缩策略以及新自由主义目标相结合，尽管后者很少被提及。由于欧洲央行安排了一个关于价格稳定的货币制度框架，因此工资紧缩在某种程度上是与由欧洲央行所设定的，并与各国所执行的价格稳定政策相关，它将各种具体的新重商主义目标统一了起来。

新重商主义将何去何从呢？额外的欧盟贸易吸收了整个欧盟出口的很大部分。但是净出口国的贸易顺差是在欧盟内部实现的。另外一个部分主要来自于净出口到美国

---

① 德国的工资紧缩压力在 20 世纪 80 年代也曾起过作用，相反，由于美元和马克的运作机制不同，意大利的竞争性贬值在 80 年代并没有像其在 70 年代那样有效。因此在 1980～1986 年间，意大利的竞争性贬值虽然发生了，但是它们总是落在企业获利的需要后面（这与 70 年代里拉相对于马克以及美元相继贬值的情形类似）。在 1987～1992 年，发生了里拉走强同时经常账户恶化的情形。欧元将这一切都打破了，因此对于欧元区每个国家而言，都意味着工资紧缩政策的实现。

的数量。然而出口到美国的仅占欧盟内部交易的 8% 左右，比如德国出口到东欧的份额与其出口到美国的份额相当。欧盟国家对中国、日本和韩国的净出口为负，并且赤字在不断增加，而这主要是由它们与中国的贸易所致。不过在这一例子中，存在一个非常重要的差别，我们需要对主动赤字与被动赤字有所区分。德国、荷兰和斯堪的纳维亚三国属于前者，法国、意大利和西班牙是后者的典型代表。英国则是个例外。

主动赤字是与出口导向的资本积累相一致的那一类赤字。在这一概念下，我们可以发现，德国贸易顺差的净值也是他们与中国进行贸易顺差的净值（但不是与日本）。瑞典和芬兰也是这样。荷兰对外贸易中的总顺差超过了他们与中国和日本贸易时出现的赤字。被动赤字是与妨碍出口导向的资本积累有关的那类赤字。意大利和法国是这类赤字的主要代表。西班牙由于在国内产业创新而非金融创新上仍远远落后于意大利和法国，因此要稍逊一筹。法国和意大利出口表现良好，但当它们与中国、东亚贸易时就不是这样了，并且它们日益受到中国产品在第三方市场和欧洲的竞争压力。因此，这些国家的相关部门对出口导向型资本积累的贡献主要是基于那些对外贸易基础尚不稳固的国家。这种状况周期性地削弱了它们的全球新重商主义目标，并且导致资本主义等级模式的固化、欧洲范围内工作的恶化，以及不平等的加剧。对于意大利来讲尤其如此。我们曾见证了充满活力的经济增长，但这一增长受限于其本身的脆弱性，因而只能以不断调整为代价苟延残喘。尽管英国在与中国和日本的贸易中拥有最大的欧盟逆差，但不能将它归入法国-意大利-西班牙这一组，因为这不符合英国的政治经济学。早在第一届威尔逊政府末期，英国的政策制定者们和整个英国资本主义就已经放弃了出口导向型增长模式，弥补经常账户赤字的任务开始落在金融部门及伦敦对资本的运作上。

显然，这与英国产业部门的实际规模基本上没有什么关系，英国产出的价值要高于法国，但略低于意大利。实际上，在 19 世纪末，即在英国产业部门的规模仅次于美国，位居全球第二之际，英国就已将金融资本的流动作为弥补经常账户赤字的主要手段。不过在 1913 年，这一方法在金本位制下最终无法持续。

欧盟应该是为谁运作的呢？对德国而言，欧盟是（更确切地说直到 2007 年 8 月之前，也就是在世界经济动荡之前）有利可图的有效需求的主要来源。正是在这里，德国实现了其绝大部分的对外顺差。这反过来意味着德国在全球其他地方借助金融开始其资本国际化活动。国际化是通过 FDI 还是合并或并购展开——如与中国合伙人共同创建北京-汉莎铁路，或者很可能与中国进行合作的桑托斯-安托法斯塔铁路，这将视具体情况而定。然而这肯定是与德国宏观经济中日益增长的对外顺差相匹配的。这些净顺差大部分是在欧盟市场上获取的。

在此背景下，当前的危机（这意味着德国出口面临困难）对德国资本主义是一个重大挑战。数年来，德国商业界领军人物一直声称，一个缓慢增长的经济体也是不错的，只要这一经济体拥有先进的机器、化学、汽车部门以及日益增长的对外顺差。

2009 年 3 月 27 日，默克尔总理接受《金融时报》采访时曾反复重申，德国追求对外顺差的决心是不可动摇的。沃尔夫对此提出了批判，他认为德国在此问题上存在着根本性的错误：

> 在上周与《金融时报》的访谈中，德国总理安吉拉·默克尔声称，"德国经济十分依赖于出口，这在两年内不会改变"，并且"我们也不想改变"。这可以理解为，其他国家需要找到吸收我们过剩产能，并且是持续性吸收的办法。然而如果所有国家的过剩产能都不能实现，那该怎么办？（沃尔夫，2009）

答案是显而易见的：将会发生的只能是一个不断加深的衰退或萧条。但欧盟内部资本积累的对外顺差模式是内嵌于欧盟内部关系的制度化运转之中的，尤其对于德国、法国而言更是如此。因此，欧盟政策制定者和资本家都没有办法解决此难题。德国和法国的唯一反应，是反对同等程度的需求导向政策以避免在欧盟内部以一国消费来刺激另一国出口。对于德国来讲，目前的危机正在捣毁它在其有利可图的需求领域内实现其对外顺差的机制。

就德国、意大利、法国、比荷卢经济联盟、奥地利以及斯堪的纳维亚各国而言，危机的传导机制不是通过债务紧缩的方式影响家庭，因为个人债务水平已经远低于美国和英国。因此，不是其地区性银行危机导致德国产出和就业的下降，也不是因为三家对冲基金就让法国经济崩溃了。它们仅仅只是表象而非原因。开始于美国的这一危机的巨大影响可以从下列因素中得到确认。

（1）这属于纯凯恩斯主义意义上影响投资的预期。欧盟本身的情形已经十分脆弱，欧元区的经济陷入了竞争性工资紧缩和预算紧缩之境，因此有效需求整体疲软，并且主要取决于出口顺差。人们很快认识到，没有欧盟内部贸易机制，美国今天所发生的危机很快就会成为欧洲明天的危机。

（2）在欧盟内部三个地区存在债务紧缩危机，即英国、西班牙和东欧。这些地方吸收了顺差国和顺差目标国的大量对外顺差。德国出口到东欧的产品占德国整个出口的 9%，与出口到美国的份额相当。东欧危机的出现更主要是由于满足其出口目标的增长区域没有找到。1997~1998 年亚洲金融危机最终通过对美国的出口来拉动，其中韩国和中国台湾主要是增加了对中国大陆的出口。

（3）英国和伊比利亚半岛吸收了超过 13% 的德国出口，这些都是产生净顺差的地区。此外，英国和伊比利亚半岛是法国和意大利的出口目标国，并且意大利对法国有净顺差。危机的传导机制是通过英国的按揭和金融危机以及西班牙房产泡沫的破灭实现的，西班牙房地产价格膨胀与英国以及美国的金融按揭市场有关。

结果是，美国的金融地震波传导到了欧洲，而这时欧洲也正陷入其新重商主义的牢笼之中无法脱身。欧洲已经成为巴兰－斯威齐－马格多夫－塞洛斯·拉比尼（Sylos Labini）停滞理论的现实模型。

十一　新自由主义与社会自由主义

"新型资本主义"模式肯定是新自由主义，但国家并没有消退。国家将新自由主义政策的推行与福利政府、劳工市场与环境结合了起来，国家保护垄断组织和大公司通过知识产权来获取"租"，国家也没有抑制大规模财政赤字问题。与新自由主义相比，社会自由主义的自由市场导向可能更强。

社会自由主义者不仅担心国家失灵，也担心市场失灵，因此他们声称支持更加自由的市场和更强大的政府。与新自由主义者不同，他们努力在市场上争取更大程度的自由竞争，在这种意义上他们比新自由主义更加渴望"自由竞争"。他们同样也提倡政府拥有更为强大的调控作用（自由化以实现重新调控是他们的宣言），他们希望对劳动力市场和福利进行再分配。为了实现对劳动力市场的再分配，他们提倡劳动弹性化，当然这一做法需要通过社会保护网以及保证按国家规定执行以缓冲其可能带来的社会动荡。他们推行全民福利，包括最低收入等相关政策。

社会自由主义者知道，任意攻击福利政府或劳工会对劳动生产率造成负面影响。更重要的是，没有任何一个社会自由主义者会否认，对国家干预的支持已经成为有效需求的一个重要来源。同时，他们也不反对央行作为最后贷款人在危机中所起的重要作用。他们甚至会对金融不稳定性有所担心。简而言之，他们可以视情况带上那么一点点凯恩斯主义色彩。他们声称支持基于结构性目标的产业政策和信用政策，但同时他们也强烈反对通过计划手段进行直接干预，以避免被误认为国家社会主义。总而言之，社会自由主义者一方面反对政府干预，另一方面他们又将财政紧缩视为更具竞争性政策的前提条件。

今天的现实是，到目前为止，社会自由主义比新自由主义受到了更多的摧毁。社会自由主义者的代表们目睹了已经出现的导致灾难的一系列泡沫，但是它所带来的灾难的破坏性可能要小于不作为所造成的后果。新自由主义者们令央行摒弃了通货膨胀目标，不加限制的滥用道德风险，这些为社会自由主义者所痛恨。结果是，在全世界面临劳动力碎片化的背景下，社会运动已经不复存在，并且权力完全掌握在一直以来高居统治地位的阶级和人们的手中。

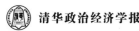
参考文献

［1］ Chesnais, François. 2004. *La finance mondialisée：racines sociales et politiques，configuration，conséquences/* sous la direction de Francçois Chesnais. Paris：La découverte.

［2］ De Cecco, Marcello. 2007. *Gli anni dell'incertezza*，Bari：Laterza.

［3］ Ferguson, Thomas, and Noel Rogers. 1986. *Right Turn：The Decline of the Democrats and the Future of American Politics*，New York：Hill and Wang.

［4］ Glyn, Andrew. 2006. *Capitalism Unleashed*，Oxford：Oxford University Press.

［5］ Keynes, John Maynard. 1936. *The General Theory of Interest Employment and Money*，London：Macmillan.

［6］ Kindleberger, Charles. 1970. *Power and Money*，New York：Basic Books.

［7］ Magdoff, Harry and Paul Sweezy. 1977. *The End of Prosperity：The American Economy in the 1970s*，New York：Monthly Review Press.

［8］ Magdoff, Harry and Paul Sweezy. 1981. *The Deepening Crisis of U. S. Capitalism*，New York：Monthly Review Press.

［9］ Magdoff, Harry and Paul Sweezy（1987），*Stagnation and the Financial Explosion*，New York：Monthly Review Press.

［10］ Minsky, Hyman P. 1985. The Financial Instability Hypothesis：A Restatement, In：Arestis Philip and Thanos Skouras eds. ，*Post Keynesian Economic Theory*，Armonk，N. Y. ：M. E. Sharpe.

［11］ Toporowski, Jan. 2000. *The End of Finance：The Theory of Capital Market Inflation，Financial Derivatives，and Pension Fund Capitalism*，London：Routledge.

［12］ Walker, John F. , and Vatter, Harold G. 1986. Stagnation——Performance and Policy：A Comparison of the Depression Decade with 1973 – 1984，*Journal of Post Keynesian Economics* 8（4），pp515 – 530.

［13］ Warren, Elizabeth. 2007. The New Economics of the Middle Class：Why Making Ends Meet Has Gotten Harder, Testimony Before Senate Finance Committee, May 10.

［14］ Wolf, Martin. 2009. Why the G20 Must Focus on Sustaining Demand, *The Financial Times*，March 31st.

调研报告

"谁来种地"困局及路径选择
——基于江西省农村地区的调查

康静萍[*]

摘　要　农村人口"空心化"引致的"谁来种地"问题已经相当严重。大多数农户家庭的青壮年成员外出打工，农业劳动力老龄化趋势也在继续加强，农民工在农忙期兼职农业的现象明显，以至学生成为农业生产的临时工。农业劳动力供给严重不足，引起农业劳动力成本上升、土地规模经营受限、食品安全风险失控。破解"谁来种地"的困局，需要进行土地制度改革创新，实现规模经营，以提高农民收入；完善农村公共品的供给体系，以留住年轻农民种地；把农业工人纳入劳动管理范围，培养新型的职业农民。

关键词　农村　劳动力供给　规模经济　职业农民

2013 年 12 月召开的中央农村工作会议，将解决好"谁来种地"的问题提上了议程。会议强调，要"让农民成为体面职业"，"小康不小康，关键看老乡。一定要看到，农业还是'四化同步'的短腿，农村还是全面建成小康社会的短板。中国要强，农业必须强；中国要美，农村必须美；中国要富，农民必须富。农业基础稳固，农村和谐稳定，农民安居乐业，整个大局就有保障，各项工作都会比较主动。"[①] 但是，长期以来，"谁来种地"的问题并没有引起学术界的广泛关注和重视。我国农村人口（按户籍）至今仍占人口总量的 60% 以上，农村存在大量过剩劳动力这一现状被大家普遍接受，甚至有人认为"谁来种地"在中国是个伪问题。然而，我国农村户籍人口中的劳动力并不都从事农业，有学者估计，农村劳动力仅占我国劳动人口的 20%。[②]

党的十八届三中全会为我国农业现代化指明了方向——构建新型农业经营体系、发展多种形式的规模经营。2014 年中央一号文件把经营权从承包经营权中分离出来，强调要"在落实农村土地集体所有权的基础上，稳定农户承包权、放活土地经营权"，

---

　*　康静萍，江西财经大学经济学院资本论与当代经济问题研究所，教授（南昌　330013）。

①　《中央农村工作会议在北京举行习近平发表重要讲话》，人民网，2013 年 12 月 25 日，http：//politics. people. com. cn/n/2013/1225/c1024 - 23937047. html。

②　李迅雷：《农业现代化难以挽救中国农村的衰落》，2013 年 5 月 7 日，http：//news. xinhuanet. com/video/2014 - 01/19/c_126427251. htm。

进一步明确了以多种形式的适度规模经营，包括农民合作社、家庭农场、专业大户、农业产业化龙头企业等，构建新型农业经营体系的途径。[①] 我国已有种粮大户（南方经营耕地面积 50 亩以上、北方 100 亩以上）68.2 万户，经营耕地面积 1.34 亿亩，占全国 7.3% 的耕地，粮食产量达 1492 亿斤，占全国粮食总产量的 12.7%；粮食生产合作社共有 5.59 万个，入社社员 513 万人，经营耕地 7218 万亩，占全国 4.0% 的耕地，粮食产量达 971 亿斤，占全国粮食总产量的 8.2%；种粮大户粮食平均亩产 486 公斤，粮食生产合作社平均亩产 545 公斤（亩产为种粮大户的 112%，每亩多生产 59 公斤），分别高出全国平均水平 133 公斤和 192 公斤。[②] 截至 2013 年 6 月底，全国农户承包土地流转面积达到 3.1 亿亩，占家庭承包耕地面积的 23.9%。[③] 农村合作化发展的势头迅猛，截至 2013 年 12 月底，全国依法登记注册的专业合作、股份合作等农民合作社达 98.24 万家，同比增长 42.6%；实际入社农户 7412 万户，约占农户总数的 28.5%，同比增长 39.8%。[④]

随着土地流转新政策的落实和实施，可以预见未来几年将是我国农业经营方式创新的关键时期，现代化的农业经营方式将大量涌现。这些具有适度规模经济的农业经营组织，必然需要适应现代农业发展的新型劳动者——农业工人，而我国至今还没有形成在严格意义上一定规模的现代农业工人。一直以来，"农民"成为文化水平低、无技术、收入低、生活水平低人群的代名词，年轻人都不愿意当农民。

如何使农民成为体面的职业，非常值得研究。笔者在江西省农村调查的基础上，试图探讨破解未来"谁来种地"困局的路径。

一 当前我国农业劳动力供给存在的问题

关于我国农业劳动力的现状，已经有很多学者和媒体记者做了深入的调查和研究。如以刘彦随为首的中国科学院地理资源研究所区域农业与农村发展研究中心团队，首次利用高分遥感影像，对山东等地 4.6 万宗宅基地、6500 余农户进行历时 4 年的调查，并经综合测算与分析，估算出全国整治"空心村"的潜力面积可达约 1.14 亿亩。[⑤] 耿

① 中共中央、国务院：《关于全面深化农村改革加快推进农业现代化的若干意见》，2014 年 1 月 19 日，http://finance.sina.com.cn/nongye/nyhgjj/20140120/084318009923.shtml。

② 冯华：《全国种粮大户和粮食生产合作社首次摸底：种了 1/10 地 产出 1/5 粮》，2013 年 3 月 24 日，http://news.xinhuanet.com/fortune/2013-03/24/c_115134651.htm。

③ 《全国土地流转面积 3.1 亿亩 农民收入增长 9.6%》，http://news.xinhuanet.com/house/suzhou/2013-12-09/c_125825963.htm。

④ 《农业部：加大政策支持 促进农民合作社发展》，2014 年 2 月 13 日，http://news.xinhuanet.com/fortune/2014-02/13/c_119327481.htm?prolongation=1。

⑤ 刘彦随等：《中国乡村发展研究报告——农村空心化及其整治策略》，科学出版社，2011。

明斋、杜志雄、任远、贺雪峰等学者，对我国农村"空心化"导致的空心家庭进行了分析和归纳。① 胡小平等认为，农业劳动力老龄化已经成为一种趋势，将导致土地粗放经营、农业发展后劲不足以及农产品供给短缺的严重后果。② 李慧从保障粮食安全的角度提出，我国正面临"农民荒"危机，呼唤新农民的产生。③ 李旭鸿探讨了破解"农民荒"的途径。④ 张铭翀指出，农业劳动力可能成为我国农业可持续发展的束缚。⑤ 温铁军探讨了中老年人和女性成为农村生产经营的主体后，农村缺乏自我发展条件，从而其人力资本存量难以对接外部资本的尴尬局面。⑥ 以上学者们的研究给我们强烈的信号：当前我国农业劳动力供给状况令人担忧。结合笔者的调研，可以把当前我国农业劳动力存在的主要问题归纳如下。

1. 农村青壮年外出打工人数不断增多

由于改革开放和城市化的推进，中国大批农村劳动力尤其是青壮年人口向城市转移，这一方面是中国向现代化迈进的必由之路，另一方面也是造成农村人口"空心化"的直接原因。据国家统计局《2012 年我国农民工调查监测报告》，⑦ 截至 2012 年年末，我国农民工总量达到 26261 万人，农民工人均月收入水平为 2290 元。其中，外出农民工占 62%，本地农民工占 38%。从就业地区看，2012 年，在东部地区务工的农民工占总量的 64.7%，在中部地区务工的农民工占总量的 17.9%，在西部地区务工的农民工占总量的 17.1%。东部地区仍然是农民工流向的主要地区，但中西部地区吸纳能力在增强。调查资料显示，40 岁以下农民工所占比重逐年下降，由 2008 年的 70% 下降到 2012 年的 59.3%，农民工平均年龄也由 34 岁上升到 37.3 岁。文化程度方面，农民工仍以初中文化为主，文盲占 1.5%，小学文化程度占 14.3%，初中文化程度占 60.5%，高中文化程度占 13.3%，中专及以上文化程度占 10.4%。青年农民工和外出农民工的文化程度相对较高。2012 年，外出受雇农民工签订了劳动合同的占 43.9%，与上年基本持平，近几年也未出现明显改善。社会保障方面，雇主或单位为农民工缴纳养老、工伤、医疗、失业和生育等保险的比例分别为 14.3%、24%、16.9%、8.4% 和 6.1%。有超四成的农民工雇主或单位既不提供住宿又没有住房补贴。数据显示，扣除生活成本，外出农民工每人月均收入结余 1557 元。相比较而言，中西部地区的农民工在东部

① 转引自张清俐《在城镇化发展中化解农村"空心化"难题》，《中国社会科学报》2014 年 1 月 17 日第 550 期。

② 胡小平等：《我国农业老龄化问题探析》，《光明日报》2011 年 12 月 23 日理论版（第 11 版）。

③ 李慧：《保障粮食安全呼唤新农民》，《光明日报》2013 年 5 月 20 日第 10 版。

④ 李旭鸿：《破解"农民荒"，关键在效益》，《人民日报》2011 年 9 月 4 日第 5 版。

⑤ 张铭翀：《试论农业人力资本与农业的可持续发展》，《农业经济》2013 年第 7 期。

⑥ 温铁军：《中国农村社会结构变化背景下的乡村治理与农村发展》，《理论探讨》2012 年第 6 期。

⑦ 转引自顾梦琳《统计局：农民工人数超 2.6 亿人均月收入 2290 元》，《京华时报》2013 年 5 月 28 日。

地区务工生活开支较大、收入结余少，因此在中西部就业机会增加的情况下，他们更倾向于选择就近就业，这也是当前农民工流动格局变化的主因。

有学者甚至认为，目前中国农村主要从事农业劳动的人口大约只有 1.6 亿人，比官方公布的农村劳动力 2.62 亿人少一个亿的人口，未来农村可向城镇转移的劳动力数量只有 4000 万~6000 万人；而且，中国农民平均年龄快速上升，目前应该在 50 岁以上，与发达国家的农业劳动人口的年龄日益靠近。[①] 美国农民的平均年龄在 55 岁左右，65 岁以上的农民已经占到了 30% 以上；日本农业劳动力的平均年龄已经达到 65 岁，由于后继乏人，大约占日本耕地总面积 10% 的土地被荒废，有人将日本的农业称为"爷爷、奶奶、姐姐的农业"。[②]

2. 农业从业人员老龄化趋势在继续加强

第二次全国农业普查（2006 年 12 月至 2008 年 7 月）数据显示，全国农业从业人员中，50 岁以上的占 32.5%。5 年过后，目前我国 50 岁以上农业从业人员占比已经超过 40%，预计到 2016 年第三次全国农业普查时，这一比例将会超过 50%。[③] 2012 年 7 月，笔者在江西省南丰县傅坊乡傅坊村，广昌县千善乡盖竹村、大际村以及驿前镇的调研情况，也显示了这一趋势。这些乡村留在家中从事农业生产的劳动者，90% 以上在 40 岁以上，50 岁以下的大多是妇女。当地村干部忧心忡忡地说："再过 5~10 年，将无人种地。"如广昌县千善乡，总人口 6700 人，只有约 2000 人在家居住，基本上是中老年人（以妇女为主）和孩子，青壮年劳动力奇缺。不仅江西省如此，全国其他大部分省份的农村也一样，"空心村"的报道在媒体上屡见不鲜。如《中国社会科学报》早在 2010 年，就发表了记者鲁小彬对大别山区村落"空心化"的报道。[④]

3. 农业从业人员兼业现象明显

由于我国长期以来土地分散经营，每户农民家庭耕种的土地有限，土地上吸纳的劳动力不多。所以，大多数农户家庭的青壮年成员外出打工，并兼职农业；从事非农产业是主业而种地是副业，只有在几个特别的"农忙"时期（如播种、施肥、打农药、收割）才请假回村种地几天。他们并不把种地当成自己的职业，当然也就谈不上专业化的培训和业务上的精耕细作。《人民日报》报道说，"据了解，目前大田作物（小麦、玉米）生产机械化程度仍然比较低，这也是困扰外出打工农民的现实问题。拿打

① 李迅雷：《城镇化——中国经济再增长的动力或阻力？》，2012 年 12 月 27 日，http：//blog. sina. com. cn/s/blog_682acc8f0102dyp4. html。

② 李迅雷：《农业现代化难以挽回中国农村的衰落》，2013 年 5 月 7 日，http：//blog. sina. com. cn/s/blog_682acc8f0102dzyg. html？ tj = 1。

③ 李慧：《保障粮食安全呼唤新农民》，《光明日报》2013 年 5 月 20 日第 10 版。

④ 鲁小彬：《大别山变奏：村落空心化与城镇化发展》，2010 年 2 月 23 日，http：//sspress. cass. cn/news/7950. htm。

药和浇水为例，一到浇水和打药的季节，农民们一般采取以下几种方式：一是花钱雇人浇水和打药；二是家里老人浇水和打药；三是外出打工的排队回来浇水和打药，而且还不能在回来当天浇上水，要浇完水则需要 2 天，或者 5 天，这几天不能打工赚不到钱，还有来回路费。在整个作物生长期间，浇水和打药要进行数次，打工者每次回家也不现实。"①

4. 刚毕业或在校的学生成为农业生产的临时工

近些年我国农业发展正在发生较大的变化，其中之一就是农业种养大户不断涌现，如种粮大户、养猪大户、水果种植大户等。显然，这些规模化经营的农业组织需要一定量的劳动力，尤其是收获季节更是要雇用劳动力。那么，劳动力从何而来呢？笔者在江西省做了调查。

江西某生态农业科技有限公司，租用近 3000 亩土地，养殖生态猪（绿色食用猪）。据该公司董事长介绍，他们的劳动力有相当一部分是来自农业大学或职业学院的毕业生。但是，这些大中专院校毕业生只是在毕业初期尚未落实就业单位时，才受聘于该公司，大多只工作几个月，时间最长的也超不过 1 年。第二年又有毕业的学生可供雇用，这些毕业的学生成为了农业临时工。江西省南丰县是橘子大县，有大量的果农。近年来，每到橘子收获季节，果农们都为雇不到摘橘子的劳动力而发愁。他们只好与本地的职业学校联系，雇用在校学生充当临时工。2013 年摘橘子的工钱为 0.6 元/1 公斤（计件工资）。在南丰县几个乡村的调查中，到处可以看见中小学生在假期（暑假）帮助干农活的情景，如广昌县的农村小学生为白莲剥皮等。这种临时工会产生两个问题，一是雇用者（公司）与劳动者之间难以形成稳定的劳动关系，不利于和谐劳资关系的建立；二是无法对临时工进行正规培训，不利于农业劳动力队伍的形成及其素质的提高。

二 农业劳动力短缺对农业现代化的影响

没有农业现代化，就没有我国经济社会的全面现代化。而农业劳动力的现状，对农业现代化的进程影响很大。

1. 劳动力短缺引起劳动力成本急剧上升，导致种植农户增收困难

劳动力供给不足，使劳动力价格急速攀升。笔者的调查发现，即使在发展较落后的中部省份，农业劳动力的价格上升也相当快。如广昌县的烟叶种植农户，在收割烟叶时需要雇用两类工种：割烟叶者和捆扎烟叶者（方便烘烤）。前者工资 100~150 元/

---

① 潘俊强：《山东汶上县：农民土地托管供销社　种地打工两不误》，2013 年 4 月 18 日，http://politics. people. com. cn/n/2013/0418/c1001 - 21180900. html。

天（要求 60 岁以下男性，50 岁以下女性）；后者 60 元/天（均为 60 岁以上的老人）。目前的情况是，即使工资上涨，也很难雇到工人。另据媒体报道："技术工种工资上涨更快，农机驾驶员一年的工资差不多要四万元"，农民们惊呼，"这些费用真是让我们有点吃不消啊！"①

近几年，东部省份出现了"农民工"回流现象，有人认为这将会缓解农业中劳动力短缺的问题。其实不然，调查中笔者获悉，回流农民并不重新从事农业生产，他们返乡后大多进入当地的非农产业（发达地区的制造业转移到内陆省份）或自己创业（办厂或做生意）。由于农业中劳动力成本上升，农业生产者增收非常困难。加之食品为大众生活必需品，其价格上升过快会引起国家调控，所以上涨的劳动力成本，难以通过农产品价格上涨来消化，这对农业生产者极其不利。

2. 劳动力和资本短缺，导致土地规模经营难以实现

土地规模经营是现代农业的基本特征之一，我国广大农村至今未实现农业现代化，其中重要的原因就是土地分散经营、规模小，无法实现农业生产的科技化、机械化和商品化。多年来，人们一直在探索土地规模经营之路，但成效甚微。通过本次调查，笔者发现这个问题仍然严重。农村的劳动力和资本转移到城镇后，进城农民并不愿意放弃家乡的土地承包权，他们基本上把承包土地看成自己的"财产"，即使不种地或应付性种地（让家里老人种或农忙时回家种地），也决不愿放弃土地。而要实现土地规模经营，就必须有土地流转，种田大户只有付出高昂的交易成本，才能与众多分散且远在他乡的农户达成土地流转协议。这种高昂的交易成本往往让租地者望而却步。这就不难理解，为什么十多年来全国实现土地流转的土地面积占比不高了。2009 年全国农村土地承包经营权流转面积已达 1.5 亿亩，超过全国承包耕地面积的 12%；② 而截至 2013 年 11 月底，农民承包土地的经营权流转面积也只达到 26% 左右，全国农村承包 50 亩土地以上的大户达到 287 万家，家庭农场的平均面积达到 200 亩左右。③ 笔者在调查中还发现，农民的承包地并不像政策规定的那样 30 年不变，而是 3 ~ 5 年调整一次。因为土地优劣和人口的变化都使农民要求调整承包土地，这更增大了土地流转的难度。

3. 劳动力短缺导致农产品安全问题堪忧

农产品安全问题已成为当前中国热议的话题，甚至成为影响中华民族未来发展的

① 辛阳：《种粮大户的隐忧：亩产上去了收入还是没变化》，2014 年 1 月 12 日，http：//finance. sina. com. cn/china/20140112/034217923572. shtml。

② 杨光：《全国土地流转面积和流转率同创新高》，2011 年 1 月 1 日，http：//www. cnki. com. cn/article/cjfd-total - nysc201101036. htm。

③ 王春华：《全国农地流转面积已达四分之一》，2014 年 1 月 14 日，http：//business. sohu. com/20140114/n393446765. shtml。

重要因素。农药化肥对农作物的污染已经凸显，典型案例如 2013 年广东省陆续检出含镉超标大米，对人体危害不小，其产地多来自湖南和江西等产粮大省。

还有一个普遍现象，为了更多地生产出农产品而广泛使用激素，这也令人担忧。如猪正常喂养出栏需一年，而市场上供应的基本上都是 3 个月催大的激素猪；鸡正常喂养出栏需半年，而市场上供应的鸡肉几乎都是 28 天催大的激素鸡；蔬菜也靠激素化肥催大。转基因食品安全问题，也引起了人们的焦虑。

以上种种农产品安全问题，虽然原因是多方面的，但农业劳动力短缺和素质低是重要原因之一。因为现有的老迈劳动力不足以精耕细作，所以农药、化肥、催长剂等就成了增加产量的重要武器。笔者在江西省广昌县千善乡大际村调研时，发现村里留守人员极少（有户籍人口约 2600，但留住该村的人口只有 67 人）。问村长谁种地，他介绍说，很多农户住在县城或者乡镇上，每隔些时间回家（骑摩托车）种地就可以（施施肥、打些农药），花不了多少时间。足见当下中国农业生产粗放经营的程度有多高。

三 农业劳动力后续不足的原因

虽然城乡分治的体制和政策让农民工受到很多不公平的待遇，但难以阻挡大批的农村青年奔向城市。如果要问"80 后""90 后"，甚至"00 后"的农民工们是否以后愿意回乡当农民，他们中 90% 以上会给出否定的答案。青年人不愿从事农业生产的主要原因，有以下几个方面。

1. 农业生产的比较收益远低于非农产业

市场配置经济资源的重要杠杆是价格，资源的流向由价格引导。长期以来农村劳动力只是单向地往城市流动，重要原因之一就是从事农业生产的收入（劳动力价格）远低于从事非农产业。从近些年的统计数据看，农村居民收入确实增长较快，但直接来自农业生产的家庭经营性收入的纯收入占比并不高（见表 1）。

表 1 农村居民家庭纯收入情况

单位：元,%

项　目	1990 年		2000 年		2010 年		2011 年		2012 年	
人均年总收入	总量	占总收入比	总量	占总收入比	总量	占总收入比	总量	占总收入比	总量	占总收入比
	990.4		3146.2		8119.5		9833.1		10990.7	
工资性收入	138.8	14.0	702.3	22.3	2431.1	29.9	2963.4	30.1	3447.5	31.3
家庭经营收入	815.8	82.4	2251.3	71.6	4937.5	60.8	5939.8	60.4	6461	58.8

续表

项　目	1990 年		2000 年		2010 年		2011 年		2012 年	
人均年总收入	总量	占总收入比	总量	占总收入比	总量	占总收入比	总量	占总收入比	总量	占总收入比
	990.4		3146.2		8119.5		9833.1		10990.7	
财产性收入	35.8	3.6	45	1.4	202.2	2.5	228.6	2.4	249.1	2.3
转移性收入			147.6	4.7	548.7	6.8	701.4	7.1	833.2	7.6
人均年纯收入	总量	占纯收入比	总量	占纯收入比	总量	占纯收入比	总量	占纯收入比	总量	占纯收入比
	686.3		2253.4		5919		6977.3		7916.6	
工资性收入	138.8	20.2	702.3	31.2	2431.1	41.1	2963.4	42.5	3447.5	43.5
家庭经营收入	518.6	75.6	1427.3	63.3	2832.8	47.9	3222	46.2	3533.4	44.6
财产性收入	29	4.2	45	2.0	202.2	3.4	228.6	3.2	249.1	3.1
转移性收入			78.8	3.5	452.9	7.6	563.3	8.1	686.7	8.8

资料来源：根据国家统计局编：《中国统计摘要 2013》（中国统计出版社，2013）整理。

从以上数据中可见，2010 年以来，农村居民家庭纯收入中的经营性收入占比还不到 50%。而且，农民收入中农业经营性收入的增长速度远不及工资性收入的增长速度。2013 年全年农村居民人均纯收入 8896 元，比上年名义增长 12.4%，扣除价格因素的实际增长为 9.3%。其中，工资性收入比上年名义增长 16.8%，家庭经营纯收入增长 7.4%，财产性收入增长 17.7%，转移性收入增长 14.2%。[1]

农民经营性收入主要是种地收入，其占比小的原因，主要是经营土地面积规模太小，尽管农产品价格不断上涨，但种植面积小导致总产量少，所以收入也少。山东省农民种地，每亩收入只有 803 元。[2] 其他地方也相差不大，大田种植每亩收入基本在 1000 元以内。这样，种 10 亩地，收入还不到 1 万元，如果种植面积有限，种地农民难有较高收入。2013 年绝大多数省份制定的最低月工资标准均超过 1000 元，2013 年外出农民工月均工资已达 2609 元，[3] 年收入 3 万元以上。相比之下，种地的比较收益要低很多，所以很难吸引年轻人从事农业生产。

2. 家庭承包经营土地的收入方式难以吸引年轻人

农业是季节性最强的产业，尤其是大田种植（如粮食生产），一年 1 季或 2 季收

---

① 国家统计局：《2013 年国民经济稳中向好》，2014 年 1 月 20 日，http：//www.stats.gov.cn/tjsj/zxfb/201401/t20140120_502082.html。

② 肖芳：《山东：种地赚多少钱？亩均年收益 803 元》，2012 年 3 月 29 日，http：//news.iqilu.com/shandong/shandonggedi/20120329/1178775.shtml。

③ 徐博：《促进就业、维护权益、加强保障》，2014 年 1 月 28 日，http：//www.mohrss.gov.cn/SYrlzyhshbzb/dongtaixinwen/shizhengyaowen/201401/t20140128_123422.htm。

获。因此，种地的农民一年内只有在庄稼收获时，才能一次或两次见到货币收入，与进城打工每月定期领工资的收入方式有很大的区别。这是当前农业难以吸引年轻人的一个重要心理因素。年轻人的消费结构和消费特点变化较大，所以对于货币收入的期望也较急切，不愿意慢慢地长时间等待。更何况长久期待的结果还可能是失落，因为受自然条件控制的农业收成是最不稳定的。

3. 农村公共品供给不足，留不住青年农民

农村公共品供给严重不足，是早已被公认的事实，笔者 2003 年曾对此问题进行过研究。[①] 虽然近些年通过落实中央新农村建设政策，农村的公共品供给有一定程度的增加和改善，但相比城市的公共品供给，无论是在数量上还是质量上都还有巨大的差距。公共设施如柏油马路、下水道、路灯、公共厕所、商业网点、剧院、公共图书馆等，在广大农村很少见到。就是基本生活需要的供电、供水、供气、网络、通信等设施，在质量上也比不上城市里的设施。青年人都有向往、体验丰富多彩生活的倾向，即使生活辛苦些，他们也愿意奔向城市，去享用比家乡更好的公共设施。农村落后的公共品供给现状，基本上留不住"80 后""90 后"的新生代农民了。

四 培育新型农业工人的对策建议

按户籍和常住人口计算，2013 年我国城镇化率为 53.73%，与发达国家相比，我国农村人口比重还很高，离现代化水平还有距离。但农村人口大多是中老年人或留守儿童，孩子长大了又随父母进入城市，五年或十年后，农业劳动力必将比现在更短缺。因此，必须未雨绸缪，进行制度创新，使"农民成为体面的职业"，从而使农业劳动力有稳定的后续来源，这是实现我国农业现代化的基础。

1. 土地制度变革是提高农民收入的根本出路

扩大土地经营规模，是缩小农业与非农产业收入差距的有效途径。如果农民增收主要是靠外出打工，那么种地的人会越来越少。近年来我国的情况正是如此。必须改变这种趋势，让农民种地的收入大幅度提高，才能真正破解"谁来种地"的困局。根本出路只能是实现土地的规模经营，而不能依赖农产品价格的大幅度上涨。我国"杂交水稻之父"袁隆平院士 2012 年 3 月 2 日在"两会"期间接受记者采访时说："根据湖南省统计局调查统计，2010 年农民种植每亩水稻是 186.2 元，但其中包括 104.1 元的国家粮食直补，实际上不含补贴的农民纯收益只有 82.1 元。2011 年由于生产成本上

---

① 康静萍：《论农村公共物品供给体系与农民权益保护》，《江西财经大学学报》2003 年第 6 期。

升了 121.6 元, 农民种植每亩水稻纯收益只有 116.6 元, 除去 109.1 元的国家粮食补贴, 农民纯收入只有 7.5 元。"① 可见, 只有当种植土地面积达到一定的规模时, 总收益才能提高。按照 2012 年每亩水稻纯收入 116.6 元计算, 种植 50 亩 (我国定义南方种植 50 亩为种粮大户) 水稻, 总纯收入也只达到 5830 元。而 2012 年农民工的年均工资是 27480 元。② 要想让种地农民与城市打工的农民工收入相当, 种地规模要达 200 亩以上。种植小麦或玉米的亩产收入可能要多些, 据来自吉林省的调查显示, 种植玉米 30 ~ 70 亩的农户年纯收入可达 2.3 万元。③

第二次全国土地普查的数据显示, 截至 2009 年 12 月 31 日全国耕地面积为 203077 万亩。2013 年, 我国有农户 2.6 亿户, 户均承包耕地不到 10 亩。实现耕地规模化经营 (200 亩以上), 必须进行土地制度变革。在稳定家庭承包经营责任制的条件下, 土地承包权、使用权流转是实现土地规模化经营的主要途径。但是, 土地流转, 从十七届三中全会就提出来了, 五年来并无太大的进展, 说明还是存在破解的障碍。党的十八届三中全会决议对土地流转有了新的政策: "稳定农村土地承包关系并保持长久不变, 在坚持和完善最严格的耕地保护制度前提下, 赋予农民对承包地占有、使用、收益、流转及承包经营权抵押、担保权能, 允许农民以承包经营权入股发展农业产业化经营。鼓励承包经营权在公开市场上向专业大户、家庭农场、农民合作社、农业企业流转, 发展多种形式规模经营。"④ 这之后, 各地陆续出现了新型的土地流转方式, 其中土地入股、土地托管、土地信托等形式备受关注。2014 年中央一号文件明确提出, "推行合作式、订单式、托管式等服务模式, 扩大农业生产全程社会化服务试点范围。通过政府购买服务等方式, 支持具有资质的经营性服务组织从事农业公益性服务。"⑤

笔者认为, 从农民的接受程度及农村实际情况看, 近期应该以土地入股、土地托管为主要形式, 发挥村集体组织在土地流转中的引导和中介作用。从已经实现的土地流转案例中可以发现, 每次较大规模的土地流转都离不开村集体组织 (村干部) 的作用。山东汶上县的土地托管实践就值得推广。⑥ 据介绍, 他们的土地托管, 是由农民、

---

① 新华社电:《袁隆平: 农民种一亩地只赚 7.5 元》,《北京晨报》2012 年 3 月 4 日, http: //finance. sina. com. cn/nongye/ nyhgjj/20120304/050811507573. shtml。

② 国家统计局:《2012 年全国农民工监测调查报告》, 2013 年 5 月 27 日, http: //www. gov. cn/gzdt/2013 - 05/27/content_2411923. htm。

③ 李慧:《保障粮食安全呼唤新农民》,《光明日报》2013 年 5 月 20 日第 10 版。

④ 《中共中央关于全面深化改革若干重大问题的决定》第 20 条, 新华网 2013 年 11 月 16 日, http: // news. xinhuanet. com/mrdx/2013 - 11/16/c_132892941. htm。

⑤ 中共中央、国务院:《关于全面深化农村改革加快推进农业现代化的若干意见》, 2014 年 1 月 19 日, ht-tp: //finance. sina. com. cn/nongye/nyhgjj/20140120/084318009923. shtml。

⑥ 潘俊强:《山东汶上县: 农民土地托管供销社 种地打工两不误》, 人民网 - 人民日报【核心阅读】2013 年 4 月 18 日。网址: http: //politics. people. com. cn/n/2013/0418/c1001 - 21180900. html。

县供销社以及本村受群众信任的村民代表或种植大户，三方共同签署土地托管协议，由县供销社所属公司和基层社向受托方提供农资直供、耕种收等托管服务项目，实行统一耕种、管理、收获和分配。土地托管分两种方式：一种是土地全托管服务，包括耕种、管理、收获全过程。另一种是土地半托管服务，即根据村民或流转土地大户需求，由县供销社的土地托管服务队按低于同期市场价格，提供耕、种、收等生产环节的半托管服务。这种土地托管保证了农民对土地的承包权、经营权和收益权，不管赚了多少钱，最后都得交给农民，供销社是在为农民打工。在这期间，供销社也获得了一定的收益，壮大了自己。

为了鼓励土地流转，建议政府对土地入股或托管的农户给予一定的奖励，资金可以从每年的支农经费中列支。根据 2014 年中央一号文件的要求，国家发改委最近确定了 2014 年农村工作七大重点，其中之一就是要加大对新型农业经营主体的支持力度。"鼓励发展专业合作、股份合作等多种形式的农民合作社，引导农民合作社规范运行，允许财政项目资金直接投向符合条件的合作社。尽快制定新增农业补贴向专业大户、家庭农场、农民合作社倾斜的具体办法。"[①] 农业土地的规模化经营方兴未艾。

2. 完善农村公共品的供给体系，是留住年轻农民的环境基础

经济学告诉我们，由于公共品的非排他性和非竞争性，市场供给存在失灵，必须由政府提供。近年来，政府增加了改善农村道路、通信、供电供气、网络等基础设施的经费，但在农民生活中同样重要的公立学校、公立医院，却在不断地向城镇集中。农民为了孩子上学和看病方便，只好纷纷离开农村进城。笔者认为，住在城市的农民是种不好地的，必须让生活在农村的孩子能与城市的孩子一样享受平等的义务教育，必须让农民看病不要千辛万苦地挤进城市医院。

建议政府加大对农村地区的义务教育投入。政府的教育经费应该有合理的支出结构，非义务教育的部分可以占比少些，而义务教育阶段的经费必须保障。农村地区有其特殊性，不能因为人口少就不办学校，让方圆几十公里的孩子都集中在乡镇或县城所在地上学。我们调查的江西省南丰县傅坊乡，全乡只有 3 个小学、1 个初中学校。广昌县千善乡全乡只有 1 所中心小学。所有的孩子都必须集中到这几个学校读书，农村学校的条件较差，住校则年龄小不能自我照顾生活，不住校又离家太远。当地农民告诉我们：为了下一代，也不能当农民了。所以，中央政府和省一级政府一定要加大对农村公立学校、公立医院等准公共品的供给投入。2014 年中央一号文件已明确提出要求："要推进城乡基本公共服务均等化。加快改善农村义务教育薄弱学校基本办学条

---

① 江国成：《今年农村经济工作有七大重点》，《人民日报》2014 年 2 月 6 日第 2 版。

件，适当提高农村义务教育生均公用经费标准。大力支持发展农村学前教育"；"深化农村基层医疗卫生机构综合改革，实施中西部全科医生特岗计划。"[1] 建议农村学校的生均投入要倍数（具体几倍可以专门测算）于城市的公立学校，农村学校可以配置生活教师编制，同时对农村学校教师的工资也加倍。公立医院也是一样，政府对农村医院的平均经费投入应该比城市医院的投入多。如果城市人均公立医疗经费为 1，则农村的可以为 2 或 3。只有这样才能在较短时间内，缩短城乡之间公共品供给的巨大差距。

3. 把农业工人纳入劳动合同管理范围，是培育新型职业农民的制度保障

在广大农村，其实已经悄然出现了一些新型的农民，他们是农业合作社成员或受雇于农业种养大户。如河南省焦作市博爱县金城乡南庄村的王保田，将自家土地流转并加入中原种植合作社后，成为一名领工资的"职业农民"，一天工作 8 小时，一个月上 25 天班，同时还有土地流转的租金收入。[2] 这种新型农民的出现，让我们看到了未来农业劳动力后续供给的希望，应该在制度层面对其加以鼓励和保障。目前，这种按月领工资的职业农民还处于自发发展阶段，没有劳动管理部门对其进行管理，劳动法规对其的规范也涉及很少。职业农民与合作社（农业公司）之间是什么关系？他们之间的劳动关系是否适用我国现有的《中华人民共和国劳动法》《中华人民共和国劳动合同法》《中华人民共和国劳动争议调解仲裁法》等相关法律制度？这些问题都需要尽快进行专门的研究。只有把农业工人纳入劳动关系管理范围，才能将农业工人与其他行业的劳动者视为平等的关系，也才能有条件"让农民成为体面的职业"。

随着党的十八届三中会、2013 年中央农村工作会议以及 2014 年中央一号文件等一系列指导思想和方针政策的贯彻落实，可以预见，今后在土地流转基础上的规模化经营将会大量涌现，这自然要产生多种形式的新型农民。政府有关部门应该主动把工作做在前面，现有的劳动部门应该适应形势变化，设立专门机构负责农业中劳动关系的管理，督促合作社成员或种养大户与雇用的农民签订正式的劳动合同，让法律规范保障各方的权益。尤其是在农民的工资收入、工作时间及社会保障等方面，要用合同规范起来。这样，年轻人慢慢就能体会到当职业农民与外出打工差别不大，从而愿意选择农民作为自己的职业。政府还应对留在家乡当农民的青年人进行免费的职业培训，让他们掌握现代农业技术，成为新型的职业农民。

---

① 中共中央、国务院：《关于全面深化农村改革加快推进农业现代化的若干意见》第 29 条，2014 年 1 月 19 日，http://finance.sina.com.cn/nongye/nyhgjj/20140120/084318009923.shtml。

② 李慧：《保障粮食安全呼唤新农民》，《光明日报》2013 年 5 月 20 日第 10 版。

总之，农业生产关系到我国人民的食品安全、国民经济的稳定发展及国家的安危，政府和社会对农业发展的关注始终不能放松。虽然现代化的农业对农民需求量并不大，但不能仅由中老年劳动力承担，更不能后继无人。既然现在已经出现了"农民荒"的端倪，就应该及时采取措施积极应对，使我国的农业现代化迈上健康发展之路，体现出中国特色社会主义制度的优越性。

特辑：马克思主义再生产理论的数学分析

编辑按语

何祚庥先生是众所周知的著名物理学家，但他在几十年前就开始从事政治经济学研究，知道的人大概就不多了。1957～1958 年，何先生和罗劲柏一起在钱学森主持的《力学学报》上发表了三篇讨论马克思再生产理论的文章，提出了非常有价值的观点。今天看来，这三篇文章或许是中国数理政治经济学最早的文献之一。鉴于其重要的学术价值，征得何先生的同意，我们决定重新刊载这些论文，以利于政治经济学界的同人们学习和研究。

一个简单的说明

何祚庥

（一）《清华政治经济学报》编辑部建议将何祚庥和罗劲柏在 1955～1956 年合写的，在钱学森教授在 1957～1958 年间主编的《力学学报》上刊登的关于《马克思主义再生产理论的数学分析》（一）（二）（三）的三篇文章，再度在即将出版的《清华政治经济学报》的第 2 卷第 1 册上刊出，并期望我能介绍一下撰写这三篇文章的经历。

这已是 59 年前的往事了。1955 年，我和罗劲柏均在中央宣传部的科学处任职。科学处处长是我国著名经济学家同时也是物理学家的于光远同志。1955 年的中国，正从事"156 项"经济建设，其中绝大多数均是重工业项目。于光远当然会注意到列宁所写《论市场问题》的名文，并要我们去读这篇文章。正是在于光远同志的激励之下，我们将列宁所做"数字计算"改为用"数学公式"，来讨论这些数学公式所蕴含的政治经济的"内涵"。

1955 年 10 月，著名力学家钱学森教授冲破美国官方种种阻挠，回到北京参加祖国建设，受到举国上下和科技界的极大欢迎。钱学森教授从国外带回许多先进科学理念，在他所做的多次学术报告中，屡次提到"当代"科学发展的特点，是不断地将物理的和数学的方法引入其他科学的领域。在某次学术讲演会上，钱学森教授还具体提出，中国人能否将这种先进的方法引入马克思主义政治经济学的研究？我也是"听众"之一，当即告诉钱教授，我们曾写成《马克思主义再生产理论的数学分析》的三篇文章。钱学森表示大感兴趣，"你能否拿来给我看看？"回中宣部后，我和罗劲柏同志当即用

"恭楷"抄得"端端正正"，呈送钱学森教授审阅。钱教授一读之后，认为写得极好，当即建议在他所主编的《力学学报》上刊出。他还亲自审读了这几篇稿件，并对稿件的写法，提了具体意见。例如，我们在原稿里曾沿用马克思和列宁在那一时期对数学算式的表达方式，钱教授建议应改为当代物理学家和数学家习惯用的方法。我们还向他请教，"列宁的原文在数字计算上有错误，是否应在文稿中明确指出纠正？他的回答很明确，"应按科学工作惯例，明确指出错误何在，但加上注解。这是科学工作中必须坚持的实事求是的作风"。

我和罗劲柏写了这三篇稿子后，当然曾呈送光远同志并寻求在《经济研究》上刊出。光远一看有如此多的数学公式，也怀疑这三篇稿子是否应送《经济研究》。一听钱学森愿意在《力学学报》的第 1 期、第 2 期上刊出，当即说，"好吧！你们送给他吧！"这就是这三篇稿子会在 1957 年新创办的《力学学报》上刊出的原因。我也因此成为经常向钱学森教授请教各种科学问题的后辈学者之一。

正由于写了这"三篇文章"，于是在 1956 年制定《十二年科学技术发展规划》期间，钱学森任综合"规划"组组长，"点名"要我去担任综合组的秘书。于是，我又有了向钱学森学习现代科学思想、现代科学方法的机会。

时光如驶！现在于光远和钱学森二老均已先后离世。现在写下数语，作为那一时代的青年科技工作者，对科学前辈的怀念！

（二）也许还需要讨论一个问题，为什么时隔 50 多年后，还要将这三篇早已"过时"的旧作，拿出来重新发表。

近年来，我又回到马克思主义政治经济学的再探讨和再研究。2013 年，我在《学术界》杂志的第 7 期、第 8 期上，连续写了《马克思主义政治经济学也要与时俱进》（上）（下）两篇长文。又在 2014 年的《政治经济学评论》第 1 期，写了一篇《必须将"科技×劳动"创造使用价值的思想引入新劳动价值论的探索和研究》。这几篇文章的基本思想，一是必须将科技进步引入新劳动价值论，二是政治经济学必须走向定量分析和研究。为此，我在这两篇文章中，均回顾了在 1957～1958 年间发表的这三篇文章。现在摘录其中若干"回顾"。

在《马克思主义政治经济学也要与时俱进》的长文中，我曾写道："马克思主义政治经济学有一项重大成就，……也就是在经济学的研究里，首先将产业划分为不同类型，研究它们在整个经济生活中的不同地位和作用及其演变，从而比较科学而严密地分析探讨了社会总资本的再生产和扩大再生产发展的一般规律。列宁先后在两处称赞这一扩大再生产的理论，为'极其重要而新颖'的理论。（参见《马克思恩格斯选集》第一卷，人民出版社，1972，第 17 页、第 19 页）……实际上是马克思首先开拓了结构经济学研究的先声。"

"马克思在《资本论》第二卷里，在较详尽地讨论了两大部类如何实现生产和扩大再生产并计算了许多数字后，说了一句很重要的话，'为了从简单再生产过渡到扩大再生产，第Ⅰ部类的生产要能够少为第Ⅱ部类制造不变资本的要素，而相应地多为第Ⅰ部类制造不变资本的要素'。(《资本论》第二卷，人民出版社，1972，第 560 页) 也就是马克思已经认识到，在扩大再生产过程中，生产资料的第Ⅰ部类，要比第Ⅱ部类优先增长"。

正如列宁在《论市场问题》一文中所说的，"从马克思上述计算数字来看，根本不能得出第Ⅰ部类比第Ⅱ部类占优势的结论"。列宁分析了其中的原因，"这些数字计算未予注意的正是技术进步。如马克思在《资本论》第一卷中所证明的，技术进步表现于可变资本与不变资本之比例逐渐缩小（注：即资本有机构成 δ 变大），而马克思却假设其比例是不变的"。接着，列宁也用一系列数字，表示 $\frac{V}{C} = \frac{1}{\delta}$，即资本有机构成的倒数，也就是"不变资本与可变资本"之比持续变大后，生产资料和消费资料及其不变资本增长的情况。列宁还根据他所计算的数字，得出如下结论：在扩大再生产的条件下，"增长最快的是制造生产资料的生产，其次是制造消费资料用的生产资料的生产，最慢的是消费资料的生产"。(见列宁：《论所谓市场问题》，人民出版社，1956)

"1957～1958 年，何祚庥和罗劲柏曾用严密的数学，普遍地证明了下列结论：

第一，不论是资本主义还是社会主义生产，要使扩大再生产能够不断实现，必须优先发展生产资料的生产。

第二，理论上并不排斥在某些年代、某些时期，也可以出现消费资料优先增长的情形，但这种情形不能维持太长，要依据当时的生产资料在国民经济中已达到的比重来确定。

第三，技术的进步、积累的增加、平均利润率的下降等等，都促成生产资料的优先增长。"

而"重要的是，这一优先发展生产资料的生产的理论先后为不少经济落后国家奉为快速赶上先进国家的'圭臬'。不仅仅是苏联、中国等社会主义国家奉为发展生产和经济的根本指针。在许多民族独立国家，如印度、埃及、印度尼西亚等国家，在获得民族独立后，纷纷实行优先发展生产资料，亦即优先发展重工业的方针。结果是，在某些国家，如 1929～1939 年的苏联，由于正确实行这一方针，而大获成功；也有某些国家，却面临挫折，或先大获成功，后来遭遇严重的挫折。这就需要对这一理论深入反思和总结了！"

"1952 年，中国从战争破坏中开始建设，也提出了'重工业是我国建设的重点'，亦即优先发展重工业的战略。但中国共产党人还注意到'**必须处理好**''重工业和轻工业、农业的关系'。'决不可以因此忽视生活资料尤其是粮食的生产'（毛泽东：《论十大关系》，《毛泽东选集》第 5 卷，人民出版社，1977，第 268 页）。当然，毛泽东还注意到要发展国防工业，中国'不但会有很多的飞机和大炮，而且还有自己的原子弹'。'在今天的世界上，我们要不受人家欺负，就不能没有这个东西'（同上书，第 271 页）。

应该说，中国推行的'重工业是我国建设的重点'的战略，也是当时唯一可能'行得通'的战略。因为当时的中国，唯一的可能的发展战略，是'一边倒'。实践证明，重工业是发展的'重点'的方针，取得了不小的成就。从 1953 ~ 1978 年，25 年间，中国的 GDP 共增长了 1.9 倍，平均年递增 $\sqrt[25]{2.9} - 1 = 4.35\%$（参见《世界经济千年史》第 296 页）。其间最重要的成就，当然是国防工业、'两弹一星'"。

但是，毛泽东所说，"重工业和轻工业、农业的关系"，实际上并没有完全做到"**必须处理好**"。

"为什么自二战后的苏联、中国、东欧、亚洲等社会主义国家，均奉行优先发展重工业的方针，又先后均相继陷入'短缺经济'？有许多学者试图从市场经济角度，对上述现象做出解释。"

其实，马克思主义扩大再生产的理论完全能给出完满的解释"在何祚庥，罗劲柏合写的《马克思主义再生产理论的数学分析（二）》中，已经以长长的演算证明，如果第 I 部类以尽可能的高投入持续增长，最终必定导致'**生产发生了中断**'。［参见《力学学报》1957 年第 1 卷第 2 期］乍一看来，这是一个很奇怪的意想不到的结论！原因在于第 I 部类的优先增长，还要求有来自第 II 部类的生活资料的充足供应。而'短缺经济'，就会造成整个国家经济停止发展！"

而实在抱歉！尽管我们已得出'**生产会发生中断**'的重大结论，但我们却不敢宣扬这一重大结论。我们只是小心地轻描淡写地说，如果认为"在努力发展重工业的同时，不需要相应地发展轻工业了"，"那也是不对的"。（参见《力学学报》1957 年第 1 卷第 2 期，第 192 页）

"最近，由于要重新研究马克思主义政治经济学，又读了毛泽东 1956 年 4 月 25 日在中共中央政治局扩大会议上的讲话——《论十大关系》。毛泽东已明确指出，'如果没有足够的粮食和其他生活必需品，首先就不能养活工人，还谈什么发展重工业？'（《毛泽东选集》第 5 卷，人民出版社，1977，第 267 页）——这正是我和罗劲柏经过长长的演算而必然得出的重大结论。实在遗憾！我们那时太年轻了！太缺乏政治经验了！在 1956 年，《论十大关系》是党内最高绝密文件，我们也完全不可能看到国家这样的'绝密'。直到 1977 年，才在第 5 卷的《毛泽东选集》里读到这篇文章。"

（三）在《必须将"科技×劳动"创造使用价值的思想引入新劳动价值论的探索和研究》的文章里，又进一步强调了研究"二元模型"的重要性。

"早在19世纪，马克思在《资本论》的第二卷，曾构造了一个'二元'经济的发展模型，对当时经济面临的重大发展问题、如何实现工业化问题做了深入的研究。"

"二元模型的突出的优点是：①它比较简单。有可能在数学上严格求解。从而可以利用解出的数学公式，对二元经济结构中错综复杂的关系，做深入的定性的定量的分析和探讨。②二元经济的分析，其实是多元经济分析的基础。在人们深入研究了各个类型的二元经济后，就有可能进一步探讨多元经济结构所遇到问题。"

"当今中国是'多元'经济结构的社会。而解剖'多元'经济结构，首先是从解剖'二元'经济入手。"

"这里能够提供的一种思维模式是，充分利用新提出的'科技×劳动'的新劳动价值论，充分利用新推导出来的，有可能是相当正确的公式，深入分析农村和城市'两个'市场间的二元经济又矛盾又统一的辩证发展关系"，"尤其是充分发挥这一'二元模型'，深入分析如何同时实现经济建设和国防建设'双跨越'的难题"。

"而当然，当代中国还面临其他'二元'经济的发展问题。当前已在中国出现的重大问题之一，是虚拟经济和实体经济如何协调发展。中国的实体经济正在迅速发展之中，但确实又面临国际虚拟经济恶性发展的干扰。"

"中国的'地大物博，人口众多'，极易导致中国区域经济的发展高度'不平衡'。所以，中国未来的经济发展，必定面临情况十分复杂的地区经济问题。"

"而所有这些'关系'问题，均有赖于建立一个能包括科技进步在内，能深入讨论这些复杂问题的二元经济模型，并进行深入的研究。"

"例如，少数民族地区和中国内陆的经济，在结构上如何互补，又如何相互促进？台湾地区经济和福建地区经济，如何协同、协调地发展？这些都是必须'具体'解决的、特殊重大的'二元经济问题'。"

现在即将在《清华政治经济学报》再度刊出的这些"旧作"，也许对进一步研讨各类"二元经济问题"有一些"启示"。

马克思主义再生产理论的数学分析（一）
为什么不断实现扩大再生产必须优先发展生产资料的生产

何祚庥　罗劲柏

提　要

这是我们引用数学来讨论马克思主义再生产理论的第一篇文章。在这篇文章中，我们主要从数量关系上较全面地分析了再生产理论中生产资料优先增长的原理的问题。本文共分为六部分。在序言中我们首先论证了经济学中引进数学方法来进行研究的必要性，指出数学方法的引用是使用唯物辩证法来研究政治经济学的必要的要求和补充。在第一节中，我们简单地复述了马克思和列宁所提出的生产资料优先增长的原理，指出这个原理还欠缺严格的数学证明和数量关系上的全面分析。第二节中，我们探讨了第一部类和第二部类生产进行交换时所必须满足的平衡条件，指出各种不同表现形式的平衡条件实质上只相当于一个公式，但是决定明年度扩大再生产规模的却有 $\Delta C_{\mathrm{I}}^{(1)}$、$\Delta V_{\mathrm{I}}^{(1)}$、$M_{\mathrm{I}}^{(2)}$、$\Delta C_{\mathrm{II}}^{(1)}$、$\Delta V_{\mathrm{II}}^{(1)}$、$M_{\mathrm{II}}^{2}$ 六个变数，因而单从平衡条件出发就不能推导出生产资料优先增长的原理。第三节主要是指出在讨论扩大再生产原理的问题时必须从扩大再生产每年都能实现和继续的观点出发，并根据这一观点从数量关系上证明：在技术不断进步的条件下，必须不断优先增长生产资料才能使扩大再生产不致中断；但在一定条件下，在某些年度内，也可以有消费资料优先增长的情形。第四节主要是探讨两大部类上涨的速度之间的比例关系和各种再生产系数（如资本有机构成、剩余价值率、平均利润率和积累率等）间的关系；指出无论是在资本主义或是社会主义的现实经济生活中，这些系数的变化趋向都将是导致生产资料的优先增长。第五节我们列出了本文所得到的结论。

序　言

在马克思主义的政治经济学中，再生产的理论始终占有极重要的地位。深入地阐明这个理论，无论是对于解剖现代资本主义社会、揭示经济危机的实质，还是对了解社会主义社会、编制国民经济计划，都有极重大的意义。马克思主义再生产理论的一般原理早已由经典作家提出并进行了论证，但是其中有许多具体问题却还有待进一步地阐明和探讨。我们打算分成三篇文章来就这方面的一些问题进行若干探讨。在现在的这篇文章中，我们拟探讨一下"为什么不断实现扩大再生产必须优先发展生产资料的生产"的问题。在以后的两篇文章中，我们再分别地探讨一下"在高速发展生产的条件下，两大部类生产所必须满足的条件"和"实现扩大再生产时，第一部类和第二部类生产之间所应遵循的客观比例关系"的问题。

我们将在这几篇文章中引用若干数学。这是对再生产理论做量的分析时所不可避免的。由于在我国的马克思主义政治经济学研究中，还很少有人引用较多的数学工具，帝国主义国家中，一些为资本主义做辩护的经济学家又常常在他们的著作中采用数学；这样就引起若干人对于经济学中能否引用数学的疑问。因此，我们拟就这个问题先行略做探讨。

马克思主义政治经济学的研究，主要是依靠唯物辩证法的分析方法；但是并不能因此得出结论，认为经济学研究中要排斥数学方法，相反，数学工具的引进正是使用唯物辩证法的研究方法的要求之一。我们知道，一切事物都有质和量两方面。我们除了应对事物的质的方面进行分析和研究以外，还应对量的方面进行考察。如果事物的量能以数的形式来表达时，那么就常常需要把数学引用进来。许多科学部门发展的历史都告诉我们，数学能帮助我们精密地、鲜明地揭示出事物间那些较复杂的、隐蔽的量的关系。我们认为这也就是恩格斯把数学称为"辩证的辅助的工具"的原因。[①]

有些人认为在经济研究中使用数学方法就是把复杂的社会现象"还原"成低级运动，但这种观点是不对的。首先，数学的研究对象就不是"低级运动形式"。数学所考察的是空间和数量的关系，这种空间和数量的关系是很多事物都具备的一种特性；因而当我们对这些事物进行研究时，数学就获得广泛的应用。在运用数学来对复杂的事物进行量的分析时，我们常常需要暂时撇开事物的"质"来考察量，或者是要把现实中量的关系加以简化，只对它的典型情况或理想情况进行分析。但这类数学方法的运用和所谓"把高级运动还原为低级运动"是不同的。因为人们在认识事物时，总是要把有联系的事物分拆开，把复杂的事物条理化，并从中抽取出主要的线索，不这样做，认识就不能前进。马克思和列宁在研究再生产的理论时，也曾假设了一系列的理想条件，并据此做了许多计算。马克思在 1878 年 5 月 31 日写给恩格斯的一封著名的信中还曾提到：他打算把一年来的物价、贴现率等的上升和下降的锯齿形曲线加以数学分析，借此来确定危机的基本规律。由此可见，马克思主义政治经济学的研究绝不排斥数学乃至高等数学的运用的。

---

① 恩格斯：《自然辩证法》，人民出版社，1955，第 1 页。

当然，如果我们在应用数学来进行研究时，只着眼于数学的演算，不去过问这些演算在经济上的意义和数学公式所表示的经济学的实质；或者是只顾数学上的"简化"和"方便"，不顾现实中这种简化是否有足够的根据，那也是不对的，但是这类错误之发生，并不能由数学来负责，而是应由数学的使用者"简化"或"抽象化"的适合与否来负责。尤其不应该因为要注意避免这类错误而拒绝数学在经济学中的应用。

下面三篇文章是我们运用数学方法来分析马克思主义再生产理论的一种尝试。由于这仅仅是一个初步的尝试，我们的文章中所提出的论点和各种数学上的抽象都是值得讨论和批评的，我们欢迎读者们能够不吝地给予我们指正。

一

马克思主义扩大再生产理论中"生产资料的生产优先增长"的原理是由列宁在《论市场问题》一文中进行详尽的探讨的。马克思的《资本论》中，虽然已经包括了提出这个命题的一切前提，可是马克思本人却没有对这个问题进行详尽的分析；在《资本论》第二卷第二十一章中，当他以连续五年的数字来表示扩大再生产时资本的运动和增殖过程时，两大部类生产都是以同等速度向上升的。马克思的计算结果可以列成表 1。从表 1 中可以看出，从第三年起，两大部类生产每年都以 1.1 的比例上升。①

表 1　马克思的计算结果

扩大再生产的年度	第一年	第二年	第三年	第四年	第五年	第六年
第一部类产品总价值	6000	6600	7260	7986	8784	9662
两年间第一部类生产增长比例		1.1	1.1	1.1	1.1	1.1
第二部类产品总价值	3000	3200	3520	3872	4259	4686
两年间第二部类生产增长比例		1.06	1.1	1.1	1.1	1.1

列宁注意到了这一点，他在《论市场问题》一文中指出："从马克思的上述公式来看，根本不能得出第一部类比第二部类占优势的结论。"但他还进一步指出产生这个情况的原因："这个公式未予注意的正是技术进步。如马克思在《资本论》第一卷中所证明的，技术进步表现于可变资本与不变资本之比逐渐缩小，而这个公式却把这个比例当作是不变的。"

在同一文章中，列宁还和马克思一样地用一系列的数字来探讨当 $\left(\dfrac{V}{C}\right)$ 之比不断缩小时，生产资料、消费资料及其不变资本增长的情况。列宁的计算结果可以列成表 2。②

---

① 两大部类产品总价值在第二年的增长比例不相等，是因为第一年的两大部类产品总价值（6000 和 3000）是任意假设的，它们不受什么条件的限制。

② 这里列出的数字和《论市场问题》一文中的数字略有出入。该文数字在计算上略有错误。

表 2　列宁的计算结果

扩大再生产的年度	可变资本 = $\dfrac{V}{C}$ 不变费本		本年用于制造生产资料的生产资料		本年用于制造消费资料的生产资料		本年所消费的消费资料（包括资本家的消费）		本年生产出来的生产资料		本年生产出来的消费资料	
	第一部类	第二部类		增长百分比（％）		增长百分比（％）		增长百分比（％）		增长百分比（％）		增长百分比（％）
第一年	0.250	0.500	4000	100.0	1500	100			6000	100.0	3000	100.0
第二年	0.236	0.490	4450	111.3	1550	103.3	3000		6550	109.2	3070	102.3
第三年	0.217	0.479	4950	123.8	1600	106.7	3070	102.3	7100	118.3	3132	104.4
第四年	0.198	0.471	5467	136.7	1632	108.8	3132	104.4	7657.5	127.8	3170.5	105.6

从表 2 可以看出，随着 $\dfrac{V}{C}$ 的不断缩小，第一部类的产品总价值和它的不变资本（亦即生产生产资料的生产资料的价值）比起第二部类都有优先增长的情形。列宁根据以上的数字做出结论说：在扩大再生产的条件下，"增长最快的是制造生产资料的生产，其次是制造消费资料用的生产资料的生产，最慢的是消费资料的生产。"

列宁在以上所举出的数字，直到现在为止，还是对这个问题最透彻和最通俗的证明。但是，不论马克思还是列宁在这里所讨论的只是有限几年扩大再生产的例证。从这些例证中，还不能直接地、逻辑地得出必然的结论，因而就引起这样的问题：实现扩大再生产是否必须第一部类优先增长？为什么在一般情况下常常总是第一部类优先增长？有哪些经济因素影响两大部类上升的比例关系，以及它们是怎样影响的？

我们将在下面分别讨论这些问题，但我们首先分析一下马克思主义关于扩大再生产的基本论点。

二

为了便于以后进行数学分析，我们先给出本文所用符号所代表的意义。

C = 不变资本或社会主义制度下的生产基金（亦即已消耗的生产资料转移到产品中的价值）；

V = 可变资本或工资（亦即为自己的劳动新创造的产品价值）；

M = 剩余价值或社会主义制度下的社会纯收入（亦即为社会的劳动新创造的产品价值）；

W = 社会产品总价值；

ΔC、ΔV、ΔM、ΔW 分别表示第二年实现扩大再生产时，不变资本、可变资本、剩余价值以及社会产品新增加的数额；

m = 资本家消费掉的价值，或社会主义制度下，国家用于公众的福利事业的那一部分，亦即 $m = M - \Delta C - \Delta V$；

α = 资本有机构成的倒数，亦即 $\dfrac{V}{C}$；

β = 剩余价值率或社会纯收入对工资的比值，亦即 $\beta = \dfrac{M}{V}$；

γ = 实现扩大再生产时，从 M 中抽取出来进行积累的比率，亦即 $\gamma = \dfrac{\Delta C + \Delta V}{M}$；

p = 利润率或社会主义制度下的盈利率，亦即 $p = \dfrac{M}{C + V} = \dfrac{\alpha\beta}{1 + \alpha}$；

K = 社会产品总价值和不变资本（或生产基金）的比值，亦即 $K = \dfrac{W}{C}$。

所有上述符号，我们还将依照它们所属的部类的不同，分别在字母的右下角标上Ⅰ、Ⅱ的符号；它们在不同年份的数值，在字母的右上角标上（1），（2）等符号。例如，$\Delta C_{\mathrm{I}}^{(1)} = C_{\mathrm{I}}^{(2)} - C_{\mathrm{I}}^{(1)}$，$W_{\mathrm{I}}^{(1)} = K_{\mathrm{I}}^{(1)} C_{\mathrm{I}}^{(1)}$，……依此类推。此外，我们还须用到下列符号：

r = 第一部类不变资本（或生产基金）每年上升的比值，亦即 $r = \dfrac{C_{\mathrm{I}} + \Delta C_{\mathrm{I}}}{C_{\mathrm{I}}}$；

s = 第二部类不变资本（或生产基金）每年上升的比值，亦即 $s = \dfrac{C_{\mathrm{II}} + \Delta C_{\mathrm{II}}}{C_{\mathrm{II}}}$；

t = 第一部类产品总价值每年上升的比值，亦即 $t = \dfrac{W_{\mathrm{I}} + \Delta W_{\mathrm{I}}}{W_{\mathrm{I}}}$；

u = 第二部类产品总价值每年上升的比值，亦即 $u = \dfrac{W_{\mathrm{II}} + \Delta W_{\mathrm{II}}}{W_{\mathrm{II}}}$；

μ = 第二部类不变资本（或生产基金）和第一部类不变资本的比值，亦即 $\mu = \dfrac{C_{\mathrm{II}}}{C_{\mathrm{I}}}$；

v = 以第二部类产品总价值对第一部类产品总价值的比值，亦即 $v = \dfrac{W_{\mathrm{II}}}{W_{\mathrm{I}}}$；

以上符号按年份的标法和上述相同。下面运用这些符号来分析一下再生产理论。

马克思的再生产理论首先是从分析社会产品价值成分出发的。他在《资本论》中把社会总产品按价值分成三部分：不变资本、可变资本和剩余价值，也就是说

$$C + V + M = W \tag{2-1}$$

C 和 V 分别代表资本家在进行生产前用来购买生产资料和劳动力的价值；M 和 W 分别代表经过一年生产后资本家所获得的剩余价值以及产品总价值。

为了不使整个问题复杂化，马克思在这里假定整个社会都是资本主义经济，并且全部的不变资本在一年内全都消耗掉，他的价值全部都转移到年度产品上去。

在实现扩大再生产时，资本家除了要从产品总价值 W 中拿出 C 和 V 作为补偿外，他还要从剩余价值 M 中拿出一部分 ΔC 和 ΔV 来扩大他的生产规模，至于 M 中剩余的 m 却由资本家消费掉，假如我们拿 $C^{(1)}$、$V^{(1)}$、$M^{(1)}$、$W^{(1)}$ 代表第一年生产时的各种价值成分，那么第二年生产的产品价值成分将是

$$(\Delta^{(1)} + \Delta C^{(1)}) + (V^{(1)} + \Delta V^{(1)}) + M^{(2)} = W^{(2)}$$

或者可以写为

$$C^{(2)} + V^{(2)} + M^{(2)} = W^{(2)} \qquad (2-2)$$

马克思还根据产品的实物形式把社会生产分为两大部类：第一部类是生产生产资料的部门；第二部类是生产消费资料的部门。两大部类生产按价值成分来表示时，就可写为：

$$C_{\mathrm{I}} + V_{\mathrm{I}} + M_{\mathrm{I}} = M_{\mathrm{I}} \qquad C_{\mathrm{II}} + V_{\mathrm{II}} + M_{\mathrm{II}} = W_{\mathrm{II}} \qquad (2-3)$$

两大部类进行生产时都同时需要生产资料和消费资料。因此，两大部类间产品交换的实现是实现扩大再生产的必要条件。在资本主义制度下，两大部类进行交换时，产品的实物形式和价值形式都必须保持平衡。换句话说，它们的交换在价值形式上必须是等价的。把这种价值的平衡用符号来表示时，就是：

$$V_{\mathrm{I}}^{(1)} + \Delta V_{\mathrm{I}}^{(1)} + (M_{\mathrm{I}}^{(1)} - \Delta C_{\mathrm{I}}^{(1)} - \Delta V_{\mathrm{I}}^{(1)}) = C_{\mathrm{II}}^{(1)} + \Delta C_{\mathrm{II}}^{(1)} \qquad (2-4)$$

式（2-4）的左边代表第一部类资本家和工人向第二部类购买的消费资料，而右边代表第二部类资本家向第一部类购买的生产资料。

从实物形式来讲，第一部类和第二部类所需的全部生产资料是只能从上一年度第一部类的产品取得。为简单起见，我们暂且假定没有生产过剩的情形，那么，我们便有

$$W_{\mathrm{I}}^{(1)} = C_{\mathrm{I}}^{(2)} + C_{\mathrm{II}}^{(2)} \qquad (2-5)$$

的公式，同样，在消费资料方面，也有

$$W_{\mathrm{II}}^{(1)} - V_{\mathrm{I}}^{(2)} + V_{\mathrm{II}}^{(2)} + m_{\mathrm{I}}^{(2)} + m_{\mathrm{II}}^{(2)} = (V_{\mathrm{I}}^{(1)} + \Delta V_{\mathrm{I}}^{(1)}) +$$
$$(V_{\mathrm{II}}^{(1)} + \Delta V_{\mathrm{II}}^{(1)}) + (M_{\mathrm{I}}^{(1)} - \Delta C_{\mathrm{I}}^{(1)} - \Delta V_{\mathrm{I}}^{(1)}) + (M_{\mathrm{II}}^{(1)} - \Delta C_{\mathrm{II}}^{(1)}) \qquad (2-6)$$

的公式。

扩大再生产必须扩大生产规模，也就是 $\Delta C_{\mathrm{I}}^{(1)}$、$\Delta C_{\mathrm{II}}^{(1)}$、$\Delta V_{\mathrm{I}}^{(1)}$、$\Delta V_{\mathrm{II}}^{(1)}$ 等不全为零。因此上述三个公式（2-4）、（2-5）、（2-6）可以写成不等式，例如，公式（2-4）可以写成[①]

[①] 同理，式（2-5）可以写成 $W_{\mathrm{I}}^{(1)} > C_{\mathrm{II}}^{(1)}$；式（2-6）可以写成 $W_{\mathrm{II}}^{(1)} > V_{\mathrm{I}}^{(1)} + V_{\mathrm{II}}^{(1)} + m_{\mathrm{I}}^{(1)} + m_{\mathrm{II}}^{(1)}$。

$$V_{I}^{(1)} + M_{I}^{(1)} > C_{II}^{(1)} \qquad\qquad (2-7)$$

不等式（2-7）就是马克思在资本论中以及通常的教科书中所给出的扩大再生产的条件。

初看起来，似乎我们只要利用这些等式和不等式就可以证明生产资料必须优先增长的原理了，但这是做不到的。因为公式（2-4）~（2-6）虽然有不同的数学形式，代表不同的经济意义，但它们在数量关系上却是完全相当的。

要证明这一点，我们只要在式（2-4）的两边各加上 $C_{I}^{(1)} + \Delta C_{I}^{(1)}$，便马上可以得到式（2-5）；在式（2-4）两边加上 $M_{II}^{(1)} + V_{II}^{(1)}$，并进行移项，便可以得到式（2-6）。由此可见，这三个不同式子实际上只是一个算式。

当资本家进行明年度的扩大再生产时，他必须把他所获得的剩余价值分成 $\Delta C^{(1)}$、$\Delta V^{(1)}$、$m^{(1)}$ 三部分。但这里的 $M^{(1)}$ 可以有各种不同的分法，因此，对于决定明年度生产规模的 $W_{I}^{(2)}$ 和 $W_{II}^{(2)}$ 的数值来说，就一共要有 $\Delta C_{I}^{(1)}$、$\Delta C_{II}^{(1)}$、$\Delta V_{I}^{(1)}$、$\Delta V_{II}^{(1)}$ 四个变数，再加上明年度的 $M_{I}^{(2)}$ 和 $M_{II}^{(2)}$ 二个变数，共是六个变数。但是，从两大部类交换平衡的关系出发，却只有一个方程。因此，单纯地从马克思所给出的扩大再生产公式出发，对于生产资料优先增长的问题是不能得出什么明确的结论来的。

实际上，无论是马克思或者是列宁所做的计算，都假设了其他经济条件。例如，他们假定：①两大部类剩余价值率 β_I、β_{II} 每年都相等并且都等于 1；②第一部类资本家每年以剩余价值的半数用于积累；③在可变资本对不变资本的比例上（即 α），在马克思是假定每部类每年都不变，在列宁却假定他们不断缩小。正是由于马克思和列宁假设了这五个条件，再加上两大部类间的平衡条件，这才使六个变数以及由这六个变数所决定的 W_I、W_{II} 具有完全确定的值，或具有可以比较它们的大小的值。

事实上，在满足交换公式或马克思所揭示的 $V_{I}^{(1)} + M_{I}^{(1)} > C_{II}^{(1)}$ 的不等式的条件下，完全可以有消费资料优先增长的情形。例如，假设第一年生产的产品价值有如下分布：

$$C^{(1)} \quad V^{(1)} \quad M^{(1)} \quad W^{(1)}$$

I　$4000 + 1000 + 1000 = 6000$

II　$1500 + 750 + 750 = 3000$

---

① 这相当于两个条件，即两个方程，也就是 $\dfrac{M_I}{V_I} = 1$，$\dfrac{M_{II}}{V_{II}} = 1$。

② 这相当于另一个方程，$\dfrac{1}{2}M_I = \Delta C_I + \Delta V_I$。

③ 这里相当于两个条件，在马克思是 $\dfrac{V_{I}^{(1)}}{C_{I}^{(1)}} = \dfrac{V_{I}^{(2)}}{C_{I}^{(2)}} = \dfrac{V_{I}^{(3)}}{C_{I}^{(3)}} = \cdots$ 常数，$\dfrac{V_{II}^{(1)}}{C_{II}^{(1)}} = \dfrac{V_{II}^{(2)}}{C_{II}^{(2)}} = \dfrac{V_{II}^{(3)}}{C_{II}^{(3)}} = \cdots$ 常数；在列宁是 $\dfrac{V_{I}^{(1)}}{C_{I}^{(1)}} > \dfrac{V_{I}^{(2)}}{C_{I}^{(2)}} >$ $\dfrac{V_{I}^{(3)}}{C_{I}^{(3)}} > \cdots$，$\dfrac{V_{II}^{(1)}}{C_{II}^{(1)}} > \dfrac{V_{II}^{(2)}}{C_{II}^{(2)}} > \dfrac{V_{II}^{3}}{C_{II}^{3}} > \cdots$

在第二年实行扩大再生产时，第一部类资本家以半数积累，同时明年度生产中各成分的比例关系 $\left(\dfrac{V}{C}, \dfrac{M}{V}\right)$ 都维持不变，那么，第二年产品总价值将分为：

$$C^{(2)} \qquad V^{(2)} \qquad M^{(2)} \qquad W^{(2)}$$

Ⅰ　4400 + 1100 + 1100 = 6600

Ⅱ　1600 + 800 + 800 = 3200

如果第二年扩大再生产时，积累的比例不是 $\dfrac{1}{2}$，而是 $\dfrac{1}{4}$，那第三年的产品总价值将分为：

$$C^{(3)} \qquad V^{(3)} \qquad M^{(3)} \qquad W^{(3)}$$

Ⅰ　4620 + 1155 + 1155 = 6930

Ⅱ　1980 + 990 + 990 = 3960

显然，我们有 $\dfrac{W_{\text{Ⅱ}}^{(8)}}{W_{\text{Ⅱ}}^{(2)}} > \dfrac{W_{\text{Ⅰ}}^{(3)}}{W_{\text{Ⅰ}}^{(2)}}$，亦即 $\dfrac{3960}{3200} > \dfrac{6930}{6600}$ 的关系，换句话说，我们得到的是消费资料的优先增长。

这样一来，是不是说马克思主义再生产的理论中，生产资料优先增长的原理是错误的呢？答案当然是否定的。这一方面是因为在现实经济生活中，有许多因素常常要使得第一部类优先增长；而更重要的是，在讨论扩大再生产问题时，不能仅从两个年度间来进行考察。因为我们所考察的再生产，必须是能保证它在今后每年都能继续扩大的。[①] 下面我们来较详细地分析这一问题。

三

从上节的讨论已知，实现扩大再生产的一个必要条件是 $V_{\text{Ⅰ}}^{(1)} + M_{\text{Ⅰ}}^{(1)} > C_{\text{Ⅱ}}^{(1)}$。可是我们所要求的并不单是某一年的生产能满足这一条件，而是要使今后的生产永远都能满

[①] 因为在实现某一年度的扩大再生产时，如果把过多的生产资料投入第二部类，那么在下一年度进行生产时，就只能进行简单再生产或缩小生产。例如，假设第一年度的生产为

$$C^{(1)} \qquad V^{(1)} \qquad M^{(1)} \qquad W^{(1)}$$

Ⅰ　4400 + 1100 + 1100 = 6600

Ⅱ　1600 + 800 + 800 = 3200

第二年度实现扩大再生产时，资本家把所有多出来的生产资料都投入第二部类，即 $\Delta C_{\text{Ⅱ}}^{(1)} = W_{\text{Ⅰ}}^{(1)} - C_{\text{Ⅰ}}^{(1)} - C_{\text{Ⅱ}}^{(1)} = 500$，那么第二年生产将为

$$C^{(2)} \qquad V^{(2)} \qquad M^{(2)} \qquad W^{(2)}$$

Ⅰ　4400 + 1100 + 1100 = 6600

Ⅱ　1600 + 800 + 800 = 3200

这时，$V_{\text{Ⅰ}}^{(2)} + M_{\text{Ⅰ}}^{(2)} = C_{\text{Ⅱ}}^{(2)}$，资本家只能维持简单再生产。如果要重新扩大第一部类的生产，必须缩小第二部类的生产。

足这个条件（即不断实现扩大再生产），这就是说还必须同时满足条件

$$V_I^{(2)} + M_I^{(2)} > C_{II}^{(2)}$$

$$V_I^{(8)} + M_I^{(8)} > C_{II}^{(8)}$$

$$\cdots$$

$$\cdots$$

换句话说，对于任意的 λ 年度，都必须满足公式

$$V_I^{(\lambda)} + M_I^{(\lambda)} > C_{II}^{(\lambda)} \tag{3-1}$$

以 $V_I^{(\lambda)} = \alpha_I^{(\lambda)} C_I^{(\lambda)}$ 和 $M_I^{(\lambda)} = \alpha_I^{(\lambda)} \beta_I^{(\lambda)} C_I^{(\lambda)}$ 的关系代入式（3-1）内，得

$$\left(\alpha_I^{(\lambda)} + \alpha_I^{(\lambda)} \beta_I^{(\lambda)} \right) C_I^{(\lambda)} > C_{II}^{(\lambda)}$$

或

$$\mu^{(\lambda)} = \frac{C_{II}^{(\lambda)}}{C_I^{(\lambda)}} < \alpha_I^{(\lambda)} + \alpha_I^{(\lambda)} \beta_I^{(\lambda)} \tag{3-2}$$

从公式 $C_I^{(\lambda)} + V_I^{(\lambda)} + M_I^{(\lambda)} = W_I^{(\lambda)}$ 可知：

或

$$K_I^{(\lambda)} = \frac{W_I^{(\lambda)}}{C_I^{(\lambda)}} = 1 + \alpha_I^{(\lambda)} + \alpha_I^{(\lambda)} \beta_I^{(\lambda)} \tag{3-3}$$

$$K_I^{(\lambda)} = \frac{W_I^{(\lambda)}}{C_I^{(\lambda)}} = \left(1 + \alpha_I^{(\lambda)} \right) \left(1 + p_I^{(\lambda)} \right) \tag{3-4}$$

将式（3-3）的结果代入式（3-2），得

$$\mu^{(\lambda)} = \frac{C_{II}^{(\lambda)}}{C_I^{(\lambda)}} < K_I^{(\lambda)} - 1 \tag{3-5}$$

现在把 $C_{II}^{(\lambda)}$ 和 $C_I^{(\lambda)}$ 用 $C_{II}^{(1)}$ 和 $C_I^{(1)}$ 以及 r 和 s 的值表示，公式（3-5）就变为

$$\mu^{(\lambda)} = \frac{C_{II}^{(\lambda)}}{C_I^{(\lambda)}} = \frac{C_{II}^{(1)}}{C_I^{(1)}} \cdot \frac{s^{(1)} \cdot s^{(2)} \cdot s^{(8)} \cdots s^{(\lambda-2)} \cdot s^{(\lambda-1)}}{r^{(1)} \cdot r^{(2)} \cdot r^{(8)} \cdots r^{(\lambda-2)} \cdot r^{(\lambda-1)}} < K_I^{(\lambda)} - 1 \tag{3-6}$$

公式（3-6）所代表的意思是：对于任意的第 λ 年度的生产，在 $C_I^{(1)}$、$C_{II}^{(1)}$、r、s 之间必须满足公式（3-6）所规定的条件，否则该年度的扩大再生产就不能进行。令 $\frac{C_{II}^{(1)}}{C_I^{(1)}}$，并且把 $\mu^{(1)}$ 移到右面，公式（3-6）变为

$$\frac{s^{(1)} \cdot s^{(2)} \cdot s^{(8)} \cdots s^{(\lambda-2)} \cdot s^{(\lambda-1)}}{r^{(1)} \cdot s^{(2)} \cdot s^{(8)} \cdots s^{(\lambda-2)} \cdot s^{(\lambda-1)}} < \frac{K_1^{(\lambda)} - 1}{\mu^{(1)}} \tag{3-7}$$

现在我们来讨论 $\dfrac{K_1^{(\lambda)} - 1}{\mu^{(1)}}$ 具有哪些特性。从（3-4）已知 $K_1^{(\lambda)} = (1 + \alpha_1^{(\lambda)})(1 + p_1^{(\lambda)})$。就资本主义发展的总趋势来看，由于技术的进步，资本有机构成便要不断提高，平均利润率因之不断下降。换句话说，$\alpha_1^{(1)} > \alpha_1^{(2)} > \alpha_1^{(8)} > \cdots > \alpha_1^{(\lambda)}$，$p_1^{(1)} > p_1^{(2)} > p_1^{(8)} > \cdots > p_1^{(\lambda)}$。[①] 就原则上讲，随着技术的进步 $\alpha_1^{(\lambda)}$ 和 $p_1^{(\lambda)}$ 的数值要逐渐地接近于零（亦即生产逐步自动化）。因此，$K_1^{(\lambda)}$ 的趋势是逐渐接近于 1，因而总有一年（现在就设它是第 λ 年）要使得

$$K_1^{(\lambda)} - 1 < \mu^{(1)}$$

这是因为 $\mu^{(1)}$ 是某一固定正值的缘故。但究竟 $K_1^{(\lambda)}$ 要到什么时候才使得

$$K_1^{(\lambda)} - 1 < \mu^{(1)}$$

则要看 $\mu^{(1)}$ 的具体数值来定。如果 $\mu^{(1)}$ 数值很小（也就是重工业比重很大），时间就可能很长；如果 $\mu^{(1)}$ 较大，时间就可能很短，从上可知，在第 λ 年，

$$\frac{K_1^{(\lambda)} - 1}{\mu^{(1)}} < 1$$

也就是

$$\frac{s^{(1)} \cdot s^{(2)} \cdot s^{(8)} \cdots s^{(\lambda-2)} \cdot s^{(\lambda-1)}}{r^{(1)} \cdot r^{(2)} \cdot r^{(8)} \cdots r^{(\lambda-2)} \cdot r^{(\lambda-1)}} < 1$$

两大部类的生产上涨比例，只有两种办法可以使得上式得到满足，第一，从第二年起直到第 λ 年止，每年的 r 都大于 s，亦即第一部类不变资本上涨的速度每年都大于第二部类不变资本上涨的速度。第二，在某几年内，r 小于 s（但要使每年都仍能扩大再生产，此点以后再仔细讨论），其他各年的 r 都大于 s，而且使得总的乘积 $r^{(1)} \cdot r^{(2)} \cdot r^{(8)} \cdots r^{(\lambda-2)} \cdot r^{(\lambda-1)}$ 仍然大于 $s^{(1)} \cdot s^{(2)} \cdot s^{(8)} \cdots s^{(\lambda-2)} \cdot s^{(\lambda-1)}$。至于其他的一些情形，如第二部类不变资本比第一部类的增长得快，或是两大部类平行发展，都不能使以上的关系得到满足。因此，不难得出结论，在技术不断进步的条件下，如果要使扩大再生产能够长期地不断地维持下去，必须使第一部类不变资本上涨速度大于第二部类不变资本上涨速度，即使在某几年可以有例外，但总的趋势是第一部类不变资本的优先增

---

① 这里我们指的是第一部类的平均利润率。当然，在资本主义社会下，它也就等于整个社会的平均利润率，亦即 $p_1^{(\lambda)} = p_{\mathrm{II}}^{(\lambda)}$。

长，否则扩大再生产就要在某一年发生中断。

由于不变资本 C 都是用来购买生产资料，因此第一部类不变资本的优先增长，也就是列宁在《论市场问题》一文中所指出的，生产生产资料的生产资料的增长必须大于生产消费资料的生产资料的增长。由此可见，列宁所做的考察是十分正确的。

当然，上面所考察的仅是不变资本的增长比例，还不是产品总价值的增长比例，但是，我们知道

$$v^{(\lambda)} = \frac{W_{\text{II}}^{(\lambda)}}{W_{\text{I}}^{(\lambda)}} = \frac{K_{\text{II}}^{(\lambda)} C_{\text{II}}^{(\lambda)}}{K_{\text{I}}^{(\lambda)} C_{\text{I}}^{(\lambda)}} \tag{3-8}$$

既然要不断实现扩大再生产，必须

$$\frac{C_{\text{II}}^{(\lambda)}}{C_{\text{I}}^{(\lambda)}} < K_{\text{I}}^{(\lambda)} - 1$$

那也就是说，

$$v^{(\lambda)} = \frac{W_{\text{II}}^{(\lambda)}}{W_{\text{I}}^{(\lambda)}} = \frac{K_{\text{II}}^{(\lambda)} C_{\text{II}}^{(\lambda)}}{K_{\text{I}}^{(\lambda)} C_{\text{I}}^{(\lambda)}} < \frac{K_{\text{II}}^{(\lambda)}}{K_{\text{I}}^{(\lambda)}} (K_{\text{I}}^{(\lambda)} - 1) = K_{\text{II}}^{(\lambda)} \left(1 - \frac{1}{K_{\text{I}}^{(\lambda)}}\right) \tag{3-9}$$

假如我们令 $\dfrac{W_{\text{II}}^{(\lambda+1)}}{W_{\text{II}}^{(\lambda)}} = u^{(\lambda)}$，$\dfrac{W_{\text{I}}^{(\lambda+1)}}{W_{\text{I}}^{(\lambda)}} = t^{\lambda}$，不等式（3-9）就变为

$$v^{(\lambda)} = \frac{W_{\text{II}}^{(\lambda)}}{W_{\text{I}}^{(\lambda)}} = \frac{u^{(1)} \cdot u^{(2)} \cdot u^{(8)} \cdots u^{(\lambda-2)} \cdot u^{(\lambda-1)}}{t^{(1)} \cdot t^{(2)} \cdot t^{(8)} \cdots t^{(\lambda-2)} \cdot t^{(\lambda-1)}} \left(\frac{W_{\text{II}}^{(1)}}{W_{\text{I}}^{(1)}}\right) < K_{\text{II}}^{(\lambda)} \left(1 - \frac{1}{K_{\text{I}}^{(\lambda)}}\right) \tag{3-10}$$

和以前的讨论一样，$K_{\text{I}}^{(\lambda)} = (1 + \alpha_{\text{I}}^{(\lambda)})(1 + p_{\text{I}}^{(\lambda)})$，$K_{\text{II}}^{(\lambda)} = (1 + \alpha_{\text{II}}^{(\lambda)})(1 + p_{\text{II}}^{(\lambda)})$。在资本主义的条件下，$\alpha_{\text{I}}^{(\lambda)}$、$\alpha_{\text{II}}^{(\lambda)}$、$p_{\text{I}}^{(\lambda)}$、$p_{\text{II}}^{(\lambda)}$ 都将不断地减小，因之，$K_{\text{II}}^{(\lambda)} \left(1 - \dfrac{1}{K_{\text{I}}^{(\lambda)}}\right)$ 也将随之而不断缩小。同样，我们就总有一年（设为第 λ 年），使得 $K_{\text{II}}^{(\lambda)} \left(1 - \dfrac{1}{K_{\text{I}}^{(\lambda)}}\right)$ 小于 $\dfrac{W_{\text{II}}^{(1)}}{W_{\text{I}}^{(1)}}$。这时，公式（3-10）就变为

$$\frac{u^{(1)} \cdot u^{(2)} \cdot u^{(3)} \cdots u^{(\lambda-2)} \cdot u^{(\lambda-1)}}{t^{(1)} \cdot t^{(2)} \cdot t^{(3)} \cdots t^{(\lambda-2)} \cdot t^{(\lambda-1)}} < 1$$

和前面所讨论过的情形一样，我们可以做出下列结论：在技术不断进步的条件下，如果要长期地、不断地进行扩大再生产，就必须使生产资料生产增长的速度大于消费资料生产增长的速度，即使在少数年份可以有所例外，但总的情形必须是生产资料不断地优先增长。

现在我们来讨论一下，为什么在实现扩大再生产时，可以在少数几年内有消费资

料优先增长的情形。前面已经说过，第一年两部类产品总价值之 $\dfrac{W_{II}^{(1)}}{W_{I}^{(1)}}$ 必须满足：

$$v^{(1)} = \frac{W_{II}^{(1)}}{W_{I}^{(1)}} < K_{II}^{(1)}\left(1 - \frac{1}{K_{I}^{(1)}}\right)$$

当 K_I 和 K_{II} 不断缩小时，我们总可以找到一个第 λ 年，使得

$$K_{II}^{(1)}\left(1 - \frac{1}{K_{I}^{(1)}}\right) > \frac{W_{II}^{(1)}}{W_{I}^{(1)}} > K_{II}^{(\lambda)}\left(1 - \frac{1}{K_{I}^{(\lambda)}}\right)$$

但是，如果 $\dfrac{W_{II}^{(1)}}{W_{I}^{(1)}}$ 比 $K_{II}^{(1)}\left(1 - \dfrac{1}{K_{I}^{(1)}}\right)$ 小许多（也就是重工业比重很大时），那么在第 λ 年以前，就常常可以有很多年仍然是

$$v^{(1)} = \frac{W_{II}^{(1)}}{W_{I}^{(1)}} < K_{II}^{(1)}\left(1 - \frac{1}{K_{I}^{(x)}}\right)$$

x 代表第 λ 年前的年份。因此，虽然在这些年份中 $u^{(x)} > t^x$ 即消费资料优先增长，而且使得

$$\frac{u^{(1)} \cdot u^{(2)} \cdot u^{(3)} \cdots u^{(x-2)} \cdot u^{(x-1)}}{t^{(1)} \cdot t^{(2)} \cdot t^{(3)} \cdots t^{(x-2)} \cdot t^{(x-1)}} > 1$$

但是只要能保持

$$\left(\frac{u^{(1)} \cdot u^{(2)} \cdot u^{(3)} \cdots u^{(x-2)} \cdot u^{(x-1)}}{t^{(1)} \cdot t^{(2)} \cdot t^{(3)} \cdots t^{(x-2)} \cdot t^{(x-1)}}\right)\left(\frac{W_{II}^{(1)}}{W_{I}^{(1)}}\right) < K_{II}^{(x)}\left(1 - \frac{1}{K_{I}^{(x)}}\right)$$

那么从第一年到第 x 年的扩大再生产仍然是能不断实现的，而且只要从第 x 年到第 λ 年中各年的 $t > u$（也就是生产资料又优先增长），就有可能使

$$\frac{u^{(1)} \cdot u^{(2)} \cdot u^{(3)} \cdots u^{(x-1)} \cdot u^{(x)} \cdots u^{(\lambda-2)} \cdot u^{(\lambda-1)}}{t^{(1)} \cdot t^{(2)} \cdot t^{(3)} \cdots t^{(x-1)} \cdot t^{(x)} \cdots t^{(\lambda-2)} \cdot t^{(\lambda-1)}} < 1$$

因而使得以后各年的扩大再生产也能不断实现。这就是说，当生产资料生产在社会总生产中已占有较大比重时（即重工业已较发达时），是可以容许在少数年份内，使消费资料比生产资料增长得较快的。

现在来讨论在社会主义制度下扩大再生产时，两大部类增长比例的问题。

社会主义制度下，许多经济条件都已发生变化，在社会主义生产下，资本主义积累的一般规律将不再产生作用；资本、剩余价值、利润、劳动力价值等表现资本主义关系的范畴已经消失。但是，在社会主义制度下，扩大再生产的问题却仍然保持了与在资本主义制度下相类似的一些特点。

这是因为社会主义制度下，社会生产仍然有生产资料和消费资料这两大部类；而社会产品仍然保持了它的价值形式。

社会主义制度下产品按价值形式分为：①已消耗的生产资料转移到产品中的价值（即通常所指的生产基金）；②为自己的劳动所创造的产品的价值 V（即工资）；③为社会的劳动新创造的产品的价值 M（即社会纯收入）。在社会主义制度下，仍然有

$$C_{\mathrm{I}} + V_{\mathrm{I}} + M_{\mathrm{I}} = W_{\mathrm{I}}$$

$$C_{\mathrm{II}} + V_{\mathrm{II}} + M_{\mathrm{II}} = W_{\mathrm{II}}$$

的公式。和资本主义制度下一样，在 V 和 C 之间存在一个标志技术进步程度的比值 α，在 M 和 V 之间也有个一标志国民收入的分配比例 β；同时，由于实现扩大再生产时，M 也要分为两部分，一部分用于积累，另一部分用于社会的消费（社会文化设施费用、国防和国家管理费用），因此也有标志社会纯收入中积累与消费间的比例 γ。所不同的是，社会主义制度下平均利润率的概念已失去意义，[①] 当然更无所谓平均利润率下降的趋势。

在社会主义生产下，两大部类间仍然要进行产品交换。这里第一部类给予第二部类的生产资料虽然是通过物资调拨的方式，但是因为经济核算的需要，它仍然保有价值形式。至于第二部类生产中大部分仍是商品生产，价值规律对它仍起作用，因之，两大部类之间仍须满足

$$V_{\mathrm{I}}^{(1)} + \Delta V_{\mathrm{I}}^{(1)} + \left(M_{\mathrm{I}}^{(1)} - \Delta C_{\mathrm{I}}^{(1)} - \Delta V_{\mathrm{I}}^{(1)} \right) = C_{\mathrm{II}}^{(1)} + \Delta C_{\mathrm{II}}^{(1)} \qquad (2-4)$$

的公式。

当然，在社会主义制度下的扩大再生产也满足公式（2-5）、（2-6）、（2-7）所揭示的关系。

在考察社会主义制度下的扩大再生产时，也必须从连续每年不间断地扩大再生产出发。因此，公式（3-10）同样适用于社会主义扩大再生产。也就是必须满足

$$v^{(\lambda)} = \frac{W_{\mathrm{II}}^{(\lambda)}}{W_{\mathrm{I}}^{(\lambda)}} = \frac{u^{(1)} \cdot u^{(2)} \cdot u^{(3)} \cdots u^{(\lambda-2)} \cdot u^{(\lambda-1)}}{t^{(1)} \cdot t^{(2)} \cdot t^{(3)} \cdots t^{(\lambda-2)} \cdot t^{(\lambda-1)}} \cdot \frac{W_{\mathrm{II}}^{(1)}}{W_{\mathrm{I}}^{(1)}} < K_{\mathrm{I}}^{(\lambda)} \left(1 - \frac{1}{K_{\mathrm{I}}^{(\lambda)}} \right)$$

所规定的条件。

和资本主义制度不同的是这时已不存在平均利润率不断下降的趋势，但是根据公式（3-3），K 值可以表示为

---

① 在社会主义企业中，虽然还保持赢利的概念，但这只是为加强经济核算而用的，同时，这个概念也和整个社会的平均利润率的概念不同。

$$K_{I}^{(\lambda)} = 1 + \alpha_{I}^{(\lambda)} + \alpha_{I}^{(\lambda)} \beta_{I}^{(\lambda)}$$

$$K_{II}^{(\lambda)} = 1 + \alpha_{II}^{(\lambda)} + \alpha_{II}^{(\lambda)} \beta_{II}^{(\lambda)}$$

在社会主义制度下，β 的值大体上是不变的，[①] 至于 α_I、α_{II} 却总是随着技术的不断进步而变小，因之，K_I、K_{II} 的值也总是在不断减小。和前面讨论资本主义扩大再生产的情形一样，社会主义扩大再生产也必须满足

$$\frac{u^{(1)} \cdot u^{(2)} \cdot u^{(3)} \cdots u^{(\lambda-2)} \cdot u^{(\lambda-1)}}{t^{(1)} \cdot t^{(2)} \cdot t^{(3)} \cdots t^{(\lambda-2)} \cdot t^{(\lambda-1)}} < 1$$

这就是说，要使社会主义扩大再生产能够不断实现，必须生产资料优先增长。和前面讨论资本主义扩大再生产的情形一样，如果让两部类平行发展（$t = u$），或者让第二部类优先发展（$u > t$），都将导致扩大再生产的中断。如像有些经济学家断言，共产主义社会的生产将是两部类的平行发展，甚至可以做到第二部类优先发展，这是极大的理论错误。如前所述，共产主义生产将意味着技术以更大的速度进步，也就是 K_I、K_{II}，都在迅速下降，那时，如果不保证生产资料的优先增长，就将导致扩大再生产的中断。

当然，这里说生产资料的优先增长，并不排斥在少数年份里使第二部类优先增长的情形，如前所述，由于生产的发展使第一部类产品价值在整个社会产品总价值中所占比重达到相当大时，是完全容许在某些年份内让消费资料比生产资料优先增长的。

四

我们在上一节中指出，从生产发展总的趋势来看，不断实现扩大再生产的必要条件是必须优先发展生产资料的生产，但在个别时期内，也不绝对排斥消费资料生产有某些优先增长的情形。至于各种再生产系数（如资本有机构成、剩余价值率等）如何影响先后两年间两大部类上涨速度之间的比例，从上节的讨论是看不出来的。本节将给出 $\dfrac{C_{II}^{(\lambda+1)}}{C_{II}^{(\lambda)}} \Big/ \dfrac{C_{I}^{(\lambda+1)}}{C_{I}^{(\lambda)}}$（即 s^{λ}/r^{λ}）和 $\dfrac{W_{II}^{(\lambda+1)}}{W_{II}^{(\lambda)}} \Big/ \dfrac{W_{I}^{(\lambda+1)}}{W_{I}^{(\lambda)}}$（即 $u^{(\lambda)}/t^{(\lambda)}$）对各再生产系数的关系

式，从而讨论在现实经济生活中各再生产系数变化的趋势对 $\dfrac{s^{(\lambda)}}{r^{(\lambda)}}$ 和 $\dfrac{u^{(\lambda)}}{t^{(\lambda)}}$ 大小的影响。[②]

我们先讨论 $\dfrac{s^{(\lambda)}}{r^{(\lambda)}}$ 的问题。从第二节已知，可变资本 V 和不变资本 C 之间的比值

[①] 根据苏联共产党第十六次党代表大会到第二十次党代表大会的报告，苏联全部国民收入中，大体都是四分之三用于满足人民的个人需要，四分之一用于社会主义扩大再生产和其他国家与社会的需要，也就是 β 大体上等于三分之一。

[②] 因为这里讨论的是最普遍的情形，所以用了第 λ 年。

是 α，因此

$$C_{\mathrm{I}}^{(\lambda+1)} = (C_{\mathrm{I}}^{(\lambda+1)} + V_{\mathrm{I}}^{(\lambda+1)}) \frac{1}{1+\alpha_{\mathrm{I}}^{(\lambda+1)}}$$

另一方面

$$C_{\mathrm{I}}^{(\lambda+1)} + V_{\mathrm{I}}^{(\lambda+1)} = C_{\mathrm{I}}^{(\lambda)} + V_{\mathrm{I}}^{(\lambda)} + M_{\mathrm{I}}^{(\lambda)} \gamma_{\mathrm{I}}^{(\lambda)}$$

由此得

$$r^{(\lambda)} = \frac{C_{\mathrm{I}}^{(\lambda+1)}}{C_{\mathrm{I}}^{(\lambda)}} = \frac{(C_{\mathrm{I}}^{(\lambda)} + V_{\mathrm{I}}^{(\lambda)} + M_{\mathrm{I}}^{(\lambda)} \gamma_{\mathrm{I}}^{(\lambda)}) \dfrac{1}{1+\alpha_{\mathrm{I}}^{(\lambda+1)}}}{C_{\mathrm{I}}^{(\lambda)}} =$$

$$\frac{(1+\alpha_{\mathrm{I}}^{(\lambda)})(1+p_{\mathrm{I}}^{(\lambda)} \gamma_{\mathrm{I}}^{(\lambda)})}{1+\alpha_{\mathrm{I}}^{(\lambda+1)}} = \frac{1+\alpha_{\mathrm{I}}^{(\lambda)} + \alpha_{\mathrm{I}}^{(\lambda)} \beta_{\mathrm{I}}^{(\lambda)} \gamma_{\mathrm{I}}^{(\lambda)}}{1+\alpha_{\mathrm{I}}^{(\lambda+1)}} \qquad (4-1)$$

同理得

$$s^{(\lambda)} = \frac{(1+\alpha_{\mathrm{II}}^{(\lambda)})(1+p_{\mathrm{II}}^{(\lambda)} \gamma_{\mathrm{II}}^{(\lambda)})}{1+\alpha_{\mathrm{II}}^{(\lambda+1)}} = \frac{1+\alpha_{\mathrm{II}}^{(\lambda)} + \alpha_{\mathrm{II}}^{(\lambda)} \beta_{\mathrm{II}}^{(\lambda)} \gamma_{\mathrm{II}}^{(\lambda)}}{1+\alpha_{\mathrm{II}}^{(\lambda+1)}} \qquad (4-2)$$

在第二节中曾指出：

$$W_{\mathrm{I}}^{(\lambda)} = K_{\mathrm{I}}^{(\lambda)} C_{\mathrm{I}}^{(\lambda)} = C_{\mathrm{I}}^{(\lambda+1)} + C_{\mathrm{II}}^{(\lambda+1)} \qquad (2-5)$$

上式也可以写为

$$C_{\mathrm{II}}^{(\lambda+1)} = K_{\mathrm{I}}^{(\lambda)} C_{\mathrm{I}}^{(\lambda)} - C_{\mathrm{I}}^{(\lambda+1)}$$

同理，

$$C_{\mathrm{II}}^{(\lambda)} = K_{\mathrm{I}}^{(\lambda-1)} C_{\mathrm{I}}^{(\lambda-1)} - C_{\mathrm{I}}^{(\lambda)}$$

把这两式相除，便求得

$$s^{(\lambda)} = \frac{K_{\mathrm{I}}^{(\lambda)} - r^{(\lambda)}}{K_{\mathrm{I}}^{(\lambda-1)} - r^{(\lambda-1)}} \cdot r^{(\lambda-1)} \qquad (4-3)$$

得 $r^{(\lambda)}$ 除（4-3）式，得

$$\frac{s^{(\lambda)}}{r^{(\lambda)}} = \frac{K_{\mathrm{I}}^{(\lambda)} r_{\mathrm{I}}^{(\lambda-1)} - r^{(\lambda-1)} r^{(\lambda)}}{K_{\mathrm{I}}^{(\lambda-1)} - r^{(\lambda)} - r^{(\lambda-1)} r^{(\lambda)}} \qquad (4-4)$$

根据式（3-3）、式（3-4）、式（4-1），$K_{\mathrm{I}}^{(\lambda)}$、$r_{\mathrm{I}}^{(\lambda)}$、$K_{\mathrm{I}}^{(\lambda-1)}$、$r_{\mathrm{I}}^{(\lambda-1)}$ 都可以用 α、

β、p、γ 等再生产系数表示出来。下面就来具体考察 $\dfrac{s^{(\lambda)}}{r^{(\lambda)}}$ 与这些系数之间的关系。

这里我们只需要分别地讨论下列三种情况：①$s^{(\lambda)} < r^{(\lambda)}$，也就是生产生产资料的生产资料比生产消费资料的生产资料增加得快。②$s^{(\lambda)} < r^{(\lambda)}$，也就是两部类生产资料平行增长。③$s^{(\lambda)} < r^{(\lambda)}$，也就是生产消费资料的生产资料比生产生产资料的生产资料增长得快。

由于（4-4）式的右边分子和分母中都包括 $r^{(\lambda-1)} r^{(\lambda)}$ 的项，因而上列三种情况仅仅决定于

$$\frac{K_{I}^{(\lambda)} r^{(\lambda-1)}}{K_{I}^{(\lambda-1)} r^{(\lambda)}} \tag{4-5}$$

是小于 1，等于 1，还是大于 1。

在讨论资本主义制度下的扩大再生产时，我们利用式（3-4）$K_{I}^{(\lambda)} = (1 + \alpha_{I}^{(\lambda)})(1 + p_{I}^{(\lambda)})$ 和式（4-2），并以此代入式（4-5）内，经过化简后得

$$\frac{K_{I}^{(\lambda)} r^{(\lambda-1)}}{K_{I}^{(\lambda)} r^{(\lambda)}} = \frac{(1 + \alpha_{I}^{(\lambda+1)})(1 + p_{I}^{(\lambda-1)} \gamma_{I}^{(\lambda-1)})(1 + p_{I}^{(\lambda)})}{(1 + \alpha_{I}^{(\lambda)})(1 + p_{I}^{(\lambda)} \gamma_{I}^{(\lambda)})(1 + p_{I}^{(\lambda-1)})} \tag{4-6}$$

为了分别考察 α、γ、p 对式（4-6）的影响，可以让 α、γ、p 中任意两组系数先后两年的值相等，来考察另一组系数先后两年数值变化的趋势对式（4-6）的影响。下面分别就各种情形进行讨论。

（1）当 $p_{I}^{(\lambda-1)} = p_{I}^{(\lambda)}$；$\gamma_{I}^{(\lambda-1)} = \gamma_{I}^{(\lambda)}$ 时，式（4-6）就成为

$$\frac{K_{I}^{(\lambda)} r^{(\lambda-1)}}{K_{I}^{(\lambda-1)} r^{(\lambda)}} = \frac{1 + \alpha_{I}^{(\lambda+1)}}{1 + \alpha_{I}^{(\lambda)}}$$

这时，容易看出，当 $\alpha_{I}^{(\lambda)} > \alpha_{I}^{(\lambda+1)}$ 时，$\frac{s^{(\lambda)}}{r^{(\lambda)}} < 1$；反之，当 $\alpha_{I}^{(\lambda)} < \alpha_{I}^{(\lambda+1)}$ 时，$\frac{s^{(\lambda)}}{r^{(\lambda)}} > 1$。

（2）当 $\alpha_{I}^{(\lambda)} = \alpha_{I}^{(\lambda+1)}$；$p_{I}^{(\lambda-1)} = p_{I}^{(\lambda)}$ 时，式（4-6）便成为

$$\frac{K_{I}^{(\lambda)} r^{(\lambda-1)}}{K_{I}^{(\lambda-1)} r^{(\lambda)}} = \frac{1 + p_{I}^{(\lambda-1)} \gamma_{I}^{(\lambda-1)}}{1 + p_{I}^{(\lambda-1)} \gamma_{I}^{(\lambda)}}$$

这时，当 $\gamma_{I}^{(\lambda-1)} < \gamma_{I}^{(\lambda)}$ 时，$\frac{s^{(\lambda)}}{r^{(\lambda)}} < 1$；反之，当 $\gamma_{I}^{(\lambda-1)} > \gamma_{I}^{(\lambda)}$ 时，$\frac{s^{(\lambda)}}{r^{(\lambda)}} > 1$。

（3）当 $\alpha_{I}^{(\lambda)} = \alpha_{I}^{(\lambda+1)}$，$\gamma_{I}^{(\lambda-1)} = \tau_{I}^{(\lambda)}$ 时，式（4-6）成为

$$\frac{K_{I}^{(\lambda)} r^{(\lambda-1)}}{K_{I}^{(\lambda-1)} r^{(\lambda)}} = \frac{1 + p_{I}^{(\lambda-1)} + p_{I}^{(\lambda)} + \gamma_{I}^{(\lambda-1)} p_{I}^{(\lambda-1)} p_{I}^{(\lambda)} - (1 - \gamma_{I}^{(\lambda-1)}) p_{I}^{(\lambda)}}{1 + p_{I}^{(\lambda-1)} + p_{I}^{(\lambda)} + \gamma_{I}^{(\lambda-1)} p_{I}^{(\lambda-1)} p_{I}^{(\lambda)} - (1 - \gamma_{I}^{(\lambda-1)}) p_{I}^{(\lambda-1)}}$$

由于式中分子、分母的前四项相等，第五项中 $\gamma_{I}^{(\lambda-1)}$ 小于 1，因而当 $p_{I}^{(\lambda-1)} > p_{I}^{(\lambda)}$ 时，$\frac{s^{(\lambda)}}{r^{(\lambda)}} < 1$；反之，当时 $p_{I}^{(\lambda-1)} < p_{I}^{(\lambda)}$ 时，$\frac{s^{(\lambda)}}{r^{(\lambda)}} > 1$。

从第二节中关于 p 的定义可知，p 的值和 α，β 是相互联系着的：

$$p_1^{(\lambda-1)} = \frac{\alpha_1^{(\lambda-1)}\beta_1^{(\lambda-1)}}{1+\alpha_1^{(\lambda-1)}} ; \quad p_1^{(\lambda)} = \frac{\alpha_1^{(\lambda)}\beta_1^{(\lambda)}}{1+\alpha_1^{(\lambda)}}$$

因此，当 $\alpha_1^{(\lambda+1)} = \alpha_1^{(\lambda)}$ 时，如果 $\alpha_1^{(\lambda-1)}$ 也和 $\alpha_1^{(\lambda)}$ 相等，那么当 $\beta_1^{(\lambda-1)} > \beta_1^{(\lambda)}$ 时，$p_1^{(\lambda-1)} > p_1^{(\lambda)}$，因而使得 $\dfrac{s^{(\lambda)}}{r^{(\lambda)}} < 1$。反之，当 $\beta_1^{(\lambda-1)} < \beta_1^{(\lambda)}$ 时，$p_1^{(\lambda-1)} < p_1^{(\lambda)}$，因而使得 $\dfrac{s^{(\lambda)}}{r^{(\lambda)}} < 1$。

然而当 $\alpha_1^{(\lambda+1)} = \alpha_1^{(\lambda)}$，并有 $\beta_1^{(\lambda-1)} = \beta_1^{(\lambda)}$ 时，如果 $\alpha_1^{(\lambda-1)} > \alpha_1^{(\lambda)} = \alpha_1^{(\lambda+1)}$，那么便有 $p_1^{(\lambda-1)} > p_1^{(\lambda)}$，也就是说，$\dfrac{s^{(\lambda)}}{r^{(\lambda)}} < 1$。反之，当 $\alpha_1^{(\lambda-1)} < \alpha_1^{(\lambda)} = \alpha_1^{(\lambda+1)}$ 时，便有 $\dfrac{s^{(\lambda)}}{r^{(\lambda)}} > 1$。

综合上面的讨论，可以看出，下列三组扩大再生产系数

$$\alpha_1^{(\lambda)}, \ \alpha_1^{(\lambda+1)} ; \quad \gamma_1^{(\lambda)}, \ \gamma_1^{(\lambda-1)} ; \quad p_1^{(\lambda-1)}, \ p_1^{(\lambda)}$$

当中，如果其中每一组系数都相等（如 $\alpha_1^{(\lambda)} = \alpha_1^{(\lambda+1)}$），那么 $\dfrac{s^{(\lambda)}}{r^{(\lambda)}} = 1$；如果其中任一组的前一系数（如 $\alpha_1^{(\lambda)}$）大于后一系数（如 $\alpha_1^{(\lambda+1)}$），而其他各系数都相等，那么 $\dfrac{s^{(\lambda)}}{r^{(\lambda)}} < 1$；反之，当前一系数小于后一系数时，那么 $\dfrac{s^{(\lambda)}}{r^{(\lambda)}} > 1$。

当把 β 考虑进去时，前面的结论又可以改写为下列三组扩大再生产系数

$$\alpha_1^{(\lambda-1)}, \ \alpha_1^{(\lambda)}, \ \alpha_1^{(\lambda+1)} ; \quad \gamma_1^{(\lambda)}, \ \gamma_1^{(\lambda-1)} ; \quad \beta_1^{(\lambda-1)}, \ \beta_1^{(\lambda)}$$

其中，如果每一组系数均相等，那么 $\dfrac{s^{(\lambda)}}{r^{(\lambda)}} = 1$；如果任一组的前一系数大于后一系数，其他各组的系数均相等，那么 $\dfrac{s^{(\lambda)}}{r^{(\lambda)}} < 1$；反之，$\dfrac{s^{(\lambda)}}{r^{(\lambda)}} > 1$。

前面讨论的是某一系数的变化对 $\dfrac{s^{(\lambda)}}{r^{(\lambda)}}$ 的影响，如果前述各组系数中每一组的前一系数都大于后一系数，则总的结果将更使 $\dfrac{s^{(\lambda)}}{r^{(\lambda)}}$ 小于 1 了；反之，将更使 $\dfrac{s^{(\lambda)}}{r^{(\lambda)}}$ 大于 1。

我们知道，资本主义发展的趋势是：①随着技术的进步，资本有机构成在不断提高，也就是 α 在逐渐减小（即 $\alpha_1^{(\lambda-1)} > \alpha_1^{(\lambda)} > \alpha_1^{(\lambda+1)}$）；②资本积累的比例在加大（$\gamma_1^{(\lambda)} > \gamma_1^{(\lambda-1)}$）；③平均利润率在下降（$p_1^{(\lambda-1)} > p_1^{(\lambda)}$）。如前面所讨论的，这三种趋势都将使 $\dfrac{s^{(\lambda)}}{r^{(\lambda)}} < 1$。当然，在资本主义生产下，还另有剩余价值率增加（剥削程度加深）

的趋势（$\beta_{\mathrm{I}}^{(\lambda-1)} < \beta_{\mathrm{I}}^{(\lambda)}$）。如果这一趋势和前面的几种趋势相反，将使 $\dfrac{s^{(\lambda)}}{r^{(\lambda)}} > 1$，但是，由于资本有机构成提高的趋势超过剩余价值率的增加，总的结果仍然是平均利润率不断下降（$p_{\mathrm{I}}^{(\lambda-1)} > p_{\mathrm{I}}^{(\lambda)}$）。因而，在资本主义生产下，$\dfrac{s^{(\lambda)}}{r^{(\lambda)}} < 1$ 是一种经常出现的情况；即第一部类不变资本增长的速度大于第二部类不变资本增长的速度，是资本主义扩大再生产经常出现的情况。

对于社会主义生产来说，平均利润率下降的规律是失去意义的。社会主义国民收入中为社会的劳动和为自己的劳动的比例（即 β）和社会纯收入中用于扩大再生产的积累比例（即 γ）大体上是维持不变的。但是，在社会主义生产下，技术进步比资本主义的还快，也就是 α 减小的趋势比资本主义还要快，因此，在社会主义生产中，$\dfrac{s^{(\lambda)}}{r^{(\lambda)}} < 1$ 也是经常出现的情况。

当然，从前面的讨论可以看出，像积累比例也可以有在个别年份减少的可能，因而可能有 $\dfrac{s^{(\lambda)}}{r^{(\lambda)}} > 1$ 的情形。但正如我们在上节所指出的，这只能是有限年份的情形，而且要看原来两部类生产资料价值的比重而定。因而，从总的趋势说，必然是制造生产资料的生产资料的增长大于制造消费资料的生产资料的增长。

前面讨论的还只是两部类不变资本或生产基金增长之间的关系。下面来讨论两大部类总产值增长之间的关系。

首先，把产品总价值间的关系用算式表示出来：

$$\frac{u^{(\lambda)}}{t^{(\lambda)}} = \frac{W_{\mathrm{II}}^{(\lambda+1)}/W_{\mathrm{II}}^{(\lambda)}}{W_{\mathrm{I}}^{(\lambda+1)}/W_{\mathrm{I}}^{(\lambda)}} = \frac{K_{\mathrm{II}}^{(\lambda+1)} C_{\mathrm{II}}^{(\lambda+1)}/K_{\mathrm{II}}^{(\lambda)} C_{\mathrm{II}}^{(\lambda)}}{K_{\mathrm{I}}^{(\lambda+1)} C_{\mathrm{I}}^{(\lambda+1)}/K_{\mathrm{I}}^{(\lambda)} C_{\mathrm{I}}^{(\lambda)}} = \frac{K_{\mathrm{II}}^{(\lambda+1)} K_{\mathrm{I}}^{(\lambda)}}{K_{\mathrm{II}}^{(\lambda)} K_{\mathrm{I}}^{(\lambda+1)}} \cdot \frac{s^{(\lambda)}}{r^{(\lambda)}} \tag{4-7}$$

现在的问题是要讨论式（4-7）在什么条件下大于 1 或小于 1。

从式（3-3）已知 $K_{\mathrm{I}}^{(\lambda)} = 1 + \alpha_{\mathrm{I}}^{(\lambda)} + \alpha_{\mathrm{I}}^{(\lambda)} \beta_{\mathrm{I}}^{(\lambda)}$；$K_{\mathrm{II}}^{(\lambda)} = 1 + \alpha_{\mathrm{II}}^{(\lambda)} + \alpha_{\mathrm{II}}^{(\lambda)} \beta_{\mathrm{II}}^{(\lambda)}$。以此代入式（4-7），得

$$\frac{u^{(\lambda)}}{t^{(\lambda)}} = \frac{(1 + \alpha_{\mathrm{II}}^{(\lambda+1)} + \alpha_{\mathrm{II}}^{(\lambda+1)} \beta_{\mathrm{II}}^{(\lambda+1)})\ (1 + \alpha_{\mathrm{I}}^{(\lambda)} + \alpha_{\mathrm{I}}^{(\lambda)} \beta_{\mathrm{I}}^{(\lambda)})}{(1 + \alpha_{\mathrm{II}}^{(\lambda)} + \alpha_{\mathrm{II}}^{(\lambda)} \beta_{\mathrm{II}}^{(\lambda)})\ (1 + \alpha_{\mathrm{I}}^{(\lambda+1)} + \alpha_{\mathrm{I}}^{(\lambda+1)} \beta_{\mathrm{I}}^{(\lambda+1)})} \cdot \frac{s^{(\lambda)}}{r^{(\lambda)}} \tag{4-8}$$

和前面的讨论一样，我们假设其他组系数均不变，只考察某一组系数的变化对于式（4-8）的影响，

（1）令 $\alpha_{\mathrm{I}}^{(\lambda)} = \alpha_{\mathrm{I}}^{(\lambda+1)}$，$\alpha_{\mathrm{II}}^{(\lambda)} = \alpha_{\mathrm{II}}^{(\lambda+1)}$，$\beta_{\mathrm{I}}^{(\lambda)} = \beta_{\mathrm{I}}^{(\lambda+1)}$，$\beta_{\mathrm{II}}^{(\lambda)} = \beta_{\mathrm{II}}^{(\lambda+1)}$；这时 $\dfrac{u^{(\lambda)}}{t^{(\lambda)}}$ 就等于 $\dfrac{s^{(\lambda)}}{r^{(\lambda)}}$。根据前面的讨论，我们知道，在下列

$$\begin{cases} \alpha_{\mathrm{I}}^{(\lambda-1)}, \ \alpha_{\mathrm{I}}^{(\lambda)} \\ \gamma_{\mathrm{I}}^{(\lambda)}, \ \gamma_{\mathrm{I}}^{(\lambda-1)} \\ p_{\mathrm{I}}^{(\lambda-1)}, \ p_{\mathrm{I}}^{(\lambda)} \end{cases} 或 \begin{cases} \alpha_{\mathrm{I}}^{(\lambda-1)}, \ \alpha_{\mathrm{I}}^{(\lambda)} \\ \gamma_{\mathrm{I}}^{(\lambda)}, \ \gamma_{\mathrm{I}}^{(\lambda-1)} \\ \beta_{\mathrm{I}}^{(\lambda-1)}, \ \beta_{\mathrm{I}}^{(\lambda)} \end{cases}$$

系数组中，只要任何一组系数中的前一系数大于后一系数，其余组系数均不变，那么 $\dfrac{u^{(\lambda)}}{t^{(\lambda)}}$（也就是 $\dfrac{s^{(\lambda)}}{r^{(\lambda)}}$）就大于 1；反之，就小于 1。

（2）当 $\alpha_{\mathrm{I}}^{(\lambda-1)} = \alpha_{\mathrm{I}}^{(\lambda)} = \alpha_{\mathrm{I}}^{(\lambda+1)}$，$\beta_{\mathrm{I}}^{(\lambda-1)} = \beta_{\mathrm{I}}^{(\lambda)} = \beta_{\mathrm{I}}^{(\lambda+1)}$，$\gamma_{\mathrm{I}}^{(\lambda-1)} = \gamma_{\mathrm{I}}^{(\lambda)}$，以及 $\beta_{\mathrm{II}}^{(\lambda)} = \beta_{\mathrm{II}}^{(\lambda+1)} = \beta_{\mathrm{II}}$ 时，式（4-8）就成为

$$\frac{u^{(\lambda)}}{t^{(\lambda)}} = \frac{1 + \alpha_{\mathrm{II}}^{(\lambda+1)} + \alpha_{\mathrm{II}}^{(\lambda+1)} \beta_{\mathrm{II}}^{(\lambda+1)}}{1 + \alpha_{\mathrm{II}}^{(\lambda)} + \alpha_{\mathrm{II}}^{(\lambda)} \beta_{\mathrm{II}}^{(\lambda)}} = \frac{1 + \alpha_{\mathrm{II}}^{(\lambda+1)} \ (1 + \beta_{\mathrm{II}})}{1 + \alpha_{\mathrm{II}}^{(\lambda)} \ (1 + \beta_{\mathrm{II}})}$$

这时，当 $\alpha_{\mathrm{II}}^{(\lambda)} > \alpha_{\mathrm{II}}^{(\lambda+1)}$ 时，那么 $\dfrac{u^{(\lambda)}}{t^{(\lambda)}} < 1$；反之，当 $\alpha_{\mathrm{II}}^{(\lambda)} < \alpha_{\mathrm{II}}^{(\lambda+1)}$ 时，$\dfrac{u^{(\lambda)}}{t^{(\lambda)}} > 1$。

（3）现在要讨论当 $\alpha_{\mathrm{I}}^{(\lambda-1)} = \alpha_{\mathrm{I}}^{(\lambda)}$，$\alpha_{\mathrm{II}}^{(\lambda)} = \alpha_{\mathrm{II}}^{(\lambda+1)}$，$\beta_{\mathrm{I}}^{(\lambda-1)} = \beta_{\mathrm{I}}^{(\lambda)} = \beta_{\mathrm{I}}^{(\lambda+1)} = \beta_{\mathrm{I}}$，$\beta_{\mathrm{II}}^{(\lambda)} = \beta_{\mathrm{II}}^{(\lambda+1)}$，$\gamma_{\mathrm{I}}^{(\lambda-1)} = \gamma_{\mathrm{I}}^{(\lambda)} = \gamma_{\mathrm{I}}$ 时，$\alpha_{\mathrm{I}}^{(\lambda)}$ 和 $\alpha_{\mathrm{I}}^{(\lambda+1)}$ 的大小对于 $\dfrac{u^{(\lambda)}}{t^{(\lambda)}}$ 的影响。我们知道，当 $\alpha_{\mathrm{II}}^{(\lambda)} = \alpha_{\mathrm{II}}^{(\lambda+1)}$，$\beta_{\mathrm{II}}^{(\lambda)} = \beta_{\mathrm{II}}^{(\lambda+1)}$ 和 $\beta_{\mathrm{I}}^{(\lambda)} = \beta_{\mathrm{I}}^{(\lambda+1)}$ 时，

$$\frac{u^{(\lambda)}}{t^{(\lambda)}} = \frac{1 + \alpha_{\mathrm{I}}^{(\lambda)} \ (1 + \beta_{\mathrm{I}})}{1 + \alpha_{\mathrm{I}}^{(\lambda)} \ (1 + \beta_{\mathrm{I}})} \cdot \frac{s^{(\lambda)}}{r^{(\lambda)}}$$

根据式（4-4），

$$\frac{s^{(\lambda)}}{r^{(\lambda)}} = \frac{\gamma^{(\lambda-1)} \ (K_{\mathrm{I}}^{(\lambda)} - r^{(\lambda)})}{r^{(\lambda)} \ (K_{\mathrm{I}}^{(\lambda-1)} - r^{(\lambda-1)})}$$

根据式（4-1），将 $r^{(\lambda)} = \dfrac{1 + \alpha_{\mathrm{I}}^{(\lambda)} + \alpha_{\mathrm{I}}^{(\lambda)} \beta_{\mathrm{I}}^{(\lambda)} \gamma_{\mathrm{I}}^{(\lambda)}}{1 + \alpha_{\mathrm{I}}^{(\lambda+1)}}$ 和 $r^{(\lambda-1)} = \dfrac{1 + \alpha_{\mathrm{I}}^{(\lambda-1)} + \alpha_{\mathrm{I}}^{(\lambda-1)} \beta_{\mathrm{I}}^{(\lambda-1)} \gamma_{\mathrm{I}}^{(\lambda-1)}}{1 + \alpha_{\mathrm{I}}^{(\lambda)}}$

的关系式代入上式；这时，当 $\alpha_{\mathrm{I}}^{(\lambda-1)} = \alpha_{\mathrm{I}}^{(\lambda)}$，$\beta_{\mathrm{I}}^{(\lambda-1)} = \beta_{\mathrm{I}}^{(\lambda)} = \beta_{\mathrm{I}}$，$\gamma_{\mathrm{I}}^{(\lambda-1)} = \gamma_{\mathrm{I}}^{(\lambda)} = \gamma_{\mathrm{I}}$ 时，就有

$$\frac{s^{(\lambda)}}{r^{(\lambda)}} = \frac{\alpha_{\mathrm{I}}^{(\lambda+1)} \ (1 + \alpha_{\mathrm{I}}^{(\lambda)} + \alpha_{\mathrm{I}}^{(\lambda)} \beta_{\mathrm{I}}) - \alpha_{\mathrm{I}}^{(\lambda)} \beta_{\mathrm{I}}^{(\lambda)} \ (1 - \gamma_{\mathrm{I}})}{\alpha_{\mathrm{I}}^{(\lambda)} \ (1 + \alpha_{\mathrm{I}}^{(\lambda)} + \alpha_{\mathrm{I}}^{(\lambda)} \beta) - \alpha_{\mathrm{I}}^{(\lambda)} \beta_{\mathrm{I}}^{(\lambda)} \ (1 - \gamma_{\mathrm{I}})}$$

将这个式子代入 $\dfrac{u^{(\lambda)}}{t^{(\lambda)}}$ 内，便得

$$\frac{u^{(\lambda)}}{t^{(\lambda)}} =$$

$$\frac{\{\alpha_{\mathrm{I}}^{(\lambda+1)} + \alpha_{\mathrm{I}}^{(\lambda)} \ (1 + \beta_{\mathrm{I}}) \ [\alpha_{\mathrm{I}}^{(\lambda+1)} - \alpha_{\mathrm{I}}^{(\lambda)} \beta_{\mathrm{I}} \ (1 - \gamma_{\mathrm{I}})]\} - \alpha_{\mathrm{I}}^{(\lambda)} \{\alpha_{\mathrm{I}}^{(\lambda+1)} \ (1 + \beta_{\mathrm{I}}) \ (1 + \alpha_{\mathrm{I}}^{(\lambda)} + \alpha_{\mathrm{I}}^{(\lambda)} \beta_{\mathrm{I}}) - \beta_{\mathrm{I}} \ (1 - \gamma_{\mathrm{I}})\}}{\{\alpha_{\mathrm{I}}^{(\lambda)} + \alpha_{\mathrm{I}}^{(\lambda)} \ (1 + \beta_{\mathrm{I}}) \ [\alpha_{\mathrm{I}}^{(\lambda)} - \alpha_{\mathrm{I}}^{(\lambda+1)} \beta_{\mathrm{I}} \ (1 - \gamma_{\mathrm{I}})]\} - \alpha_{\mathrm{I}}^{(\lambda)} \{\alpha_{\mathrm{I}}^{(\lambda+1)} \ (1 + \beta_{\mathrm{I}}) \ (1 + \alpha_{\mathrm{I}}^{(\lambda)} + \alpha_{\mathrm{I}}^{(\lambda)} \beta_{\mathrm{I}}) - \beta_{\mathrm{I}} \ (1 - \gamma)_{\mathrm{I}}\}}$$

由于上式的分子和分母中后面一项相等，因而 $\dfrac{u^{(\lambda)}}{t^{(\lambda)}}$ 是大于 1 还是小于 1，仅仅决定于

$$\frac{\alpha_{\mathrm{I}}^{(\lambda+1)}+\alpha_{\mathrm{I}}^{(\lambda)}\ (1+\beta_{\mathrm{I}})\ \left[\ \alpha_{\mathrm{I}}^{(\lambda+1)}-\alpha_{\mathrm{I}}^{\lambda}\beta_{\mathrm{I}}\ (1-\gamma_{\mathrm{I}})\ \right]}{\alpha_{\mathrm{I}}^{(\lambda)}+\alpha_{\mathrm{I}}^{(\lambda)}\ (1+\beta_{\mathrm{I}})\ \left[\ \alpha_{\mathrm{I}}^{(\lambda)}-\alpha_{\mathrm{I}}^{(\lambda+1)}\beta_{\mathrm{I}}\ (1-\gamma_{\mathrm{I}})\ \right]}$$

是大于 1 还是小于 1。从这个式子不难看出，当 $\alpha_{\mathrm{I}}^{(\lambda)}>\alpha_{\mathrm{I}}^{(\lambda+1)}$ 时，$\dfrac{u^{(\lambda)}}{t^{(\lambda)}}$ 就小于 1；反之，

当 $\alpha_{\mathrm{I}}^{(\lambda)}<\alpha_{\mathrm{I}}^{(\lambda+1)}$ 时，$\dfrac{u^{(\lambda)}}{t^{(\lambda)}}$ 就大于 1。总起来说：当 $\alpha_{\mathrm{I}}^{(\lambda-1)}=\alpha_{\mathrm{I}}^{(\lambda)}$，$\alpha_{\mathrm{II}}^{(\lambda)}=\alpha_{\mathrm{II}}^{(\lambda+1)}$，$\beta_{\mathrm{I}}^{(\lambda-1)}=$

$\beta_{\mathrm{I}}^{(\lambda)}=\beta_{\mathrm{I}}^{(\lambda+1)}$。$\gamma_{\mathrm{I}}^{(\lambda-1)}=\gamma_{\mathrm{I}}^{(\lambda)}$ 时，如果 $\alpha_{\mathrm{I}}^{(\lambda)}>\alpha_{\mathrm{I}}^{(\lambda+1)}$，那么 $\dfrac{u^{(\lambda)}}{t^{(\lambda)}}<1$；反之，如果 $\alpha_{\mathrm{I}}^{(\lambda)}<$

$\alpha_{\mathrm{I}}^{(\lambda+1)}$，那么 $\dfrac{u^{(\lambda)}}{t^{(\lambda)}}>1$。

（4）现在讨论当其他系数均不变，$\beta_{\mathrm{I}}^{(\lambda)}$、$\beta_{\mathrm{I}}^{(\lambda+1)}$、$\beta_{\mathrm{II}}^{(\lambda)}$、$\beta_{\mathrm{II}}^{(\lambda+1)}$ 数值的变化对 $\dfrac{u^{(\lambda)}}{t^{(\lambda)}}$ 的

影响。这时情形比较复杂，需要分别资本主义生产和社会主义生产两种情形来考虑。

在资本主义生产下，由于平均利润率规律的作用，[①] 两部类每年的利润率是相等的

（$p_{\mathrm{I}}^{(\lambda)}=p_{\mathrm{II}}^{(\lambda)}$），因而根据式（4-7）有：

$$\frac{u^{(\lambda)}}{t^{(\lambda)}}=\frac{K_{\mathrm{II}}^{(\lambda+1)}K_{\mathrm{I}}^{(\lambda)}}{K_{\mathrm{II}}^{(\lambda)}K_{\mathrm{I}}^{(\lambda+1)}}\cdot\frac{s^{(\lambda)}}{r^{(\lambda)}}=\frac{(1+\alpha_{\mathrm{II}}^{(\lambda+1)})\ (1+p_{\mathrm{II}}^{(\lambda+1)})\ (1+\alpha_{\mathrm{I}}^{(\lambda)})\ (1+p_{\mathrm{I}}^{(\lambda)})}{(1+\alpha_{\mathrm{II}}^{(\lambda)})\ (1+p_{\mathrm{II}}^{(\lambda)})\ (1+\alpha_{\mathrm{I}}^{(\lambda+1)})\ (1+p_{\mathrm{I}}^{(\lambda+1)})}\cdot\frac{s^{(\lambda)}}{r^{(\lambda)}}=$$

$$\frac{(1+\alpha_{\mathrm{II}}^{(\lambda+1)})\ (1+\alpha_{\mathrm{I}}^{(\lambda)})}{(1+\alpha_{\mathrm{II}}^{(\lambda)})\ (1+\alpha_{\mathrm{I}}^{(\lambda+1)})}\cdot\frac{s^{(\lambda)}}{r^{(\lambda)}}$$

根据前面对 $\dfrac{s^{(\lambda)}}{r^{(\lambda)}}$ 的讨论可知，当 $\alpha_{\mathrm{I}}^{(\lambda-1)}=\alpha_{\mathrm{I}}^{(\lambda)}=\alpha_{\mathrm{I}}^{(\lambda+1)}$，$\alpha_{\mathrm{II}}^{(\lambda)}=\alpha_{\mathrm{II}}^{(\lambda+1)}$，$\gamma_{\mathrm{I}}^{(\lambda-1)}=\gamma_{\mathrm{I}}^{(\lambda)}$

和 $\beta_{\mathrm{I}}^{(\lambda-1)}=\beta_{\mathrm{I}}^{(\lambda)}$ 时，$\dfrac{s^{(\lambda)}}{r^{(\lambda)}}$ 将等于 1，同时 $\dfrac{u^{(\lambda)}}{t^{(\lambda)}}$ 也将等于 1。这就是说，由于平均利润率规

律的作用，$\beta_{\mathrm{I}}^{(\lambda)}$，$\beta_{\mathrm{I}}^{(\lambda+1)}$；$\beta_{\mathrm{II}}^{(\lambda)}$，$\beta_{\mathrm{II}}^{(\lambda+1)}$ 值的变化对 $\dfrac{u^{(\lambda)}}{t^{(\lambda)}}$ 的大小没有什么影响。[②]

在社会主义再生产下，社会按照"按劳取酬，多劳多得"的原则进行分配。因此，在任何一部类中，"社会的劳动"和"为自己的劳动"的比例（即 β）大体

---

① 这里已经假定了两部类的剩余价值有一次再分配。

② $\beta_{\mathrm{I}}^{(\lambda)}$，$\beta_{\mathrm{I}}^{(\lambda+1)}$ 的变化虽然对于 $\dfrac{u^{(\lambda)}}{t^{(\lambda)}}$ 的大小没有影响，但正像 $\beta_{\mathrm{I}}^{(\lambda-1)}$，$\beta_{\mathrm{I}}^{(\lambda)}$ 的变化对于 $\dfrac{u^{(\lambda)}}{t^{(\lambda)}}$ 的大小产生影响

　一样，$\beta_{\mathrm{I}}^{(\lambda)}$，$\beta_{\mathrm{I}}^{(\lambda+1)}$ 的变化对于 $\dfrac{u^{(\lambda+1)}}{t^{(\lambda+1)}}$ 产生影响。

上是相等的，否则，就要因为劳动报酬不均衡而引起两大部类间工人流动的现象。把 $\beta_{I}^{(\lambda)} = \beta_{II}^{(\lambda)} = \beta^{(\lambda)}$ 这一因素考虑进去，在社会主义生产下，

$$\frac{u^{(\lambda)}}{t^{(\lambda)}} = \frac{[1 + \alpha_{II}^{(\lambda+1)}(1 + \beta^{(\lambda+1)})][1 + \alpha_{I}^{(\lambda)}(1 + \beta^{(\lambda)})]}{[1 + \alpha_{II}^{(\lambda)}(1 + \beta^{(\lambda)})][1 + \alpha_{I}^{(\lambda+1)}(1 + \beta^{(\lambda+1)})]} \cdot \frac{s^{(\lambda)}}{r^{(\lambda)}}$$

这时，当 $\alpha_{I}^{(\lambda-1)} = \alpha_{I}^{(\lambda)} = \alpha_{I}^{(\lambda+1)} = \alpha_{I}$，$\alpha_{II}^{(\lambda)} = \alpha_{II}^{(\lambda+1)} = \alpha_{II}$，$\gamma_{I}^{(\lambda-1)} = \gamma_{I}^{(\lambda)}$ 和 $\beta_{I}^{(\lambda-1)} = \beta_{I}^{(\lambda)}$ 时，$\frac{s^{(\lambda)}}{r^{(\lambda)}} = 1$，因而

$$\frac{u^{(\lambda)}}{t^{(\lambda)}} = \frac{[1 + \alpha_{II}(1 + \beta^{(\lambda+1)})][1 + \alpha_{I}(1 + \beta^{(\lambda)})]}{[1 + \alpha_{II}(1 + \beta^{(\lambda)})][1 + \alpha_{I}(1 + \beta^{(\lambda+1)})]} =$$

$$\frac{\alpha_{II}(1 + \beta^{(\lambda+1)}) + \alpha_{I}(1 + \beta^{(\lambda)}) + \alpha_{I}\alpha_{II}(1 + \beta^{(\lambda)})(1 + \beta^{(\lambda+1)}) + 1}{\alpha_{II}(1 + \beta^{(\lambda)}) + \alpha_{I}(1 + \beta^{(\lambda+1)}) + \alpha_{I}\alpha_{II}(1 + \beta^{(\lambda)})(1 + \beta^{(\lambda+1)}) + 1}$$

由于第一部类技术装备的程度总是高于第二部类（即 $\frac{C_{I}}{V_{I}} > \frac{C_{II}}{V_{II}}$），因而在一般情况下，总是 $\alpha_{II}^{(\lambda)} > \alpha_{I}^{(\lambda)}$。在这一条件下，显然可见，当 $\beta^{(\lambda)} > \beta^{(\lambda+1)}$ 时，$\frac{u^{(\lambda)}}{t^{(\lambda)}} < 1$；反之，当 $\beta^{(\lambda)} < \beta^{(\lambda+1)}$ 时，$\frac{u^{(\lambda)}}{t^{(\lambda)}} > 1$。

综合前面的讨论可以看到：在资本主义制度下，下列各组再生产系数

$$\begin{cases} \alpha_{I}^{(\lambda)}, \ \alpha_{I}^{(\lambda+1)}; \ \alpha_{II}^{(\lambda)}, \ \alpha_{II}^{(\lambda+1)}; \\ \gamma_{I}^{(\lambda)}, \ \gamma_{I}^{(\lambda-1)}; \ p_{I}^{(\lambda-1)}, \ p_{I}^{(\lambda)} \end{cases}$$

中任何一组的前一系数大于后一系数，其他各组的系数均相等时，$\frac{u^{(\lambda)}}{t^{(\lambda)}}$ 将小于 1，反之将大于 1。由于 $p_{I}^{(\lambda-1)} = \frac{\alpha_{I}^{(\lambda-1)}\beta_{I}^{(\lambda-1)}}{1 + \alpha_{I}^{(\lambda-1)}}$，$p_{I}^{(\lambda)} = \frac{\alpha_{I}^{(\lambda)}\beta_{I}^{(\lambda)}}{1 + \alpha_{I}^{(\lambda)}}$，所以，当 $\alpha_{I}^{(\lambda-1)} = \alpha_{I}^{(\lambda)}$ 时，如果 $\beta_{I}^{(\lambda-1)} > \beta_{I}^{(\lambda)}$，那么 $p_{I}^{(\lambda-1)} > p_{I}^{(\lambda)}$；这也就是说，当下列各组再生产系数[①]

$$\begin{cases} \alpha_{I}^{(\lambda-1)}, \ \alpha_{I}^{(\lambda)}, \ \alpha_{I}^{(\lambda+1)}; \ \alpha_{II}^{(\lambda)}, \ \alpha_{II}^{(\lambda+1)} \\ \gamma_{I}^{(\lambda)}, \ \gamma_{I}^{(\lambda-1)}; \ \beta_{I}^{(\lambda-1)}, \ \beta_{I}^{(\lambda)} \end{cases}$$

中任何一组的前一系数大于后一系数时，$\frac{u^{(\lambda)}}{t^{(\lambda)}}$ 将小于 1，反之将大于 1。前面已经提到，在资本主义生产下，$\alpha_{I}^{(\lambda-1)} > \alpha_{I}^{(\lambda)} > \alpha_{I}^{(\lambda+1)}$；$\alpha_{II}^{(\lambda)} > \alpha_{II}^{(\lambda+1)}$；$\gamma_{I}^{(\lambda)} > \gamma_{I}^{(\lambda-1)}$；$p_{I}^{(\lambda-1)} > p_{I}^{(\lambda)} >$

---

① 注意此处 $\gamma_{I}^{(\lambda-1)}$，γ_{I}^{λ} 的次序倒过来了。

是经常出现的情况，因而 $\dfrac{u^{(\lambda)}}{t^{(\lambda)}} < 1$ 也应是经常出现的情况。虽然剩余价值率也在不断提

高，有使 $\dfrac{u^{(\lambda)}}{t^{(\lambda)}}$ 小于 1 的趋势，但是，由于资本有机构成的增长，总的结果仍然是使利润

率下降，因而使得 $\dfrac{u^{(\lambda)}}{t^{(\lambda)}}$ 小于 1；也就是说，第一部类产品总价值增长的速度大于第二部

类产品总价值增长的速度是资本主义生产经常出现的情况。

根据前面的讨论，在社会主义扩大再生产条件下，下列各组再生产系数

$$\begin{cases} \alpha_I^{(\lambda-1)}, \ \alpha_I^{(\lambda)}, \ \alpha_I^{(\lambda+1)}; \ \alpha_{II}^{(\lambda)}, \ \alpha_{II}^{(\lambda+1)}; \\ \gamma_I^{(\lambda)}, \ \gamma_I^{(\lambda-1)}; \ \beta^{(\lambda-1)}, \ \beta^{(\lambda)}, \ \beta^{(\lambda+1)2} \end{cases} \quad ①$$

中，任何一组的前一系数大于后一系数，其他各组系数均不变时，$\dfrac{u^{(\lambda)}}{t^{(\lambda)}}$ 将小于 1，反之将

大于 1。但是，如前面所讨论的，在社会主义生产下，经常出现的情况是：① $\alpha_I^{(\lambda-1)} >$

$\alpha_I^{(\lambda)} > \alpha_I^{(\lambda+1)}$，$\alpha_{II}^{(\lambda)} > \alpha_{II}^{(\lambda+1)}$；② $\gamma_I^{(\lambda)} = \gamma_I^{(\lambda-1)}$；③ $\beta^{(\lambda-1)} = \beta^{(\lambda)} = \beta^{(\lambda+1)}$。因此，$\dfrac{u^{(\lambda)}}{t^{(\lambda)}}$ 必

须经常小于 1，也就是在社会主义再生产下，第一部类产品总价值的增长速度在大多数
情况下必须大于第二部类产品总价值增长的速度，即生产资料必须优先增长。

在本节最后一段，我们拟补充证明一下列宁在《论市场问题》中所提出的：增长
最快的是制造生产资料的生产资料生产，其次是制造消费资料的生产资料生产，最慢
的是消费资料生产。

我们知道，第二部类先后两年产品总价值的比例是：

$$\frac{W_{II}^{(\lambda+1)}}{W_{II}^{(\lambda)}} = \frac{K_{II}^{(\lambda+1)} C_{II}^{(\lambda+1)}}{K_{II}^{(\lambda)} C_{II}^{(\lambda)}}$$

在资本主义生产下：

$$\frac{W_{II}^{(\lambda+1)}}{W_{II}^{(\lambda)}} = \frac{(1+\alpha_{II}^{(\lambda+1)})\ (1+p_{II}^{(\lambda+1)})}{(1+\alpha_{II}^{(\lambda)})\ (1+p_{II}^{(\lambda)})} \cdot \frac{C_{II}^{(\lambda+1)}}{C_{II}^{(\lambda)}}$$

但这时，$\alpha_{II}^{(\lambda)} > \alpha_{II}^{(\lambda+1)}$，$p_{II}^{(\lambda)} > p_{II}^{(\lambda+1)}$ 是经常出现的情况，因而

$$\frac{W_{II}^{(\lambda+1)}}{W_{II}^{(\lambda)}} < \frac{C_{II}^{(\lambda+1)}}{C_I^{(\lambda)}} = s^{(\lambda)}$$

在社会主义生产下：

---

① 在社会主义生产下，两部类每年的 β 值大体相等。

$$\frac{W_{\text{II}}^{(\lambda+1)}}{W_{\text{II}}^{(\lambda)}} = \frac{[1+\alpha_{\text{II}}^{(\lambda+1)}(1+\beta_{\text{II}}^{(\lambda+1)})]C_{\text{II}}^{(\lambda+1)}}{[1+\alpha_{\text{II}}^{(\lambda)}(1+\beta_{\text{II}}^{(\lambda)})]C_{\text{II}}^{(\lambda)}}$$

但这时，$\alpha_{\text{II}}^{(\lambda)} > \alpha_{\text{II}}^{(\lambda+1)}$，$\beta_{\text{II}}^{(\lambda)} = \beta_{\text{II}}^{(\lambda+1)}$ 是经常出现的情况，因而

$$\frac{W_{\text{II}}^{(\lambda+1)}}{W_{\text{II}}^{(\lambda)}} < \frac{C_{\text{II}}^{(\lambda+1)}}{C_{\text{I}}^{(\lambda)}} = s^{(\lambda)}$$

前面我们还曾证明，不论是在资本主义生产下还是在社会主义生产下，$\dfrac{s^{(\lambda)}}{r^{(\lambda)}} < 1$ 是经常出现的情况，因而，

$$\frac{C_{\text{I}}^{(\lambda+1)}}{C_{\text{I}}^{(\lambda)}} > \frac{C_{\text{II}}^{(\lambda+1)}}{C_{\text{II}}^{(\lambda)}} > \frac{W_{\text{II}}^{(\lambda+1)}}{W_{\text{II}}^{(\lambda)}}$$

是经常出现的情况，这也就是列宁所提出的论点。

五

现在把整篇文章所得到的结论总结如下：

第一，不论是资本主义生产还是社会主义生产，从生产发展总的趋势看，要使得扩大再生产能够不断实现，必须优先发展生产资料生产。任何否认或怀疑这个规律的人都是错误的。

第二，理论上并不排斥某些年代，甚至个别时期可以有消费资料优先增长的情形，但这种情形不能维持太长，而且要看当时生产资料的生产在国民经济中已达到的比重如何。

第三，在资本主义现实经济生活中，经常出现的经济趋势，如技术的进步、积累比例的增加、平均利润率的下降等都促成生产资料优先增长。

第四，在社会主义再生产中，虽然国民收入中为个人劳动和为社会劳动的比例大体维持不变，而社会纯收入中用于扩大再生产的积累比例也大体维持不变，但是，由于技术的迅速进步，仍然要求生产资料必须优先增长。

马克思主义再生产理论的数学分析（二）
论生产高速上涨的条件

何祚庥　罗劲柏

提　要

本文讨论怎样才能使社会产品总价值或消费资料的产品总价值得到高速上涨。证明不论是在有限年代连续扩大再生产情形下，还是在无穷年代连续扩大再生产情形下，要使历年社会产品总价值或消费资料总价值的总和最大，必须在开始的年代以最大速度来发展第一部类的生产，而在以后的年代再加速第二部类的生产。

我们在第一篇文章中讨论了不断实现扩大再生产时所必须满足的条件，现在我们转而讨论高速上涨的条件。

在现实经济生活中，决定生产高速上涨的条件是十分复杂的。例如，我国社会主义建设的速度问题，就是一个非常复杂的问题，它要随着具体的时间、地点、条件而变化。但我们现在的文章中，并不打算涉及这方面的全部问题，我们只拟对这个问题进行一般的数量关系的分析，只拟讨论第一部类和第二部类生产应该满足什么条件，才能使生产获得最高速度的增长。至于什么样的比例关系才是社会生产发展的最合理的比例关系的问题，我们打算在另一篇文章中再行讨论。

一

首先讨论一下"生产最大增长"的概念，对于这个问题可以有两种理解：一种是指社会产品总价值获得最大值，另一种是指消费资料的产品总价值获得最大值。对于第一种观点是很容易理解的，社会生产水平的高低总是从产品总价值的大小来衡量的，但第二种观点也有一定的理由。因为生产的最终目的总不外是人民群众的消费：生产资料的生产，其最终也是为了要生产消费资料；因而从人民所能获得消费资料的多寡来衡量生产的发达与否，也不失为合理的概念。这两种不同的观点，都有相当充足的理由，就我们的意见，是更多地倾向于第二种观点的。但为了求全备起见，对于这两种不同的观点，我们将分别予以讨论。

对于"生产的最大增长"的问题，是不能只从一个年度的生产来考察的。因为生产要不断发展，上一年度的生产要影响到以后几年的生产。例如，我们只要把某一年的生产都改为生产消费资料，那么就立刻可以使消费资料的生产总值成为最大，但这样一来，第二年的生产就成为不可能。因此，我们在讨论这个问题时，也还是需要从生产的连续不断、每年的生产都能实现的观点出发。换句话说，我们必须讨论 n 年内的产品总价值，即 $W^{(1)} + W^{(2)} + \cdots + W^{(x)}$，或者是 n 年内的消费资料的总价值，即 $W_{\mathrm{II}}^{(1)} + {}_{\mathrm{II}}^{(2)} + \cdots {}_{\mathrm{II}}^{(x)}$，如何才能成为极大（这里我们以 $W^{(\lambda)}$、${}_{\mathrm{I}}^{(\lambda)}$、$W_{\mathrm{II}}^{(\lambda)}$ 分别代表第 λ 年度全部产品以及第一部类和第二部类产品的总价值）。

但是，严格说来，只是讨论 n 年内全部产品总价值或消费资料的总价值在什么条件下才能成为最大值，还不能认为这个问题已经严密地解决了。因为在这种讨论中，虽然能够保证 n 年内生产不会中断，求出 n 年内产品总价值或消费资料的产品总价值成为最大值时所必须满足的条件，但它并不能保证 n 年后的生产不会中断，[①] 也不能严格地得出在比 n 年更长的时期中，产品总价值或消费资料的产品总价值成为最大值时的条件。因而更严密地证明应该是讨论在无穷年代的产品总价值或消费资料的总价值如何才能成为最大的问题，这里我们拟先讨论在有限的但足够长的 n 年内如何才能使产品总价值或消费资料的产品总价值成为最大值的情形，因为采用这种办法较易揭示出这个问题的一般特点，然后再在本文第三节中讨论无穷年代中的情形。

二

令 W 为 n 年内或无穷年代内全部产品总价值；W_{II} 为 n 年内或无穷年代内全部消费资料产品总价值；$W_{\mathrm{I}}^{(\lambda)}$、$W_{\mathrm{II}}^{(\lambda)}$ 分别代表第 λ 年内第一部类和第二部类的产品总价值；$C_{\mathrm{I}}^{(\lambda)}$、$C_{\mathrm{II}}^{(\lambda)}$ 分别代表第 λ 年内第一部类和第二部类生产中所需要的不变资本；$\alpha_{\mathrm{I}}^{(\lambda)} = \dfrac{V_{\mathrm{I}}^{(\lambda)}}{C_{\mathrm{I}}^{(\lambda)}}$、$\alpha_{\mathrm{II}}^{(\lambda)} = \dfrac{V_{\mathrm{II}}^{(\lambda)}}{C_{\mathrm{II}}^{(\lambda)}}$ 分别代表第 λ 年度内第一部类和第二部类生产中资本有机构成的倒数，其中 V 是指可变资本。

$p_{\mathrm{I}}^{(\lambda)} = \dfrac{M_{\mathrm{I}}^{(\lambda)}}{C_{\mathrm{I}}^{(\lambda)} + V_{\mathrm{I}}^{(\lambda)}}$，$p_{\mathrm{II}}^{(\lambda)} = \dfrac{M_{\mathrm{II}}^{(\lambda)}}{C_{\mathrm{II}}^{(\lambda)} + V_{\mathrm{II}}^{(\lambda)}}$ 分别代表第 λ 年度内第一部类和第二部类生产的平均利润率，其中 M 是剩余价值；$K_{\mathrm{I}}^{(\lambda)} = \dfrac{W_{\mathrm{I}}^{(\lambda)}}{C_{\mathrm{I}}^{(\lambda)}}$、$K_{\mathrm{II}}^{(\lambda)} = \dfrac{W_{\mathrm{II}}^{(\lambda)}}{C_{\mathrm{II}}^{(\lambda)}}$ 分别代表第 λ 年度第一部类和第二部类生产中产品总价值对于不变资本的比值；不难看出，无论是第一部类还是第二部类的 $K^{(\lambda)}$ 的值都可写为另一个样子，即 $K^{(\lambda)} = (1 + \alpha^{(\lambda)})(1 + p^{(\lambda)})$。

---

① 关于这个论点的证明可以参看《力学学报》1957 年第 1 卷第 1 期第 109 页中我们所合写的第一篇文章，这里不再重复。

为了不使整个问题过分复杂化，我们这里仍然采用马克思在资本论第二卷中假设的条件，即假定全部不变资本都在一年内消耗掉，它的价值全部转移到年产品上去。利用上述的符号，显然有

$$W = （W_{\text{I}}^{(1)} + W_{\text{I}}^{(2)} + \cdots + W_{\text{I}}^{(\lambda)} + \cdots + W_{\text{I}}^{(\lambda)}） + （W_{\text{II}}^{(1)} + W_{\text{II}}^{(2)} + \cdots + W_{\text{II}}^{(\lambda)} + \cdots + W_{\text{II}}^{(\lambda)}） \quad （2-1）$$

利用 $W_{\text{I}}^{(\lambda)} = K_{\text{I}}^{(\lambda)} C_{\text{I}}^{(\lambda)}$，$W_{\text{II}}^{(\lambda)} = K_{\text{II}}^{(\lambda)} C_{\text{II}}^{(\lambda)}$，代入式（2-1）内，假定每年的 K_{I} 和 K_{II} 的值都是不变的，或者它们的变动很小，以至于我们在实际上可以忽略掉它们的变化。[①] 公式（2-1）即变为

$$W = K_{\text{I}}（C_{\text{I}}^{(1)} + C_{\text{I}}^{(2)} + \cdots + C_{\text{I}}^{(\lambda)} + \cdots + C_{\text{I}}^{(n)}） + K_{\text{II}}（C_{\text{II}}^{(1)} + C_{\text{II}}^{(2)} + \cdots + C_{\text{II}}^{(\lambda)} + \cdots + {}_{\text{II}}^{(n)}） \quad （2-2）$$

利用我们在第一篇文章中所求得的实现扩大再生产的基本公式（见《力学学报》1957 年第 1 卷第 1 期我们所合写的第一篇文章中的公式（2-2））

$$K_{\text{I}} C_{\text{I}}^{(\lambda)} - C_{\text{I}}^{(\lambda+1)} + C_{\text{II}}^{(\lambda+1)}$$

代入（2-1）内，可得

$$W = K_{\text{I}} K_{\text{II}} C_{\text{I}}^{(0)} + （K_{\text{I}} K_{\text{II}} + K_{\text{I}} \cdots + K_{\text{II}}）（C_{\text{I}}^{(1)} + C_{\text{I}}^{(2)} + \cdots + C_{\text{I}}^{(\lambda)} + \cdots + C_{\text{I}}^{(n-1)}） + （K_{\text{I}} - K_{\text{II}}） C_{\text{I}}^{(n)}$$
$$（2-3）$$

令 $\gamma^{(\lambda)}$ 为 λ 年度第一部类不变资本的上升比值，并以 $\gamma^{(\lambda)} = \dfrac{C_{\text{I}}^{(\lambda+1)}}{C_{\text{I}}^{(\lambda)}}$ 的关系式代入式（2-3）内，即得

$$W = K_{\text{I}} K_{\text{II}} C_{\text{I}}^{(0)} + （K_{\text{I}} K_{\text{II}} + K_{\text{I}} - K_{\text{II}}）（\gamma^{(0)} + \gamma^{(0)} \gamma^{(1)} + \gamma^{(0)} \gamma^{(1)} \gamma^{(2)} + \cdots +$$
$$\gamma^{(0)} \gamma^{(1)} \cdots \gamma^{(n-2)}） C_{\text{I}}^{(0)} + （K_{\text{I}} - K_{\text{II}}） \gamma^{(0)} \gamma^{(1)} \gamma^{(2)} \cdots \gamma^{(n-1)} C_{\text{I}}^{(0)} \quad （2-4）$$

现在我们来讨论 W 的值在什么条件下会成为极大值，在现在的式子中，$\gamma^{(\lambda)}$、$C_{\text{I}}^{(0)}$、K_{I}、K_{II} 都是正值，其中 K_{I}、K_{II}，$C_{\text{I}}^{(0)}$ 还是一个已知的常数值，但却是二连串的变数。现在的问题就是要找出比值 $\gamma^{(\lambda)}$ 需要满足什么条件，才能使得 n 年内的产品总价值 W 能够成为极大值。

在公式（2-4）中，K_{II} 总是要大于 K_{I} 的。我们知道，$K = （1 + \alpha_{\text{I}}）（1 + p_{\text{I}}）$，$K_{\text{II}} = （1 + \alpha_{\text{II}}）（1 + p_{\text{II}}）$。由于第一部类的资本有机构成要比第二部类的高，所以 α_{I} 通常要小于 α_{II}；但又因 p_{I} 和 p_{II} 常常相等，于是我们就总有 $K_{\text{II}} > K_{\text{I}}$ 的关系，算式（2-4）中的 $\gamma^{(\lambda)}$ 是一连串的变数，但它们的变化范围要受到下列的限制，即 $\gamma^{(\lambda)}$ 都要大于 1，它们的最小值才等于 1（因为我们不讨论生产萎缩的情形）。不难看出，算式

---

① 　关于每年的 K 值发生变化的情形，见本文第三节。

（2-4）中的第一项和第二项永远是正值（这是因为 $K_{\text{II}}K_{\text{I}}+K_{\text{I}}-K_{\text{II}}=K_{\text{I}}+K_{\text{II}}$ $(K_{\text{I}}-1)$，而 $K_{\text{I}}>1$ 的缘故），第三项却永远是负值，因而要使得 W 值为极大值的充分条件就是要使第一项和第二项的数值是极大，第三项的数值是极小，可是算式（2-4）中，第二项和第三项是相互联系着的，因为在第二项和第三项中，它们都有 $\gamma^{(0)}$，$\gamma^{(1)}$，$\gamma^{(2)}$，…，$\gamma^{(n-2)}$ 的数值。可是第三项中却有一个变数 $\gamma^{(n-1)}$ 是第二项所没有的，对于这个变数，我们是不难先做出结论来的。也就是说，我们应该令 $\gamma^{(n-1)}$ 等于 1；或者是等于它的实际上可能的某个大于 1 的数值 ξ。[①] 因为只有这样，才能使第三项的数值尽可能小。

以 $\gamma^{(n-1)}=1$ 代入算式（2-4）内，式（2-4）即变为

$$W = K_{\text{I}}K_{\text{II}}C_{\text{I}}^{(0)} + (K_{\text{I}}K_{\text{II}}+K_{\text{I}}-K_{\text{II}})(\gamma^{(0)}+\gamma^{(0)}\gamma^{(1)}+\cdots+\gamma^{(0)}\gamma^{(1)}\cdots\gamma^{(n-3)})C_{\text{I}}^{(0)} +$$
$$[K_{\text{I}}K_{\text{II}}+(1+\xi)(K_{\text{I}}-K_{\text{II}})]\gamma^{(0)}\gamma^{(1)}\cdots\gamma^{(n-2)}C_{\text{I}}^{(0)} \qquad (2-5)$$

现在来估计一下 $[K_{\text{I}}K_{\text{II}}+(1+\xi)(K_{\text{I}}-K_{\text{II}})]$ 的数值大约有多大。在公式

$$K_{\text{I}}C_{\text{I}}^{(\lambda)} = C_{\text{I}}^{(\lambda+1)} + C_{\text{II}}^{(\lambda+1)}$$

的两边各除以 $C_{\text{I}}^{(\lambda)}$，我们就得到

$$K_{\text{I}} = \gamma^{(\lambda)} + \frac{C_{\text{II}}^{(\lambda+1)}}{C_{\text{I}}^{(\lambda)}}$$

由于 $C_{\text{II}}^{(\lambda+1)}/C_{\text{I}}^{(\lambda)}$ 的值总是某一正数，因此 $\gamma^{(\lambda)}$ 或是它的某一实际上可能的最小值 ξ，且总要小于 K_{I}。利用 $1<\xi<K_{\text{I}}$ 的算式，我们就可以得出下列的不等式：

$$[K_{\text{I}}K_{\text{II}}+(1+\xi)(K_{\text{I}}-K_{\text{II}})] > [K_{\text{I}}K_{\text{II}}+(1+K_{\text{I}})(K_{\text{I}}-K_{\text{II}})] = K_{\text{I}}^2 + (K_{\text{I}}-K_{\text{II}})$$
$$(2-6)$$

其中 $(K_{\text{I}}-K_{\text{II}})$ 是负数。

现在我们分成三种情形来讨论：第一，$[K_{\text{I}}K_{\text{II}}+(1+\xi)(K_{\text{I}}-K_{\text{II}})]>0$ 的情形。这种情形实际上是很可能发生的。我们知道，K_{I} 和 K_{II} 的数值相差不会太远，$(K_{\text{I}}-K_{\text{II}})$ 加上 K_{I}^2 以后就很可能成为正值，那么 $[K_{\text{I}}K_{\text{II}}+(1+\xi)(K_{\text{I}}-K_{\text{II}})]$ 就更可能成为正值了。但这样一来，算式（2-5）中所有各项都成正值，在这时，W 的数值成为极大值的条件就是 $\gamma^{(0)}$，$\gamma^{(1)}$，…，$\gamma^{(n-2)}$ 的数值要尽可能地大，[②] 而 $\gamma^{(n-1)}$ 的数值却要尽可能地小，并等于某一实际可能的最小值 ξ。如果把上述的数学结论换为通常的语言来表达，那就是说，如果我们要使 n 年内的产品总价值获得最大值，最好的办法就是尽

---

① 在 $\gamma^{(n-1)}=1$ 时，会使得下一年度的扩大再生产成为不可能。

② $\gamma^{(0)}$，$\gamma^{(1)}$，$\gamma^{(2)}$，…，$\gamma^{(n-2)}$ 的最大值是什么，我们将在第三篇文章中讨论。

快地增加第一部类的生产，但在最后的一年却把相当大的一部分生产资料投到消费资料的生产里面。

第二，假如 $[K_1 K_{\mathrm{II}} + (1+\xi)(K_1 - K_{\mathrm{II}})] = 0$，那么这里除了 $\gamma^{(n-1)}$ 以外，$\gamma^{(\lambda)}$ 仍应愈大愈好，和上面不同的是 $\gamma^{(n-2)}$ 可以大，也可以小，已对 W 的数值不发生影响。

第三，我们转而讨论 $[K_1 K_{\mathrm{II}} + (1+\xi)(K_1 - K_{\mathrm{II}})] < 0$ 的情形。这时，和算式 $(2-4)$ 一样，算式 $(2-5)$ 中前两项是正值，后面一项是负值，同时，算式 $(2-5)$ 的第三项中，也只有变数 $\gamma^{(n-2)}$ 是第二项中所没有包括的变数。因此，这时如果要使得 W 的值成为极大，那么 $\gamma^{(n-2)}$ 就要尽可能地小，并且等于某一较小的数值 η，以 $\gamma^{(n-2)} = \eta$ 的值代入算式 $(2-5)$ 内，于是我们便得

$$W = K_1 K_{\mathrm{II}} C_1^{(0)} + (K_1 K_{\mathrm{II}} + K_1 - K_{\mathrm{II}})(\gamma^{(0)} + \gamma^{(0)}\gamma^{(1)} + \cdots + \gamma^{(0)}\gamma^{(1)}\gamma^{(2)}\cdots\gamma^{(n-1)}) C_1^{(0)} +$$
$$\{K_1 K_{\mathrm{II}} + (K_1 - K_{\mathrm{II}}) + \eta[K_1 K_{\mathrm{II}} + (1+\xi)(K_1 - K_{\mathrm{II}})]\}$$
$$\gamma^{(0)}\gamma^{(1)}\cdots\gamma^{(n-3)} C_1^{(0)} \quad 1 < \eta < K_1 \tag{2-7}$$

利用公式 $(2-6)$，可得

$$K_1 K_{\mathrm{II}} + (K_1 - K_{\mathrm{II}}) + \eta[K_1 K_{\mathrm{II}} + (1+\xi)(K_1 - K_{\mathrm{II}})] > K_1 K_{\mathrm{II}} + (K_1 - K_{\mathrm{II}}) +$$
$$\eta[K_1^2 + (K_1 - K_{\mathrm{II}})] = \eta K_1^2 + K_1 K_{\mathrm{II}} + (1+\eta)(K_1 - K_{\mathrm{II}}) >$$
$$K_1^2 + K_1 K_{\mathrm{II}} + (1+K_1)(K_1 - K_{\mathrm{II}}) = 2K_1^2 + (K_1 - K_{\mathrm{II}})$$

在这时，我们又可分三种情形来讨论：一是 $[K_1 K_{\mathrm{II}} + (K_1 - K_{\mathrm{II}}) + \eta K_1 K_{\mathrm{II}} + \eta(1+\xi)(K_1 - K_{\mathrm{II}})] > 0$，二是等于 0，三是小于 0 的情形。对于第一种和第二种情形，虽然仍得出相同的结论。对于第三种情形即假如是小于 0 的，那么我们就可以继续做下去，每一次循环的结果，第三项的数值将要愈来愈大，并且用和上面同样的方法可以证明它们总要大于 $\lambda K_1^2 + (K_1 + K_{\mathrm{II}})$ 的数值（其中 λ 是循环的次数）。因此，继续做下去，我们总可以找到一个转折点，使第三项的数值成为正值。

因此，我们不难得出结论：如果要使 W 值成为极大，就必须在开头几年的第一部类生产增加得尽可能地快（亦即 $\gamma^{(0)}$，$\gamma^{(1)}$，$\gamma^{(2)}$，$\cdots$，$\gamma^{(\eta-\lambda-1)}$ 的值尽可能地大）；在末尾几年放慢第一部类生产上涨速度（亦即 $\gamma^{(\eta-\lambda)}$，$\gamma^{(\eta-\lambda-1)}$，$\cdots$，$\gamma^{(n-1)}$ 的数值要尽可能地小），并且将生产资料投入第二部类，扩大第二部类的生产。至于 λ 的具体数值却要看 K_1 和 K_{II} 的大小才能决定。

现在我们来讨论一下，在什么条件下消费资料的产品总价值才能获得最大值。令 n 年内消费资料的产品总价值

$$W_{\mathrm{II}} = W_{\mathrm{II}}^{(1)} + W_{\mathrm{II}}^{(2)} + \cdots + W_{\mathrm{II}}^{(\lambda)} + \cdots + W_{\mathrm{II}}^{(n)} \tag{2-8}$$

和以上的处理一样，我们先把算式 $(2-8)$ 转化成为 $\gamma^{(\lambda)}$ 的函数。以公式 $W_{\mathrm{II}}^{(\lambda)} =$

$K_{\text{II}} C_{\text{II}}^{(\lambda)}$，$K_{\text{I}} C_{\text{I}}^{(\lambda)} = C_{\text{I}}^{(\lambda+1)} + C_{\text{II}}^{(\lambda+1)}$，$\gamma^{(\lambda)} C_{\text{I}}^{(\lambda)} = C_{\text{I}}^{(\lambda+1)}$ 代入，式（2-8）即变成

$$W_{\text{II}} = K_{\text{I}} K_{\text{II}} C_{\text{I}}^{(0)} + K_{\text{II}} (K_{\text{I}} - 1)(C_{\text{I}}^{(1)} + C_{\text{I}}^{(2)} + \cdots + C_{\text{I}}^{(n-1)}) - K_{\text{II}} C_{\text{I}}^{(n)}$$
$$= K_{\text{I}} K_{\text{II}} C_{\text{I}}^{(0)} + K_{\text{II}} (K_{\text{I}} - 1)(\gamma^{(0)} + \gamma^{(0)} \gamma^{(1)} + \cdots +$$
$$\gamma^{(0)} \gamma^{(1)} \cdots \gamma^{(n-2)}) C_{\text{I}}^{(0)} - K_{\text{II}} \gamma^{(0)} \gamma^{(1)} \cdots \gamma^{(n-1)} C_{\text{I}}^{(0)} \qquad (2-9)$$

算式（2-9）和（2-4）是十分相像的。在算式（2-9）中，$\gamma^{(\lambda)}$ 为大于 1 的变数，K_{I}、K_{II}、$C_{\text{I}}^{(0)}$ 为某一常数。和算式（2-4）的情形类似，如果要使 W_{II} 是最大值，式（2-9）中的第三项的 $\gamma^{(n-1)}$ 应该等于某一实际可能的最小值 ξ。当 $\gamma^{(n-1)} = \xi$ 时，式（2-9）就变为

$$W_{\text{II}} = K_{\text{I}} K_{\text{II}} C_{\text{I}}^{(0)} + K_{\text{II}} (K_{\text{I}} - 1)(\gamma^{(0)} + \gamma^{(0)} \gamma^{(1)} + \cdots \gamma^{(0)} \gamma^{(1)} \cdots \gamma^{(n-3)}) C_{\text{I}}^{(0)} +$$
$$K_{\text{II}} (K_{\text{I}} - 1 - \xi) \gamma^{(0)} \gamma^{(1)} \cdots \gamma^{(n-2)} C_{\text{I}}^{(0)} \qquad (2-10)$$

当 $K_{\text{I}} \geq 1 + \xi$ 时，算式（2-10）中所有的项都是正值；因而要使 W_{II} 的值成为极大，就必须使所有的 $\gamma^{(0)}$，$\gamma^{(1)}$，$\gamma^{(2)}$，$\cdots$，$\gamma^{(n-2)}$ 的值成为极大（当 $K_{\text{I}} = 1 + \xi$ 时，$\gamma^{(n-2)}$ 可以等于任意的数值）。当 $K_{\text{I}} < 1 + \xi$ 时，那么 $\gamma^{(n-2)}$ 就要等于另一极小值 η，式（2-10）就转化为一个包括 $[K_{\text{II}} (K_{\text{I}} - 1) + \eta K_{\text{II}} (K_{\text{I}} - 1 - \xi)]$ 项的算式，这时又可分为三种情形来讨论，而如果这一项又是负值时，就还可以继续做下去。不难看出，每一次演算的结果，都将使这一项的数字增加一点。例如，我们现在有

$$[K_{\text{II}} (K_{\text{I}} - \xi) \eta + K_{\text{II}} (K_{\text{I}} - \eta) - K_{\text{II}}]$$

的项。再一次演算的结果，就会包含有

$$[K_{\text{II}} (K_{\text{I}} - \xi) \eta \zeta + K_{\text{II}} (K_{\text{I}} - \eta) \zeta + K_{\text{II}} (K_{\text{I}} - \zeta) - K_{\text{II}}]$$

的项。如此可以继续做下去。由于 $1 < \xi < K_{\text{I}}$，$1 < \eta < K_{\text{I}}$，$\cdots$，$1 < \varepsilon < K_{\text{I}}$，因此我们总可以选择一个小于 K_{I} 的某一常数 C，使 $K_{\text{I}} > C > \xi$，η，ζ，δ，$\cdots$，ε。这样，以上这项算式

$$[K_{\text{II}} (K_{\text{I}} - \varepsilon) + \cdots + K_{\text{II}} (K_{\text{I}} - \eta) \zeta \delta \cdots \varepsilon + K_{\text{II}} (K_{\text{I}} - \xi) \eta \zeta \delta \cdots \varepsilon - K_{\text{II}}] >$$
$$K_{\text{II}} (K_{\text{I}} - C)(1 + \cdots + \zeta \delta \cdots \varepsilon + \eta \zeta \delta \cdots \varepsilon) - K_{\text{II}} > K_{\text{II}} [(K_{\text{I}} - C) \lambda_{\text{I}} - 1]$$

由于 λ 以 1，2，3，$\cdots$，λ 等整数递增，因而我们总可以在某一年使得这一项成为正值。这时，$\gamma^{(0)}$，$\gamma^{(1)}$，$\cdots$，$\gamma^{(n-\lambda-1)}$ 的值应该尽可能地大，而 $\gamma^{(n-\lambda)}$，$\gamma^{(n-\lambda+1)}$，$\cdots$，$\gamma^{(n-1)}$ 的数值就应该尽可能地小。

上面数学上的结论，初看起来似乎是很令人奇怪的。为什么我们希望能得到尽量多的消费资料，却反而要相反地尽快地去发展生产资料的生产呢？因为消费资料的生

产总是离不开生产资料的，假如生产资料的生产被压低在一个很低下的水平上，那么消费资料的生产，就只能以很低的水平来进行生产。相反，只有当人们手中掌握着的生产资料愈多时，人们才能获得愈多的消费资料。在每一年度的扩大再生产中，生产资料总是分成两部分，一部分用来增加生产资料的生产，另一部分用来生产消费资料，前一部分生产资料是会不断地"繁殖"的，后一部分生产资料却被人们消费掉。这个情形正和母鸡生蛋一样，如果人们保留下来准备孵鸡的鸡蛋愈多，那么将来所能得到的鸡蛋也就愈多；反之，如果在目前把所有的鸡蛋都吃掉，那么日后就得不到鸡蛋。从这里也可以看出那些片面地要求减低我国重工业发展速度的意见是何等地错误。从我们的计算看来，这种意见实质上不过是"杀鸡取蛋"的政策而已。

三

在本文的第二节中曾经指出，如果我们要使得消费资料的总和获得最大值，我们所应采取的唯一办法就是要尽量地发展第一部类的生产。不过，我们在论证这一观点时，是从有限年代（虽然是相当长的年代）来论证的，并且我们在式子里还假设 K 的数值不变；但严格说来，这种论证方法在逻辑上是不很完整的。现在我们把比较严密的一种论证方法写在下面。

令

$$W_{II} = W_{II}^{(1)} + W_{II}^{(2)} + \cdots + W_{II}^{(\lambda)} + \cdots = K_{II}^{(1)} C^{(1)} + K_{II}^{(2)} C^{(2)} + K_{II}^{(3)} C^{(3)} + \cdots + K_{II}^{(\lambda)} C^{(\lambda)} + \cdots \qquad (3-1)$$

单凭公式（3-1）显然无法得出结论，但我们知道，在 C_I 和 C_{II} 之间还存在着下列的关系式：

$$K_I^{(\lambda)} C_I^{(\lambda)} = C_I^{(\lambda+1)} + C_{II}^{(\lambda+1)}$$

将 K_I 移在上述关系式的右面，并且从第一年起连续以上述关系式代入，即 $C_I^{(0)} = (C_I^{(1)} + C_{II}^{(1)}) / K_I^{(0)}$，$C_I^{(1)} = (C_I^{(2)} + C_{II}^{(2)}) / K_I^{(1)}$，$\cdots$，$C_I^{(\lambda)} = (C_I^{(\lambda+1)} + C_{II}^{(\lambda+1)}) / K_I^{(\lambda)}$，我们便得如下的级数：

$$C_I^{(0)} = \frac{C_{II}^{(1)}}{K_I^{(0)}} + \frac{C_{II}^{(2)}}{K_I^{(0)} K_I^{(1)}} + \frac{C_{II}^{(3)}}{K_I^{(0)} K_I^{(1)} K_I^{(2)}} + \cdots + \frac{C_{II}^{(\lambda+1)}}{K_I^{(0)} K_I^{(1)} \cdots K_I^{(\lambda)}} + \cdots \qquad (3-2)$$

算式（3-2）所表示的级数是说 C_{II} 的值可以有相当大的任意的分布，但它们要由式（3-2）来约束 $C_{II}^{(1)}$，$C_{II}^{(2)}$，$C_{II}^{(\lambda+1)}$，$\cdots$数值的分布情形。

例如，每年度的 C_{II} 就不能增加得太快，以至于在有限的年代内，有穷级数

$$\frac{C_{II}^{(1)}}{K_I^{(0)}} + \frac{C_{II}^{(2)}}{K_I^{(0)} K_I^{(1)}} + \cdots + \frac{C_{II}^{(n+1)}}{K_I^{(0)} K_I^{(1)} \cdots K_I^{(n)}}$$

已经等于 $C_{\mathrm{I}}^{(0)}$。而如果在有限的年代内，上述的有穷级数已经等于 $C_{\mathrm{I}}^{(0)}$，那么在今后的 $C_{\mathrm{II}}^{(\lambda+1)}$，$C_{\mathrm{II}}^{(\lambda+2)}$，…就非等于 0 不可，这也就是说，生产发生了中断。同样，C_{II} 的数值的分布也不能使前面几年的 C_{II} 过大，以至于在以后几年的 C_{II} 的数值只能逐年下降或维持一个常数才能使式（3-2）满足。

现在我们来看一看，C_{II} 的数值究竟应如何分布，才能使式（3-1）中的数值变得最大。

我们先定性地探讨一下。

从算式（3-2）可以看出这样的关系：假如 C_{II} 在开头的几年增加很快，那么在以后的几年就只能增加很慢；相反，如果在开头几年增加得很慢，那么在今后无穷的年代里，就可以增加得较快（因为这里的 K_{I} 永远是大于 1 的数值，在今后的年代内，无穷级数的各项的分母 $K_{\mathrm{I}}^{(0)} \cdot K_{\mathrm{I}}^{(1)} \cdots K_{\mathrm{I}}^{(\lambda)}$ 的值要愈来愈大。可是在算式（3-1）中，W_{II} 的数值却主要是由今后的无穷年代中的 C_{II} 所决定的（因为这里包含着无穷的不收敛的项，并且所有的 K_{I} 都是大于 1 的数值）。也就是说，如果我们能在今后的无穷年代内，C_{II} 能够以最快的速度来增加，W_{II} 也就具有最大值，但要做到这点，前几年的 C_{II} 就必须以较缓的速度增长，也就是说，要尽快地发展第一部类的生产。

为了能更具体地指出前几年的 C_{II} 的增长速度怎样地影响了后几年 C_{II} 的增长速度，我们还需要做一些简单的计算。我们这里的数学问题，也就是要求出无穷级数（3-1）自某一 λ 年起的部分和在什么条件下发散得最快。

假设 C_{II} 每年以下列比值

$$S^{(\lambda)} = \frac{C_{\mathrm{II}}^{(\lambda+1)}}{C_{\mathrm{II}}^{(\lambda)}} = \frac{\tau K_{\mathrm{I}}^{(\lambda)}}{K_{\mathrm{I}}^{(0)}} \tag{3-3}$$

增长，而其中 τ 是某一小于 $K_{\mathrm{I}}^{(0)}$ 的常数。[①] 将式（3-3）代入公式（3-2）内，我们就得到

$$C_{\mathrm{I}}^{(0)} = \frac{C_{\mathrm{II}}^{(1)}}{K_{\mathrm{I}}^{(0)}} \left[1 + \frac{\tau}{K_{\mathrm{I}}^{(0)}} + \left(\frac{\tau}{K_{\mathrm{I}}^{(0)}}\right)^2 + \left(\frac{\tau}{K_{\mathrm{I}}^{(0)}}\right)^3 + \cdots + \left(\frac{\tau}{K_{\mathrm{I}}^{(0)}}\right)^{(\lambda)} + \cdots \right]$$

由于 $\dfrac{\tau}{K_{\mathrm{I}}^{(0)}} < 1$，所以

$$C_{\mathrm{I}}^{(0)} = \frac{C_{\mathrm{II}}^{(1)}}{K_{\mathrm{I}}^{(0)}} \cdot \frac{1}{1 + \dfrac{\tau}{K_{\mathrm{I}}^{(0)}}} \tag{3-4}$$

---

① 不论 $r^{(\lambda)}$ 还是 $S^{(\lambda)}$ 的值，总是要比 $K_{\mathrm{I}}^{(\lambda)}$ 为小，因而 τ 的值总要比 $K_{\mathrm{I}}^{(0)}$ 为小。

以 $K_{\mathrm{I}}^{(0)} C_{\mathrm{I}}^{(0)} = C_{\mathrm{I}}^{(1)} C_{\mathrm{II}}^{(1)}$ 代入式（3-4），并令 $C_{\mathrm{II}}^{(1)} / C_{\mathrm{I}}^{(1)} = \mu^{(1)}$ 移项后，便得

$$\tau = \frac{K_{\mathrm{I}}^{(0)}}{1 + \mu^{(1)}} \qquad (3-5)$$

将式（3-5）代入式（3-3）内，我们便得到

$$S^{(\lambda)} = \frac{K_{\mathrm{I}}^{(\lambda)}}{1 + \mu^{(1)}} \qquad (3-6)$$

现在我们来看看公式（3-6）所规定的 $S^{(\lambda)}$ 的数值代表什么经济意义。以 $\mu^{(\lambda)} = C_{\mathrm{II}}^{(\lambda)} / C_{\mathrm{I}}^{(\lambda)}$，$r^{(\lambda)} = C_{\mathrm{I}}^{(\lambda+1)} / C_{\mathrm{I}}^{(\lambda)}$，$S^{(\lambda)} = C_{\mathrm{II}}^{(\lambda+1)} / C_{\mathrm{I}}^{(\lambda)}$ 代入公式 $K_{\mathrm{I}}^{(\lambda)} C_{\mathrm{I}}^{(\lambda)} = C_{\mathrm{I}}^{(\lambda+1)} + C_{\mathrm{II}}^{(\lambda+1)}$，即可得出联系三个再生产系数 $\mu^{(\lambda)}$、$r^{(\lambda)}$、$S^{(\lambda)}$ 的公式

$$S^{(\lambda)} \mu^{(\lambda)} = K_{\mathrm{I}}^{(\lambda)} - r^{(\lambda)} \qquad (3-7)$$

从这个公式可以看出，当两大部类以同等速度上升时，它们的上升速度是 $r^{(\lambda)} = S^{(\lambda)} = \dfrac{K_{\mathrm{I}}^{(\lambda)}}{1 + \mu^{(\lambda)}}$。当 $\lambda = 1$ 时，$r^{(1)} = S^{(1)} = \dfrac{K_{\mathrm{I}}^{(1)}}{1 + \mu^{(1)}}$。我们知道，两大部类以同样的速度上升时，第二部类不变资本（或生产基金）对于第一部类不变资本（或生产基金）的比例，即 $\mu^{(\lambda)}$ 是不变的；也就是说，在这时，

$$\mu^{(\lambda)} = \frac{C_{\mathrm{II}}^{(\lambda)}}{C_{\mathrm{I}}^{(\lambda)}} = \frac{C_{\mathrm{II}}^{(1)}}{C_{\mathrm{I}}^{(1)}} \cdot \frac{r^{(1)} r^{(2)} \cdots r^{(\lambda-1)}}{S^{(1)} S^{(2)} \cdots S^{(\lambda-1)}} = \mu^{(1)}$$

换句话说，公式（3-6）所表示的 $S^{(\lambda)}$ 的值，乃是两大部类等速上升时的上升比值。

现在我们可以来讨论式（3-2）中前一部分 C_{II} 和后一部分 C_{II} 上升速度间的相互关系了。假如 C_{II} 在一开始时，就以比 $S^{(\lambda)} = \dfrac{\tau K_{\mathrm{I}}^{(\lambda)}}{K_{\mathrm{I}}^{(0)}} = \dfrac{K_{\mathrm{I}}^{(1)}}{1 + \mu^{(1)}} = \dfrac{K_{\mathrm{I}}^{(\lambda)}}{1 + \mu^{(\lambda)}}$ 的数值为大的速度上升，那么在今后的无穷年代里就将一定不能以比 $S^{(\lambda)} = \dfrac{\tau K_{\mathrm{I}}^{(\lambda)}}{K_{\mathrm{I}}^{(0)}} = \dfrac{K_{\mathrm{I}}^{(\lambda)}}{1 + \mu^{(1)}}$ 的数值为大的速度上升了（关于这一点，只要从式（3-4）中 $C_{\mathrm{I}}^{(0)}$ 是 $\left(\dfrac{\tau}{K_{\mathrm{I}}^{(0)}}\right)$ 的级数的极限的关系就可以看出）；而且，如果 C_{II} 连续好几年都以 $S^{(\lambda)}$ 大于 $\dfrac{\tau K_{\mathrm{I}}^{(\lambda)}}{K_{\mathrm{I}}^{(0)}} = \dfrac{K_{\mathrm{I}}^{(\lambda)}}{1 + \mu^{(1)}}$ 的比值上升，那么在有限的年代内，就会使式（3-2）和式（3-4）的级数已经等于 $C_{\mathrm{I}}^{(0)}$；也就是说，生产要中断。其实，这种情形也就是消费资料优先增长的情形。可是，如果前面一部分 C_{II} 以小于 $S^{(\lambda)} = \tau K_{\mathrm{I}}^{(\lambda)} / K_{\mathrm{I}}^{(0)}$ 的速度上升时，那么在后面的无穷年代内的 C_{II} 就可以以大于 $\tau K_{\mathrm{I}}^{(\lambda)} / K_{\mathrm{I}}^{(0)}$ 的速度上升。显然，前面的 C_{II} 上升得愈慢（这相当于第一部类上升得

愈快），后面的 C_{II} 就可能上升得愈快。就是说，无穷级数的部分和（或）W_{II} 的值将具有最大值。

因此，我们不难得出结论说：如果要使人们在无限年代内获得最多的消费资料，那么就必须在开始的几年以尽可能高的速度来发展第一部类生产。

至于在先后两年间第一部类能够增长的最高速度，我们将在第三篇文章中进行分析。

此外，从上面的讨论中，看起来似乎要得出这样的结论，即似乎在努力发展重工业的同时，不需要相应地去发展轻工业了。如果得出这样的结论，那也是不对的。关于轻工业在生产发展中的作用问题，我们将在第三篇文章中进行讨论。

马克思主义再生产理论的数学分析（三）
在实现扩大再生产时第一部类和第二部类所必须满足的上升比例关系，以及它们的经济意义的分析

何祚庥　罗劲柏

摘　要

在这篇文章中，主要是讨论两年之间和多年之间两大部类生产上升比值的相互关系问题。我们给出了一个决定两大部类生产增长速度的公式。根据这些数量关系的分析，我们还论证了国家计划机关得以实现计划领导的理论根据，指出资本主义制度下必然要爆发经济危机的原因，指出军事生产为什么不能最终地摆脱危机。根据上述理论，还论证了为什么社会主义可以有比资本主义更快的生产增长速度，讨论了建设社会主义时在生产资料和消费资料增长速度方面一般所应保持的比较合理的比例关系。此外我们还对于轻工业在国民经济中的发展问题进行了若干分析。

在上两篇文章中曾讨论了不断实现扩大再生产和生产高速增长的条件。现在我们要更具体地分析一下，在实现扩大再生产时，第一部类生产和第二部类生产上升比值之间应该保持什么样的比例关系，以及在不同社会制度下，第一部类和第二部类生产的上升最大比值是什么。深入地探讨这些问题将有助于对经济危机理论的理解和国民经济计划的编制。

本文将分成五节来叙述。第一节将讨论先后两年之间第一部类和第二部类生产增长比值之间所应遵循的比例关系。第二节和第三节将分别讨论资本主义和社会主义制度下生产增长的最大比值问题，以及连续几年的上升比值间的相互关系。第四节是根据实际的生产增长的情况，对于前三节所探讨的理论进行了若干修正，第五节对于我们现在所采用的理论的一些缺点，进行了一些讨论。

一

令 r^λ 为第一部类不变资本在 λ 年度的上升比值；S^λ 为第二部类不变资本在 λ 年度的上升比值。用数学式子来表示，便得

$$r^\lambda = C_{\mathrm{I}}^{\lambda+1}/C_{\mathrm{I}}^\lambda \,, S^\lambda = C_{\mathrm{II}}^{\lambda+1}/C_{\mathrm{II}}^\lambda \tag{1-1}$$

利用我们以前发表的两篇文章中所详细探讨过的实现扩大再生产的基本公式

$$K_I^\lambda C_I^\lambda = C_I^{\lambda+1} + C_{II}^{\lambda+1} \qquad (1-2)^①$$

在公式（1-2）的两边各除以 C_I^λ，以公式（1-1）中的 $r^\lambda = C_I^{\lambda+1}/C_I^\lambda$ 和 $C_{II}^{\lambda+1} = S^\lambda C_{II}^\lambda$ 的关系式代入，并令 $C_{II}^\lambda/C_I^\lambda = \mu^\lambda$，[②] 公式（1-2）即变为

$$\mu^\lambda S^\lambda = K_I^\lambda - r^\lambda \qquad (1-3)$$

假如我们在公式（1-2）的两边各除以 C_I^λ，因为（1-2）式中的 $\dfrac{C_I^{\lambda+1}}{C_I^\lambda} = r^\lambda$，第二项的分母 $C_I^\lambda = C_I^{\lambda+1}/r^\lambda$，并且 $C_{II}^{\lambda+1}/C_I^{\lambda+1} = \mu^{\lambda+1}$，公式（1-2）即变为

$$K_I^\lambda - r^\lambda = r^\lambda \mu^{\lambda+1} \qquad (1-4)$$

公式（1-3）和（1-4）分别代表不同的经济意义。公式（1-3）是说第一部类和第二部类生产的不变资本（或生产基金）上升比值之间，绝不是相互无关的，它们一方面受到历史上已经形成的第二部类和第一部类不变资本之间比例关系（即 μ^λ）的影响；另一方面，它们之间还存在着线性的依赖关系。公式（1-4）是说在 λ 年度进行生产以后，第一部类和第二部类的不变资本之间的比例关系要换成 $\mu^{\lambda+1}$，但 $\mu^{\lambda+1}$ 的大小却只受 r^λ 大小的影响（此处 K_I^λ 暂时假定为常数）初看起来，公式（1-4）所得到的结论似乎是很令人奇怪的，似乎 $\mu^{\lambda+1}$ 是应该由 μ^λ，r^λ 和 S^λ 这三个数字来决定的；但如果我们考虑到 μ^λ 和 r^λ、S^λ 之间还存在着公式（1-3）所规定的关系，那么公式（1-4）的结果也就是可以理解的了。

为了更便于考察公式（1-3）和（1-4）所表示的经济上的意义，我们先画出它的相应的几何图形。

令变量 S^λ 为 x 轴，r^λ 为 y 轴，并以它们为坐标画出代表公式（1-3）的一根直线。显然，这根直线的斜率是 $-\mu^\lambda$，而它在 y 轴上的截线是 K_I^λ。假如 μ^λ 可以取各种不同的数值，而 K_I^λ 维持不变的话，那么所有的直线都要在 K_I^λ 点上相交。[③]

---

① 关于 K_I^λ、C_I^λ、C_{II}^λ 的定义见《力学学报》第 1 卷第 1 期第 109 页我们所写的《为什么不断实现扩大再生产必须优先发展生产资料的生产》一文，以下凡不加注明的符号均同此。这个公式的证明可见该文中的式（2-5）。

② μ^λ 乘上 K_I^λ/K_I^λ 之后，即等于第二部类产品总价值和第一部类产品总价值的比值，而这个数字是和国民经济中轻重工业所占的比重问题相联系着的。因此，我们这里所讨论的虽然是不变资本之间的比例，但是它们却很容易转变为第一部类和第二部类产品总价值之间的比例，同时，对于它们进行讨论而得的结论，也很容易转变为对消费资料产品总价值和生产资料产品总价值的相互关系问题的探讨。

③ 我们暂时先讨论 K_I^λ 不变的情形。

图 1 的直线很清楚地表示出了这种关系，即当 μ^λ 的数值为一定时，r^λ 和 S^λ 就不能做任意的选择，它们只能限制在斜率为 $-\mu^\lambda$ 的直线上移动。①

但还要指出：由于 $\lambda - 1$ 和 λ 年间所形成的 $r^{\lambda-1}$、$S^{\lambda-1}$ 可以有不同的数值，因而 μ^λ 也不是固定的。② 但 μ^λ 本身却要满足若干其他条件，如我们在第一篇文章中，就曾指出 μ^λ 必须满足

$$\mu^\lambda < K_1^\lambda - 1$$

的公式。把这个公式用图表示出来（见图 2），就是说公式（1－3）所表示的直线的斜率不能是任意的，它必须大于 $1 - K_1^\lambda$ 才行（因为直线 AB 的斜率是负值）。也就是说公式（1－3）所代表的直线 AB 必须在斜率为 $1 - K_1^\lambda$，y 轴上的截线为 K_1^λ 的 AC 直线的右上角。

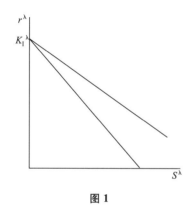

图 1

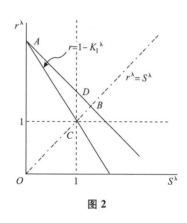

图 2

非常有意思的是：假如我们通过 0 点做一根 $r^\lambda = S^\lambda$ 直线，那么它和直线 AC 就要在直线上的 C 点相交，并且 C 点的 r^λ 和 S^λ 的数值都是 1。［要证明这一点将 $\mu^\lambda = K_1^\lambda - 1$ 和 $r^\lambda = S^\lambda$ 代入公式（1－3）即行。］所谓 $r^\lambda = S^\lambda = 1$ 是什么意思呢？这就是说，第一部类的生产和第二部类的生产都是简单再生产；当直线上 AC 的点自 C 点略为向右或向左偏转的时候，就要引起或者是第一部类的缩小生产或者是第二部类的缩小生产，由此可见，直线 AC 代表着简单再生产和扩大再生产之间的界限，直线 AC 确是表示扩大再生产的公式（1－3）所不能逾越的一个界限。

r^λ 和 S^λ 还必须满足另外一些条件。例如，r^λ 和 S^λ 都必须大于 1，否则就不是两部类都同时扩大再生产而是缩小生产了。另外，我们在上一篇文章中还曾指出，要使得

---

① r^λ 和 S^λ 还受到 K_1^λ 的影响，K_1^λ 的特点是不断缩小，但我们现在暂时假定它不动；事实上，K_1^λ 的数值的变化也是比较缓慢的，不过，由于它的变动而产生的影响，我们将在后面讨论。

② 当 $r^{\lambda-1}$ 决定后，μ^λ 也就固定了。

逐年度经常不断的扩大再生产能够实现，必须保证使生产资料的增长优先于消费资料的增长，也就是说，在经常的年代内，r^λ 必须大于 S^λ。

把上述的各种限制条件用图来表示时，就是说公式（1-3）所表示的直线 AB 只能在直线 AC 的右上角移动，并且在每一年度内，r^λ 和 s^λ 只能在斜率 $-\mu^\lambda$ 为一定、范围在 $\angle DCE$ 以内的线段 DB 上移动（见图 3）当然，我们对于以上所说的 r^λ 和 S^λ 所必须满足的条件是不能机械地当作绝对不可逾越的界限来了解的。我们在这里所说的条件只是说这些条件是不断实现扩大再生产所必须满足的条件。在现实的经济的过程中当然可以有在某些年份内第二部类比第一部类发展得快的情形出现，也可以有缩小生产或经济潜力未能充分发挥的情形。

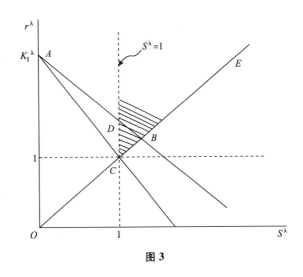

图 3

不难看出，我们在上面所讨论的第一部类生产和第二部类生产所必须满足的比例关系，以及这些比例关系所必须满足的条件，对于理解资本主义制度和社会主义制度都有很大意义。在资本主义制度下，由于资本主义的私有制的存在，各个资本家都在那里盲目地为市场而工作着。至于客观存在的扩大再生产所必须遵循的第一、第二部类之间的比例关系是否能满足，他们是不知道而且也是无法预先知道的。因此，在资本主义条件下，生产就只能通过比例关系的失调、脱节，市场的波动，生产的涨落而实现，以致造成全面的经济危机。

在社会主义制度下，由于生产资料的公有制，国家计划机关就能够主动地根据客观上所要求的比例关系来调节生产。特别是我们要看到，r^λ 和 S^λ 虽然要满足公式（1-3）以及其他种种的条件，但它们却有一定的伸缩性（例如，我们在上面曾指出它可以在 $\angle DCE$ 内的线段 DB 上移动）。这种情况就使得我们的国家机关能够根据当时当地的具体情况来主动地根据上述规律来规定第一部类和第二部类生产的上升比值，从而积极地影响客观的经济过程，对于各个经济部门实行计划领导并调节它们的生产。有些人认为，社会主义制度的生产，在国民经济有计划按比例发展的法则要求下，国家计划机关只能消极地反映客观上所要求的比例。从我们的分析来看，这种把经济法则偶像化了的观点，显然是没有经过什么分析而得出的结论。

二

现在我们转而来讨论 r^{λ} 和 S^{λ} 所可能达到的最大数值。这是一个比较复杂，但又是很重要的问题。

初看起来，r^{λ} 所能达到的最大数值是很容易决定的，似乎只要令公式（1-3）中的 $S^{\lambda}=1$，就可以得到 r^{λ} 的最大值为

$$r^{\lambda}_{\max} = K^{\lambda}_1 - \mu^{\lambda} \qquad (2-1)$$

但如果我们进一步加以研究，便发现 r^{λ} 的最大数值在某些情形下，虽然满足公式（2-1），但在另一些条件下却并不能如此简单地决定。

我们在本文的第一部分中，除了指出 r^{λ} 和 S^{λ} 应该满足公式（1-3）所规定的关系以外，r^{λ} 和 $\mu^{\lambda+1}$ 之间还应满足公式（1-4）所给定的条件（注意，$\mu^{\lambda+1}$ 和 μ^{λ} 的意义是不同的）。现在所产生的问题是：无论是在资本主义还是在社会主义条件下，$\mu^{\lambda+1}$ 都不能是一个任意的数值（这一点我在下面即将讨论），它还要满足若干条件，而这就不能不影响 r^{λ} 的最大数值。

我们先讨论资本主义条件下 $\mu^{\lambda+1}$ 必须满足的条件。在讨论这个问题时，我们还必须从马克思主义再生产的理论的基本论点开始。

马克思主义的再生产理论中曾经指出：为了使扩大再生产能够正常地进行，第一部类生产出的生产资料，必须能供应第一部类和第二部类扩大再生产时对于生产资料的需要；也就是说，两大部类间的交换必须满足：

$$V^{\lambda}_1 + \Delta V^{\lambda}_1 + (M^{\lambda}_1 - \Delta C^{\lambda}_1 - \Delta V^{\lambda}_1) = C^{\lambda}_{\mathrm{II}} + \Delta C^{\lambda}_{\mathrm{II}} \qquad (2-2)$$

在公式（2-2）中，$V^{\lambda}_1 + \Delta V^{\lambda}_1$（即 $V^{\lambda+1}_1$）表示明年度进行扩大再生产时给工人的工资，$M^{\lambda}_1 - \Delta C^{\lambda}_1 - \Delta V^{\lambda}_1$ 代表资本家明年度的消费，$C^{\lambda}_{\mathrm{II}} + \Delta C^{\lambda}_{\mathrm{II}}$（即 $C^{\lambda+1}_{\mathrm{II}}$）表示第二部类资本家向第一部类资本家购买的生产资料。

公式（2-2）所表示的交换的对等的原则是必须满足的。因为资本家和工人都是向市场来购买他所需要的生产资料或生活资料的，不满足这个条件，交换就不能进行（资金由第一部类流向第二部类或者相反的情形暂时不讨论）。在通常的情形下，$M^{\lambda}_1 - \Delta C^{\lambda}_1 - \Delta V^{\lambda}_1$ 必须是正值，因为第一类的资本家总是要进行消费的。因此，在资本主

义条件下，实现扩大生产就必须满足另一个条件，亦即

$$C_{II}^{\lambda+1} > V_{I}^{\lambda+1} \qquad (2-3)$$

如果在公式（2-3）的两边各除以 $C_{I}^{\lambda+1}$，公式（2-3）即转变为

$$\mu^{\lambda+1} > \alpha_{I}^{\lambda+1} \qquad (2-4)^{①}$$

公式（2-4）的意义是说，在 λ 年度生产终了决定下一年扩大再生产的投资时，新形成的 $\mu^{\lambda+1}$ 必须大于 $\alpha_{I}^{\lambda+1}$ 才行，否则正常交换就不能进行。

以上所讨论的虽然只是 λ 年度和 $\lambda+1$ 年度间实现扩大再生产的情形。但不难看出，上述讨论也将适用于 $\lambda-1$ 和 λ 年度间实现扩大再生产的情形。因此，对于 μ^{λ} 的数值来说，它应该满足

$$\mu^{\lambda} > a_{I}^{\lambda} \qquad (2-5)$$

的公式。

把公式（2-5）用图来表示，就是说本文的第一节中所探讨过的表示 r^{λ} 和 s^{λ} 的关系的公式（1-3），现在又多了一重限制。现在这根直线（即 AB）只能在斜率为 $1-K_{I}^{\lambda}$（即 AC）和斜率为 $-\alpha_{I}^{\lambda}$（即 AD）的两根直线之间移动（见图4）。

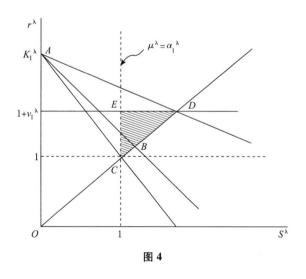

图 4

现在我们来探讨一下 r^{λ} 所能达到的最大值。从式（1-4）

---

① $\alpha_{I}^{\lambda+1} = \dfrac{V_{I}^{\lambda+1}}{C_{I}^{\lambda+1}}$，这就是第 $\lambda+1$ 年资本有机构成的倒数，$\alpha_{I}^{\lambda+1}$ 的经济意义见我们所写《为什么不断实现扩大再生产必须优先发展生产资料的生产》（见《力学学报》第 1 卷第 1 期第 109 页）一文。

$$r^{\lambda} = \frac{K_1^{\lambda}}{I + \mu^{\lambda+1}} = \frac{(1 + \alpha_1^{\lambda})(1 + p_1^{\lambda})}{1 + \mu^{\lambda+1}}$$

由于 $\mu^{\lambda+1}$ 要受到 $\mu^{\lambda+1} > \alpha_1^{\lambda+1}$（2－4）的限制，因此，当 $\mu^{\lambda+1}$ 达到其最小值 $\alpha_1^{\lambda+1}$ 时，

$$r_{\max}^{\lambda} = \frac{1 + \alpha_1^{\lambda}}{1 + \alpha_1^{\lambda+1}}(1 + p_1^{\lambda}) \qquad (2-6)$$

这就是 r^{λ} 所可能达到的最大值。

由于在短短的几年内，K_1^{λ} 的值通常变化得很慢，为简单起见，我们不妨先假定 $\alpha_1^{\lambda} = \alpha_1^{\lambda+1}$（关于 K_1^{λ} 发生变化的情形，我们另行讨论）。因而在不变的条件下，r^{λ} 所能达到的最大值将是

$$r_{\max}^{\lambda} = 1 + p_1^{\lambda} \qquad (2-7)$$

第一部类不变资本上涨最大比值等于 $1 + p_1^{\lambda}$ 的这个事实在经济上的意义是很明显的。我们知道，第一部类的剩余价值是 M_1^{λ}，它的大小等于 $(C_1^{\lambda} + V_1^{\lambda}) p_1^{\lambda}$，而所谓 $r^{\lambda} = 1 + p_1^{\lambda}$ 就是说第一部类资本家已经将其所有的剩余价值都投入了生产。[1] 不难看出，$r^{\lambda} = 1 + p_1^{\lambda}$ 的数值确实是资本主义条件下第一部类生产上涨的一个极限，因为资本家通常总是不能不留下一部分剩余价值来供他们消费。把以上的结果用图来表示时，那么 r^{λ} 的值必须在 $r^{\lambda} = 1 + p_1^{\lambda}$ 这根直线的下面（见图4）。

现在我们来讨论一下 $r^{\lambda} = 1 + p_1^{\lambda}$ 的直线会和 $r^{\lambda} = S^{\lambda}$ 以及 $\mu^{\lambda} S^{\lambda} = K_1^{\lambda} - r^{\lambda}$（$\mu^{\lambda} = \alpha_1^{\lambda}$）的直线相交在什么地方。非常有意思的是：这三根直线都将相交在同一点 D 上（见图4）。要证明这个结果是很容易的。我们只要把 $r^{\lambda} = S^{\lambda}$ 代入公式 $a_1^{\lambda} S^{\lambda} = K_1^{\lambda} - r^{\lambda}$ 内，便可得到 $r^{\lambda} = S^{\lambda} = 1 + p_1^{\lambda}$。

把这个结果连同前面所给出的限制条件都算在一起，我们可以看出，r^{λ} 和 S^{λ} 的数值现在便只能限制在 $\triangle CDE$ 以内的斜率为 $-\mu^{\lambda}$ 的线段上活动（见图4阴影部分）。而对于 r^{λ} 的最大值来说，就要看斜率为 $-\mu^{\lambda}$ 的线段和 $\triangle CDE$ 是相交在 $S^{\lambda} = 1$ 的直线上，还是相交在 $r^{\lambda} = 1 + p_1^{\lambda}$ 的直线上；对前一情形，r^{λ} 的最大值将要由公式（2－1）$r^{\lambda} = K_1^{\lambda} - \mu^{\lambda}$ 来决定，对于后一情形，r^{λ} 的最大值由 $r^{\lambda} = 1 + p_1^{\lambda}$ 的值来决定。

现在我们来进一步分析一下公式（2－3）、公式（2－4）在经济上的意义。

我们先考察一下为什么公式（2－3）和公式（2－4）乃是资本主义条件下实现扩

---

① 公式（2－6）所表示的 r^{λ} 的数值，也将是资本家将其所有的剩余价值都投入生产的情形。因为这时 $C_1^{\lambda+1} + V_1^{\lambda+1} = C_1^{\lambda} + V_1^{\lambda} + M_1^{\lambda}$，也就是说，$C_1^{\lambda+1} (1 + \alpha_1^{\lambda+1}) = C_1^{\lambda} (1 + \alpha_1^{\lambda}) (1 + p_1^{\lambda})$，因而 $r^{\lambda} = \frac{1 + \alpha_1^{\lambda}}{1 + \alpha_1^{\lambda+1}} (1 + p_1^{\lambda})$。

大再生产所必须满足的两个公式。原来当 $\mu^{\lambda+1} < \alpha_{\mathrm{I}}^{\lambda+1}$ 或 $C_{\mathrm{II}}^{\lambda+1} < V_{\mathrm{I}}^{\lambda+1}$ 时，第一部类资本家付出的工资将要比第二部类资本家买进的生产资料为多，而表现出来的现象是，第一部类的资本家将感到资金不足。这时，资本家就只好缩小生产或者更疯狂地压低工人的生活水平。

公式（2–3）和公式（2–4）所揭示的条件，正是资本主义制度下必然爆发经济危机的重要原因之一（当然还有其他原因，但我们这里不拟涉及它们的全部理论）。我们知道，资本家为了贪得无厌地追求利润，就必然使人民群众的购买力降低到最低水平。当劳动人民对消费资料的购买力被压到十分低下的水平时，第二部类资本家就只好不扩大生产或缩小生产。但如果第一部类的生产可以绝对地脱离第二部类而独立地进行生产的话（相对的脱离是可以的），那么全面的经济危机是不会爆发的。但事实上，第一部类的生产总是要和第二部类的生产联系起来的。从公式（2–3）和（2–4）可以看出，资本主义条件下实现扩大再生产时，第一部类的可变资本必须小于第二部类的不变资本，第二部类的不变资本对于第一部类不变资本的比值必须大于有机构成 $\alpha_{\mathrm{I}}^{\lambda+1}$，而这就使第一部类的生产不能无限制的发展。一旦市场上出现了生活资料滞销，第二部类的资本家就不得不缩小生产规模，减少购买生产资料（即 $C_{\mathrm{II}}^{\lambda+1}$ 要减少），那么第一部类资本家也就不得不随之而缩小生产，总要使得 $V_{\mathrm{I}}^{\lambda+1}$ 缩小到比 $C_{\mathrm{II}}^{\lambda+1}$ 还要小；否则就会发生两大部类之间的交换不平衡，也就是第一部类的产品不能实现，第一部类的资本家将感到资金的缺乏。

看起来缩小生产的问题似乎可以由第二部类资本家将他因缩小生产而多余出来的资金投到第一部类的方式来解决。也就是说，这时第二部类的资本家以信贷的方式投资到第一部类（因为这时第二部类资本家已经感到因销路不足产品无法售出，因而他只好采用赊销给第一部类资本家的方式），使公式（2–2）中 $M_{\mathrm{I}}^{\lambda} - \Delta C_{\mathrm{I}}^{\lambda} - \Delta V_{\mathrm{I}}^{\lambda}$ 出现负值而使得公式（2–2）仍旧保持平衡。但第二部类向第一部类进行投资的结果，将要使得 $C_{\mathrm{II}}^{\lambda+1}$ 和 $V_{\mathrm{I}}^{\lambda+1}$ 之间的差额更为扩大，使得第二部类不变资本和第一部类不变资本的比值更为缩小；而这样一来，第一部类产品滞销的情况就将比第二部类更加严重。最根本的是第二部类向第一部类进行投资的结果，并不能从此就弥补了第一部类资金的缺额，因为下一年度的生产，由于 C_2 和 C_1 之间比值的悬殊，就需要第二部类资本家投入更多的资金，发展更多的信贷关系。[①] 但我们知道，这时第二部类资本家中已经有一部分要因为销路不足而缺乏资金了，这时如果还要十分紧张地供给第一部类以资金，

---

① 第二部类向第一部类投资的结果，虽然可以使第一部类能扩大再生产，但如果要进行再下年度的生产时，第一部类即使只维持简单再生产，也还需要依靠信贷方式或资本转移从第二部类获得同上一年度同样数的资金，如果还要扩大再生产的话，就需要从第二部类转移更多的资本。

那么就会因为某一个环节的薄弱而引起经济危机的爆发。应该指出，在生产过剩的年代，第二部类的资本家可能会把他的资金转移到第一部类去的（因为这时第二部类感到生产无利可图），也就是说，常常是通过信贷的方式越出公式（2-3）和公式（2-4）所规定的界限；但这样一来，就会使危机酝酿得更为严重，并且会以突然爆发的形式表现出来。

顺便说说，在有些政治经济学的著作中，常常只说，由于资本主义生产有无限扩大的趋势，而市场上的购买力却不断缩小，因而就必然要爆发危机。但这种说法是不够确切的。因为在工人和劳动人民购买力被压低的同时，随之而来的必然是资本家购买力的扩大，只不过资本家的购买力主要是生产资料而已。因此，笼统地说市场上购买力被压低，不指出由于劳动人民购买力的压低，不指出第一部类生产不能绝对地脱离第二部类生产的事实是不能更好地解释产生危机的原因的。

虽然，公式（2-3）和公式（2-4）不能满足时对于产生经济危机会起重大作用，但是在资本主义社会内，也还有可能出现一些经济条件，使得公式（2-3）和公式（2-4）所规定的要求暂时地变得不需要满足。这里所指的主要是军事生产的问题。[①]

在危机将要爆发的时候，资本家常常通过国家收购军火的办法来大量地发展军事工业以延缓危机的到来。这种办法的实质就在于改变第一部类生产和第二部类生产的比例关系，从而使扩大再生产得以继续进行。我们知道，所谓军事工业主要是由第一部类生产转移过去的。例如，拖拉机的工厂很容易转移为生产坦克，染料工厂也很容易转为生产炸药。但是，军火生产在经济上的作用却和第一部类不同，它不能用来扩大再生产，只能用在战争的消耗上。军事生产虽然看起来主要是由国家来购买，但实质上是由国家通过税收而转嫁到劳动人民的身上，因而军事生产看起来好像是走出了流通领域之外，但实质上它的作用相当于第二部类，只不过人民群众被迫购买的不是牛油而是大炮。因此，所谓军事生产在实质上就相当于资本家把若干第一部类的生产转为第二部类。

为了能够更清楚地说明这个问题，我们令 C_q^λ 和 V_q^λ 代表第 λ 年度由第一部类生产转为军火生产的不变资本和可变资本。假如在转移以前，公式（2-3）和公式（2-4）已经变得不能满足，亦即有

$$C_{\mathrm{II}}^{\lambda+1} < V_1^{\lambda+1}, \ \mu^{\lambda+1} = \frac{C_{\mathrm{II}}^{\lambda+1}}{C_1^{\lambda+1}} < \alpha_1^{\lambda+1}$$

---

① 除此以外，看起来还有一个原因可以使公式（2-3）和公式（2-4）经常得到满足，这也就是 $\alpha_1^{\lambda+1}$ 迅速缩小的时候，但是在通常条件下，这种变化是很缓慢的，因而这个界限还是会对经济危机的出现起作用的。但在固定资本更新时期，$\alpha_1^{\lambda+1}$ 的值变化得很快，因而固定资本的更新会对资本主义生产暂时地摆脱危机起一定的作用。

那么在转移以后，就可能出现下列的关系：

$$C_{II}^{\lambda+1} + C_q^{\lambda+1} > V_I^{\lambda+1} - V_q^{\lambda+1}, \quad \frac{C_{II}^{\lambda+1} + C_q^{\lambda+1}}{C_I^{\lambda+1} - C_q^{\lambda+1}} > \alpha_I^{\lambda+1} \qquad (2-8)$$

不难看出，经过上述的转移以后，公式（2-8）所要求的条件确是比较容易满足的，这也就是军事生产之所以能对延缓经济危机起一定作用的原因。但是从公式（2-8）还可以看出，利用这种办法来最终逃避危机仍然是不可能的。因为军事生产的耗费，仍是要由人民群众来负担的。帝国主义国家固然可以通过冷战，以加重税收的办法，来强制人民购买飞机和大炮，人为地扩大军火工业的市场，但随之而来的必然是人民群众购买力的进一步降低。在人民群众的购买力为一定的条件下，$C_{II}^{\lambda+1} + C_{II}^{\lambda+1}$ 的数值就总要被压低在一定的水平，那么随之而来的是 $C_I^{\lambda+1}$ 的数值便总要有一个由式（2-8）所决定的最大的限度，也就是说，第一部类生产仍然不能绝对地脱离第二部类而无限地发展。更严重的是，由于军事工业的发展，就会造成 $C_{II}^{\lambda+1}$ 和 $C_I^{\lambda+1}$ 之间实际上的比例更为悬殊，而如果国际形势一旦得到缓和，人民不愿意担负扩军备战的重担时，两部类的不变资本的比例 $\mu^{\lambda+1}$ 又将回到 $\mu^{\lambda+1} = \dfrac{C_{II}^{\lambda+1}}{C_I^{\lambda+1}}$，这时 $\mu^{\lambda+1}$ 将远远地小于 $\alpha_I^{\lambda+1}$，两部类间比例关系的严重失调，将导致危机的全面爆发，并使危机的后果更加严重。

三

现在我们转而来讨论社会主义制度下实现扩大再生产时第一部类生产基金增长的最大极限。

首先我们应看到的是：由于资本主义的私有制而出现的公式（2-3）、公式（2-4）所造成的限制在社会主义制度下就变得没有什么作用。

我们知道，上述的两个公式是从第一部类和第二部类生产进行交换时，必须满足等价交换的原则，并且假定第一部类资本家不能尽其所有去投入扩大再生产，而推导出来的。在资本主义制度下，第一部类和第二部类的企业，通常总是分属不同的资本家，因此，等价交换的原则在通常条件下就成为必须满足的原则。但在社会主义制度下，生产是全体国民所公有，因而劳动在国民经济的各不同生产部门间分配的"比例"就将不再由价值法则来调节，国家可以根据反映客观经济过程的国民经济计划来分配资金，可以把第二部类的资金投到第一部类中，以加速生产资料的发展。例如，在社会主义国家中，就常常采用补贴重工业或计划赔损的办法来扶植重工业的成长，但是国家在这里所拿出的资金实际上不是从农民那里取来的就是从轻工业那里取来的。

因此，在社会主义制度下，完全可能出现 $V_I^{\lambda+1} > C_{II}^{\lambda+1}$ 或者 $\mu^{\lambda+1} < \alpha_I^{\lambda+1}$ 的情况；第

一部类生产基金的增长也可能以比 $1+p_1^\lambda$ 较大的速度来扩大再生产。在我们的第二篇文章中曾得到这样的结论："只有第一部类以最快的速度增长，产品总价值才能获得最大值"；那么在社会主义制度下，可能以比 $1+p_1^\lambda$ 更大的速度来发展第一部类生产的这个结论，就显得十分重要了。它从一个方面说明了为什么社会主义制度能够以比资本主义国家高出很多的速度来进行建设。

不过，在发展速度方面，虽然在社会主义制度下，生产基金有可能以比 $1+p_1^\lambda$ 的比值为大的速度来发展，但总不能没有一个限度，因此，我们还需要从理论上来考察一下，究竟第二部类和第一部类生产基金之比值的最小数值是什么？发展第一部类生产可能的最高速度是什么？

我们在上面已经指出，公式（2－2）

$$V_1^{\lambda+1} + (m_1^\lambda - \Delta C_1^\lambda - \Delta V_1^\lambda) = C_{II}^{\lambda+1} = C_{II}^\lambda + \Delta C_{II}^\lambda$$

中（$m_1^\lambda - \Delta C_1^\lambda - \Delta V_1^\lambda$）有可能成为负值，这时，第一部类所缺乏的资金就由第二部类来补充。但是第二部类所能拿出的资金也是有限度的，它最多只能等于（$M_{II}^\lambda - \Delta C_{II}^\lambda - \Delta V_{II}^\lambda$）的数值（这个数目恰等于第二部类的盈余减去明年扩大投资的数额）；最大不能超过 M_{II}^λ。因此，尽管（$m_1^\lambda - \Delta C_1^\lambda - \Delta V_1^\lambda$）可以是负值，但它的绝对值却要小于 M_{II}^λ。因此我们不难将公式（2－2）换成下列的式子：

$$V_1^{\lambda+1} \le C_{II}^{\lambda+1} + (M_{II}^\lambda - \Delta C_{II}^\lambda - \Delta V_{II}^\lambda) \le C_{II}^\lambda + M_{II}^\lambda \tag{3－1}$$

公式（3－1）中的等式所表示的是最极端的情形。在这时，第二部类实行简单再生产（$S^\lambda = 1$），第一部类工人所收入的工资（即第一部类对于消费资料的需要）恰恰等于第二部类的消费资料总值 M_{II}^λ 减去第二部类的工人所需要的生活资料的数额，亦即 $C_{II}^\lambda + M_{II}^\lambda$。将公式（3－1）的两边各除以 $C_1^{\lambda+1}$，并且将 $V_1^{\lambda+1}$、m_{II}^λ 换成相应的 α、β 等系数，公式（3－1）就变成

$$\alpha_1^{\lambda+1} \le \frac{C_{II}^\lambda}{C_1^{\lambda+1}}(1 + \alpha_{II}^\lambda \beta_{II}^\lambda) = \frac{\mu^{\lambda+1}}{S^\lambda}(1 + \alpha_{II}^\lambda \beta_{II}^\lambda)$$

当 M_{II}^λ 全部转入第一部类时，第二部类只能维持简单再生产，即 $S^\lambda = 1$ 时

$$\mu^{\lambda+1} \ge \frac{\alpha_1^{\lambda+1}}{1 + \alpha_{II}^\lambda \beta_{II}^\lambda} \tag{3－2}$$

同理，我们也可以得到

$$\mu^\lambda \ge \frac{\alpha_1^\lambda}{1 + \alpha_{II}^{\lambda-1} \beta_{II}^{\lambda-1}} \tag{3－3}$$

公式（3 - 3）指出了在社会主义制度下表示 r^λ 和 S^λ 之间关系的直线即 AB：$\mu^\lambda S^\lambda = K_1^\lambda - r^\lambda$ 也有一个上限。现在这根直线 AB 只能在斜率为 $1 - K_1^\lambda$（即 AC）和斜率为 $\dfrac{-\alpha_1^\lambda}{1 + \alpha_{II}^{\lambda-1}\beta_{II}^{\lambda-1}}$（即 AD）的两根直线之间移动（见图 5）。根据（2 - 5），在资本主义生产下 $\mu^\lambda \geqslant \alpha_1^\lambda$，这相当于图 5 中的 AD' 直线。由此可见，表示 r^λ 和 S^λ 间关系的 AB 直线，在社会主义生产下比在资本主义生产下有较大的活动范围。

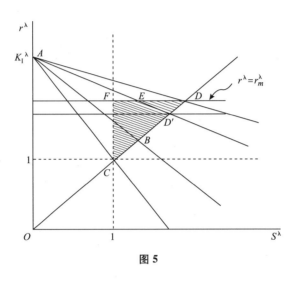

图 5

现在我们再来看一看在社会主义制度下第一部类生产上升的最大比值。先依照讨论资本主义生产时所用的办法将（3 - 2）的 $\mu^{\lambda+1}$ 代入公式（1 - 4），我们便求得 r^λ 的最大值为

$$r_{\max}^\lambda = \frac{K_1^\lambda}{1 + \dfrac{\alpha_1^{\lambda+1}}{1 + \alpha_{II}^\lambda \beta_{II}^\lambda}} \qquad (3 - 4)$$

和资本主义生产一样，OD 线与 AD 线的交点 D（见图 5）的坐标为

$$r^\lambda = S^\lambda = \frac{K_1^\lambda}{1 + \dfrac{\alpha_1^{\lambda+1}}{1 + \alpha_{II}^\lambda \beta_{II}^\lambda}}$$

因之，从 D 做平行于横轴的直线 DF，这根线似乎就应该是 r^λ 可能达到的最高限度。我们再看表示 r^λ 和 S^λ 之间关系的 AB 直线，它和 $r^\lambda = r_{\max}^\lambda$ 的 DF 线交于 E 点，这就是说当 r^λ 采取最大值时 S^λ 似乎应该可以有 S_E^λ（E 点横坐标）的比值上升。但是前面已经说过，要使 r^λ 能达到最大值，必须将第二部类的 M_2^λ 全部投入第一部类，也就是第二部类只能维持简单再生产。可见，要以 E 点所代表的比例（$r_E^\lambda = r_{\max}^\lambda$；$S_E^\lambda > 1$）进

行扩大再生产实际上是不可能的，因为这时将没有足够的生活资料来供应工人。而如果一定要勉强坚持以 r^λ 的最大值

$$r^\lambda_{max} = \frac{K^\lambda_1}{1 + \dfrac{\alpha^{\lambda+1}_1}{1 + \alpha^\lambda_{II}\beta^\lambda_{II}}}$$

的速度来进行扩大再生产，那就要破坏直线所代表的两部类间的比例关系，只能采取 F 点所代表的比例生产。我们知道，F 点是在 AB 直线的下方，这时将出现

$$W^\lambda_1 > C^{\lambda+1}_1 + C^{\lambda+1}_{II}$$

也就是说，这时由于生活资料的供应不足，不能按 E 点所代表的规模来扩大再生产，使得一部分生产资料不得不闲置了下来。[①] 因之，虽然

$$r^\lambda = \frac{K^\lambda_1}{1 + \dfrac{\alpha^{\lambda+1}_1}{1 + \alpha^\lambda_{II}\beta^\lambda_{II}}}$$

是第一部类生产所可能达到的最大增长速度，但它却不是我们所应采取的合理的最大上涨速度。为什么会产生这些情况呢？主要是由于我们在上面所讨论的公式中，只考虑到生产资料的分配，没有考虑到消费资料的供应是否可能。我们知道，在消费资料供应方面，它必须满足

$$W^\lambda_{II} = V^{\lambda+1}_1 + V^{\lambda+1}_{II} + m^\lambda_1 + m^\lambda_{II}$$

的公式（其中 m^λ_1 和 m^λ_{II} 是社会主义制度下用于公共福利事业的基金），换句话说，

$$W^\lambda_{II} \geqslant V^{\lambda+1}_1 + V^{\lambda+1}_{II} \tag{3-5}$$

但是，要讨论到公式（3-5）所引起的对于社会主义制度下合理的最大上升速度的数值的影响问题，我们还需要首先从生产的连续不断进行的观点出发，讨论一下在几年之间生产连续上升的各比值的相互关系的问题。

现在我们来具体地分析一下，当 λ 年度的生产以 r^λ 和 S^λ 的比值上升时，它们将怎样地影响以后的 $r^{\lambda+1}$ 和 $S^{\lambda+1}$，以及 $r^{\lambda+2}$、$S^{\lambda+2}\cdots$ 的数值。

我们知道，r^λ 和 S^λ 的数值并不是独立无关的，它们要满足公式（1-3），即 $\mu^\lambda S^\lambda = K^\lambda_1 - r^\lambda$。当生产以 r^λ 的比值上升以后，新形成的 $\mu^{\lambda+1}$ 的数值却唯一地由本文中公式

[①] 可以看出，这个事实又是一个说明第一部类生产不能绝对地脱离第二部类生产的例子。这个事实说明了无论在资本主义制度下还是在社会主义制度下两部类的生产都必须满足客观比例的要求，否则就要造成生产的脱节。

（1 - 4）

$$\mu^{\lambda+1} = \frac{K_1^\lambda - r^\lambda}{r^\lambda} \qquad (1-4)$$

所决定。十分重要的是，新形成的由公式

$$\mu^{\lambda+1} S^{\lambda+1} = K_1^{\lambda+1} - r^{\lambda+1} \qquad (4-1)$$

所代表的直线，具有以下的特性。亦即它和 $r^{\lambda+1} = S^{\lambda+1}$ 的直线相交时，它们的交点 $r^{\lambda+1}$ 的数值恰恰和 r^λ 的数值相等。要证明这点，我们只要以 $r^{\lambda+1} = S^{\lambda+1}$ 的关系代入式 （4 - 1） 内，利用 $K_1^\lambda = K_1^{\lambda+1}$ 的关系，并利用公式 （1 - 4），便可得

$$r^{\lambda+1} = S^{\lambda+1} = \frac{K_1}{\mu_{\min}^{\lambda+1} + 1} = r^\lambda \qquad (4-2)$$

利用公式 （4 - 1） 所具有的这种特性，我们就很容易利用作图的办法来求出公式 （4 - 1） 所代表的直线了。假如我们令 AL 作为 λ 年度生产增长时 r^λ 和 S^λ 所满足的直线 （即 $\mu^\lambda s^\lambda = K_1 - r^\lambda$），令本年度第一部类和第二部类上升比值 r^λ 和 S^λ 为某一对数值 a 和 b，自 （a，b） 点作一根平行于横轴的 $r^\lambda = a$ 的平行线，并且和 $r = S$ 的斜线相交于 B 点。连接 A、B 点即得斜率为 $-\mu^{\lambda+1}$ 的线段 AM。假如我们连续以类似的办法讨论下去，那么 r 和 S 的数值每年都要上升，μ 的数值也要不断变小，直到直线 AP 的斜率等于 μ^λ 的极限值时为止。① r 和 s 的数值将要沿着图上的 "反 z" 字形折线，以 （a，b） （c，d） （e，f） （g，h） 的数值而上升。但当斜率到达它的极限值，直线变为 AP 时，两大部类的生产基金 （或不变资本） 将以 （g，g） 的数值以同等速度上升 （见图6、图7）。

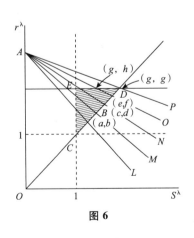

图 6

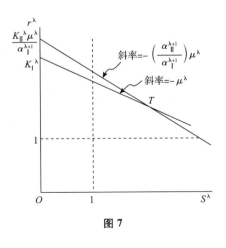

图 7

---

① 这里讨论的是 α_1 和 K_1 不变的情形。

现在我们来讨论在社会主义制度下合理上升最大比值的问题。前面曾经指出，社会生产不断进行时，必须满足公式（3 - 5）

$$W_{\mathrm{II}}^{\lambda} \geqslant V_{\mathrm{I}}^{\lambda+1} + V_{\mathrm{II}}^{\lambda+1}$$

所指示的关系。但这个公式很容易转变为 r^{λ} 和 s^{λ} 的形式。令 $V_{\mathrm{I}}^{\lambda+1} = C_{\mathrm{I}}^{\lambda+1} \alpha_{\mathrm{I}}^{\lambda+1}$，$V_{\mathrm{II}}^{\lambda+1} = C_{\mathrm{II}}^{\lambda+1} \alpha_{\mathrm{II}}^{\lambda+1}$，$W_{\mathrm{II}}^{\lambda} = K_{\mathrm{II}}^{\lambda} C_{\mathrm{II}}^{\lambda}$；$C_{\mathrm{I}}^{\lambda+1} = C_{\mathrm{I}}^{\lambda} r^{\lambda}$，$C_{\mathrm{II}}^{\lambda+1} = C_{\mathrm{II}}^{\lambda} S^{\lambda}$；并且在式（3 - 5）的两边除以 C_{I}^{λ}，公式（3 - 5）即变为

$$K_{\mathrm{II}}^{\lambda} \mu^{\lambda} \geqslant \alpha_{\mathrm{I}}^{\lambda+1} r^{\lambda} + \alpha_{\mathrm{II}}^{\lambda+1} \mu^{\lambda} S^{\lambda} \tag{3 - 6}$$

公式（3 - 6）的意义是说 r^{λ} 和 s^{λ} 除了要满足 $\mu^{\lambda} S^{\lambda} = K_{\mathrm{I}}^{\lambda} - r^{\lambda}$ 的公式以外，它们还须满足式（3 - 6）所规定的不等式，否则就没有足够的消费资料来供应工人。

我们同样可以利用作图的办法把（3 - 6）表示出来。公式（3 - 6）在 y 轴上的截线将为 $\dfrac{K_{\mathrm{II}}^{\lambda} \mu^{\lambda}}{\alpha_{\mathrm{I}}^{\lambda+1}} > K_{\mathrm{I}}^{\lambda}$，它的斜率将为 $-\left(\dfrac{\alpha_{\mathrm{II}}^{\lambda+1}}{\alpha_{\mathrm{I}}^{\lambda+1}}\right) \mu^{\lambda} < -\mu^{\lambda}$。由于式（3 - 6）是一个不等式，因而凡是在直线（3 - 6）右上角的 r^{λ} 和 S^{λ} 的数值都不能满足式（3 - 6）所规定的条件。公式（3 - 6）和公式（1 - 3）将相交在 T 点（见图7）。于是在公式（1 - 3）上，自 T 点向下延长的那些线段上的 r^{λ} 和 S^{λ} 的数值，都将是不可能实现的上升比值。

但我们可以看出，T 点的值并不是固定的，它要随着 μ^{λ} 的数值大小而变化，而且这个关系，也将适用于 $r^{\lambda+1}$、$S^{\lambda+1}$ 和 $\mu^{\lambda+1}$ 之间的关系。为了能够确切地指出 $\mu^{\lambda+1}$ 的极限值所造成的对于 r^{λ} 和 S^{λ} 的限制，我们应该求出在 $\mu^{\lambda+1}$ 变动的条件下点的轨迹。

我们先把公式（1 - 3）换成 $\mu^{\lambda+1} S^{\lambda+1} = K_{\mathrm{I}}^{\lambda+1} - r^{\lambda+1}$，公式（3 - 6）换成 $K_{\mathrm{II}}^{\lambda+1} \mu^{\lambda+1} = \alpha_{\mathrm{I}}^{\lambda+2} r^{\lambda+1} + \alpha_{\mathrm{II}}^{\lambda+2} \mu^{\lambda+1} S^{\lambda+1}$ 的形式，然后再用消去法消去这两个公式中的 $\mu^{\lambda+1}$，这样 T 点的轨迹便是

$$(\alpha_{\mathrm{II}}^{\lambda+2} \quad \alpha_{\mathrm{I}}^{\lambda+2}) r^{\lambda+1} S^{\lambda+1} \quad K_{\mathrm{II}}^{\lambda+1} r^{\lambda+1} - K_{\mathrm{I}}^{\lambda+1} \alpha_{\mathrm{II}}^{\lambda+2} S^{\lambda+1} + K_{\mathrm{I}}^{\lambda+1} K_{\mathrm{II}}^{\lambda+1} \quad 0 \tag{3 - 7}$$

由公式（3 - 7）所决定的 T 点的轨迹是一个双曲线，它们将具有图8的形状〔关于这个图形的证明见本文附录一〕。双曲线（3 - 7）将和直线 $r^{\lambda+1} = S^{\lambda+1}$ 相交于 W 点。由 W 点所规定 $r^{\lambda+1}$ 的数值，即

$$r^{\lambda+1} = \frac{(K_{\mathrm{II}}^{\lambda+1} + K_{\mathrm{I}}^{\lambda+1} \alpha_{\mathrm{II}}^{\lambda+2}) - \sqrt{(K_{\mathrm{II}}^{\lambda+1} + K_{\mathrm{I}}^{\lambda+1} \alpha_{\mathrm{II}}^{\lambda+2})^2 - 4 K_{\mathrm{I}}^{\lambda+1} K_{\mathrm{II}}^{\lambda+2} (\alpha_{\mathrm{II}}^{\lambda+2} - \alpha_{\mathrm{I}}^{\lambda+2})}}{2(\alpha_{\mathrm{II}}^{\lambda+2} - \alpha_{\mathrm{I}}^{\lambda+2})}$$

这个数值和前一年的 r^{λ} 上升最大数值相当，换句话说，

$$r_{\max}^{\lambda} = r^{\lambda+1} = \frac{(K_{\mathrm{II}}^{\lambda+1} + K_{\mathrm{I}}^{\lambda+1} \alpha_{\mathrm{II}}^{\lambda}) - \sqrt{(K_{\mathrm{II}}^{\lambda+1} + K_{\mathrm{I}}^{\lambda+1} \alpha_{\mathrm{II}}^{\lambda+2})^2 - 4 K_{\mathrm{I}}^{\lambda+1} K_{\mathrm{II}}^{\lambda+1} (\alpha_{\mathrm{II}}^{\lambda+2} - \alpha_{\mathrm{I}}^{\lambda+2})}}{2(\alpha_{\mathrm{II}}^{\lambda+2} - \alpha_{\mathrm{I}}^{\lambda+2})} \tag{3 - 8}$$

就是社会主义下合理的最大上升比值。连接 A 点和 W 点，这根直线的斜率就是 $\mu^{\lambda+1}$ 的最合理的极限值，它的大小是

$$\mu_{\min}^{\lambda+1} = \frac{1}{2K_{II}^{\lambda+1}}\left[-(K_{II}^{\lambda+1} - K_{I}^{\lambda+1}\alpha_{II}^{\lambda+2}) + \sqrt{(K_{II}^{\lambda+1} - K_{I}^{\lambda+1}\alpha_{II}^{\lambda+2})^2 + 4K_{II}^{\lambda+1}K_{I}^{\lambda+1}\alpha_{I}^{\lambda+2}}\right] \qquad (3-9)$$

（关于 r^{λ} 以及 $\mu^{\lambda+1}$ 的数值的证明见附录一、二）。

不难证明，社会主义制度下的 r^{λ} 的合理的最大上升速度，仍然要比资本主义制度下最大上升速度为大，因而仅仅就合理的最大上升速度来说，可以看出，在社会主义制度生产上升的速度，要比资本主义制度下的要快（关于 r^{λ} 上升最大值要比 $1+p$ 为大的证明，见附录一）。

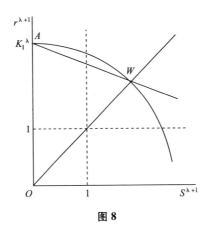

图 8

现在要讨论一下，为什么双曲线（3-7）和直线 $r^{\lambda} = S^{\lambda}$ 的交点 W 所决定的 r^{λ} 就是社会主义制度下合理的最大上升比值。

我们在上面曾经讨论过，在 K 值不变条件下，生产将沿"反 z"字形折线上升。当第一部类生产以式（3-8）所规定的数值上升时，它们将沿着如图 9 中所划出的"反 z"折线上升，而最后却不得不达到 F 点。在 F 点的时候，从 F 点向下延长的线段这时将变得都不能用了。在今后进一步发展时，第二部类将只能缩小生产规模（$S^{\lambda} < 1$），或者以 $S^{\lambda} = 1$ 上升，同时却让每年生产出来的生产资料大批地堆置起来。由此可见，第一部类生产以比公式（3-8）为高的上升速度而上升将是不合理的，因为它一旦采取了这种速度，就将最终地因为消费资料不足而不得不缩小生产规模。当然，如果我们把对外贸易也考虑在内，那么用富裕的生产资料向国外换回消费资料是可能的；也因为这个原因，我们在前面所给出的 r^{λ} 的最大值〔即公式（3-4）所定的数值〕也还是有实际意义的。但是如果就一个国家内的稳定的均衡的生产来说，双曲线（3-7）和直线 $r^{\lambda} = S^{\lambda}$ 相交的 W 点应该是生产和消费相结合得最完满的

一点。当生产以比 W 点所代表的 r^λ 和 S^λ 的数值为小的速度来发展时，这显然是潜力尚未发挥的情形；但如果生产以比 W 点为大的速度来发展，就要引起不稳定的生产。从这点我们也可以看出那种片面的只要求发展生产资料的生产的意见同样是错误的；事实上，当生产资料生产占有比重较大时（即 μ^λ 的值接近于 AW 直线斜率的负值时），就必须以相应的速度来发展消费资料生产，否则就会引起消费资料生产的脱节，使扩大再生产受到阻碍。

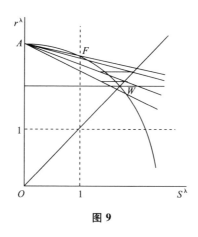

图 9

现在我们来讨论社会主义制度下，生产以最大速度上升，亦即在第二部类不缩小生产的前提下，第一部类生产以最大速度上升的情形。

我们现在仍假定在开头的几年，生产资料的生产在国民经济中所占的比重较小。那么生产在开始的几年，将以公式（2-1）

$$r^\lambda = K_1^\lambda - \mu^\lambda \tag{2-1}$$

的数值上升。在后几年，社会主义生产将以（3-8）所表示的数值

$$r_{max}^\lambda = \frac{(K_{\mathrm{II}}^{\lambda+1} + K_1^{\lambda+1} \alpha_{\mathrm{II}}^{\lambda+2}) \quad \sqrt{(K_{\mathrm{II}}^{\lambda+1} + K_1^{\lambda+1} \alpha_{\mathrm{II}}^{\lambda+2})^2 - 4K_1^{\lambda+1} K_{\mathrm{II}}^{\lambda+1} (\alpha_{\mathrm{II}}^{\lambda+2} - \alpha_1^{\lambda+2})}}{2(\alpha_{\mathrm{II}}^{\lambda+2} - \alpha_1^{\lambda+2})} \tag{3-8}$$

上升；并且当 r^λ 和 S^λ 到达 W 点时，生产便应该以 W 点所代表的固定的比例稳定地上升，并且以式（3-8）所规定的 r^λ 和 S^λ 的数值而等速上升。

但究竟是采用公式（2-1）还是采用（3-8）的数值，却要看这两个数值哪一个为小来决定。当由公式（2-1）计算而得的 r^λ 大于公式（3-8）的数值时，我们就要采用公式（3-8）的数值。[①]

---

① 这相当于 $\mu^\lambda \leqslant K_1^\lambda - r_{max}^\lambda$。

从上面的讨论可以看出，如果从一个工业比较落后的基础出发，采取最大速度来发展生产，那么他们应该经历的道路将是：从 AL 线所代表的 μ_{AL} 出发（见图 10），各年的生产将沿着"反 z"字形的折线，以和 ΔCWE 边界相接触的 (a, b)，(c, d)，(e, f) 上升。当 μ 达到由 W 点所决定的极限值时，两大部类将以 (e, e) 的速度上升，也就是以 $(3-8)$ 的数值上升。

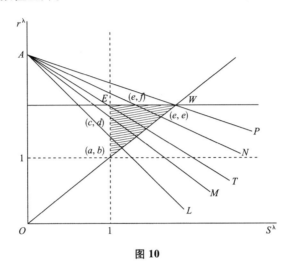

图 10

这样一来，是不是说生产资料要优先增长的原理是错误的，应该用两部类等速发展的原理来代替呢？不是的，因为在得出上述结论时，有许多条件没有被考虑进去，这些问题将在下一节中讨论。

四

在上一节中我们讨论了在社会主义制度下，生产以最大速度上涨的一般趋势，但如果我们对于以上的讨论仔细地推敲一下，并和社会主义国家建设的实际情况相比较时，便可以发现它包含许多不合理的地方。

第一，当生产资料生产在整个国民经济领域中占有比重较低时，生产资料以最大的速度发展，消费资料却维持不动。而当生产资料占有比重较大时，消费资料的生产便要突然地迅速地增加。但这种情况无论对于社会主义国家如苏联或我国的现状来说，都是不相符合的。

第二，当生产资料生产在整个国民经济领域中占有较大比重以后，轻工业要迅速地增加，并且从此以后，两大部类的生产都要以同等速度来上涨，然而这却违背了本文第一篇所讨论的生产资料要优先增长的法则。

第三，生产资料生产上涨的速度要逐年逐年地增加，一直达到饱和点，便维持在某一速度不再变动。但事实上无论对苏联或对中国的情况来说，都有略为升降的情况；其总的情况，更有随着生产资料在国民经济中比重的增加而略有下降的情况。

现在来考察一下为什么会发生以上的理论和实际不相符合的情况。推究起来，这里主要有下列两个原因。

第一，在我们所探讨的理论中，有许多实际的因素没有照顾到。而这里主要是指有关轻工业和农业的问题。首先，在我们的理论中并不能表示出满足人民生活需要和发展生产之间的关系，不能表示出满足人民生活需要的迫切性和必要性。而事实是，社会主义制度不能不考虑到人民生活，因为没有人民生活水平的相应提高，就很难满足人们不断增加的消费需求。其次，在我们的理论中，也没有能表现出轻工业在积累资金方面的作用，特别是轻工业品对农村的供应，将吸引农民的大量资金来投入社会主义建设。我们知道，在轻工业生产方面，资金的周转是很快的，但在我们的理论中，假定两大部类生产都是以一年为周期的；并且完全排斥了对外贸易这个极重要的因素。如果把对外贸易的因素也考虑在内，那么我们就可以利用由发展轻工业和农业而积累起来的资金，去换回发展第一部类生产所需要的机器和原料。轻工业有周转快、利润高的特点，而这样折算的结果（主要是由于 $K_1 > K_2$），相应地发展轻工业对重工业的建设不仅不会阻滞，反而会加快。[①] 这里应该指出，在现在所流行的解释发展轻工业的作用的文章中，常常单方面地强调它在积累资金上的作用，没有指出它在换取外汇上的作用；但如果积累起来的资金——其实实际上就是国家多掌握一些消费资料——不能换得生产资料，国内的生产资料不能增多，那么要提高生产发展的速度还是不可能的。再次，在我们的公式中，要假定两大部类的生产潜力都已全部发挥，而事实上无论是轻工业还是农业，都还有可发掘的潜在力量，并且也很难转移到别的方面。例如，这几年来，通过农业的社会主义改造，便能大大地提高农业生产，但农业方面这部分的潜力是很难转移到别的方面去的。最后，特别要指出的，我这儿的全部理论都是从价值的观点来讨论的，没有考虑到价格的问题。特别是我们没有考虑到由于技术的进步、劳动生产率的提高，而引起的单位产量所包含的价值的降低问题。而如果由价值来计算生产量换到由不变价格来计算实际生产量，那么实际的生产量的增长速度就要

---

① 关于进行对外贸易的效果，可以从下列的计算看出，设 C_x 为原定计划要投资到第一部类而现在却转而投到第二部类的生产资料。如果按照原定计划投入第一部类，那么经过一年的生产以后，第一部类生产将多获得的生产资料。但如果把上述生产资料改投到第二部类，那么第二部类生产将多获得 $K_{\text{II}} C_x$ 的消费资料，并且可以在国际上换得同等价值的生产资料。由于 $K_{\text{II}}^A > K_{\text{I}}^A$，所以我们总可以有 $K_{\text{II}}^A C_x > K_{\text{I}}^A C_x$。换句话说，通过对外贸易我们将获得更多的生产资料，而且还可以有一部余额用来改进人民生活，不过，C_x 的具体数字应该有多大，还应看国际市场的贸易条件来决定。同时，也决不能因此就把全部生产资料都用来发展消费资料，因为，那将使我们永远无法建立独立的经济，同时也不能在贸易市场上取得有利地位。

比我们现在以价值来计算的速度要大。

第二，除了我们在这里所举出的四点以外，还可以举出一些在我们理论中所没有照顾到的实际因素。但单从以上所举的四点理由，已有必要迫使我们来修正第三节中所得到"在开头几年要尽快发展生产资料的生产，但消费资料生产维持不动"的结论。当然，上述四点因素尚不至于要推翻"尽快发展生产资料生产的原理"。但在尽快地发展生产资料生产的同时，还应相应地发展消费资料的生产。假如我们再参照本文第三节中曾探讨过的，当生产资料生产在国民经济中占有较大比重时，必须使消费资料生产有较快增长的结论；那么，一个工业落后国家转变成为工业先进国家的具体道路应该是：在开头几年，首先要优先地尽快发展第一部类的生产，但在优先发展生产资料生产的同时，还应相应地发展消费资料生产，并且消费资料生产增长的速度应该随着生产资料的生产在国民经济中比重的增加而逐渐和生产资料上涨的速度接近。直至生产资料生产在国民经济中占有较大比重时（即 $\mu^{\lambda+1}$ 快达到极限时），消费资料的生产便应该以相近于（不是相等）生产资料生产增长的速度而上升。[①]

但这里还遗留了一个问题，这就是为什么消费资料应该以接近而不是等同于生产资料生产上涨的速度而上升。这也就是我们在下面即将讨论到的另一个关于 K_{I}^{λ} 和 $K_{\mathrm{II}}^{\lambda}$ 的值不断下降而造成的影响的问题。

本文第二节和第三节所讨论的全部理论都是以假定 K_{I} 和 K_{II} 的数值不变为基础的，但实际上它们是不断变化的。K_{I} 和 K_{II} 不断变化的结果之一，便是生产资料要优先增长。现在我们可以把这个关系证明如下。

我们在讨论资本主义制度下上升的最大值时，会指出 $\mu^{\lambda+1}$ 有一个最小的极限值 $\alpha_{\mathrm{I}}^{\lambda+1}$，并且 r^{λ} 的最大值也将由下列公式

---

① 根据我们手边所有不甚可靠的资料（因为各种文献上的材料不很一致），苏联在各个五年计划期间每年平均上涨的速度可以列如下表。

五年计划	第一个	第二个	第三年 （只有三年的执行数字）	第五个	第六个
生产资料上涨速度	130.8	119.0	115.3	113.8	111.2
消费资料上涨速度	115.8	114.8	112.5	111.9	109.8
差额	15.0	4.2	2.8	1.9	1.4

从表上可以看出：生产资料和消费资料上涨速度间的差额在不断缩小。当然我们前面讨论的是生产基金（即 C_1, C_2）的增长速度，但是由于在先后两年间 K_{I}^{λ}、K_{I}^{λ} 变化是很小的，也就是 $\dfrac{W_1^{\lambda+1}}{W_1^{\lambda}} = \dfrac{C_1^{\lambda+1}}{C_1^{\lambda}}$（第二部类情形也是一样），因此拿这个统计来与前面的讨论做比较还是合理的。

$$r_{\max}^{\lambda} = \frac{K_1^{\lambda}}{1 + \mu_{\min}^{\lambda+1}} = \frac{1 + \alpha_1^{\lambda}}{1 + \alpha_1^{\lambda+1}}(1 + p_1^{\lambda}) \qquad (2-6)$$

来决定。假如我们不令 α_1^{λ} 和 $\alpha_1^{\lambda+1}$ 相等，而是令 $\alpha_1^{\lambda+1} < \alpha_1^{\lambda}$，那么 r^{λ} 的最大值，就将比第二节中讨论过的 $1 + p_1^{\lambda}$ 为大。与此相应，我们所得到的图形将不再是图 4 中的三角形 CDE，而是比 $\triangle CDE$ 略大一点的四边形 $CDFG$（见图 11）。① 这时，λ 年度的生产上升比值可以不限制在 D 点上，而可以在 FD 线段上移动了，同时它的最适当的数值便是 F 的一点。也就是说，在 K_1 的值不断变化的条件下，当生产资料在国民经济中占有的比重趋近于它的饱和的数值时（即 $\mu^{\lambda} \geqslant \alpha_1^{\lambda}$），两大部类生产将以生产资料上升速度略高于消费资料上升速度的趋势发展。

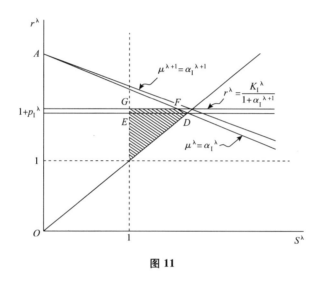

图 11

在社会主义制度下，$\dfrac{C_{\text{II}}^{\lambda}}{C_1^{\lambda}}$ 的极限值 μ^{λ} 也要不断变动，但由于 K_1^{λ} 和 K_{II}^{λ} 不断变小的结果，μ 的数值经常的发展趋势也是 $\mu^{\lambda+1} < \mu^{\lambda}$。因此，在社会主义制度下，我们也将得到一个和图 11 形状差不多的图形（只是数字略大一点）；同时，当生产资料在国民经济中占有较大比重时，社会生产也将以生产资料上升速度略高于消费资料上升速度而向前发展。（关于社会主义制度下 $\mu^{\lambda+1} < \mu^{\lambda}$ 的证明，因算式较繁，我们在附录三中再给出它的较详细的计算。）

K_1^{λ} 和 K_{II}^{λ} 不断降低的另一结果使 r^{λ} 和 S^{λ} 有不断变小的趋势。我们知道，r^{λ} 和 S^{λ}

---

① 这是由于 $r^{\lambda} = \dfrac{K_1^{\lambda}}{1 + \alpha_1^{\lambda+1}}$，$r^{\lambda} = S^{\lambda}$，$K_1^{\lambda} = r^{\lambda} + \mu^{\lambda+1} S^{\lambda}$，三根直线将相交于一点，并且还由于 $\alpha_1^{\lambda+1} < \alpha_1^{\lambda}$ 的原因。

满足

$$K_1^\lambda = r^\lambda + \mu^\lambda S^\lambda \qquad\qquad (1-3)$$

的公式，当 K_1^λ 的值要不断缩小时，r^λ 和 S^λ 的值便要不断缩小。固然，在生产的连续发展中，μ^λ 的值也要不断缩小，μ^λ 的值不断缩小的结果会抵消一部分因 K_1^λ 缩小而造成 r^λ 和 S^λ 缩小的趋势。但是，μ^λ 却必须为正值，它必须大于 0；K_1^λ 的值却要不断趋向于 1。因此，就总的变化趋势来看，r^λ 和 S^λ 的绝对数值要不断缩小，这是可以肯定的，特别是当有机构成变化得十分迅速的时候。[①] 但是，如果就不同的两年，或相隔不太远的几年之间的 r 和 S 来进行比较，却不能一定得出谁大谁小的结论。例如，r^λ 和 $r^{\lambda+1}$ 的最大值通常可以表示为

$$r_{max}^\lambda = \frac{K_1^\lambda}{1+\mu_{min}^{\lambda+1}}, \quad r_{max}^{\lambda+1} = \frac{K_1^{\lambda+1}}{1+\mu_{min}^{\lambda+2}}$$

但是 r^λ 和 $r^{\lambda+1}$ 究竟哪一个数字为大，却要看 K_1 和 μ 的具体数字大小才能决定。但是当 μ 的值变化得接近于极限值时，$r^{\lambda+1}$ 的值常常是会小于 r^λ 的。从实际的资料看，苏联这几年来生产增长的速度已经比过去增长的速度要略为低一些了。[②]

把以上几点总结起来，在社会主义制度下，一个工业落后的国家迅速转变为工业先进国家的过程将是：①在开头几年必须迅速地发展生产资料的生产，但在保证迅速发展生产资料的生产的同时，还应相应地发展消费资料的生产。②当生产资料生产在国民经济中占有较大比重后，应该比以前较多地注意到发展消费资料的生产。但就社会生产发展总的趋势来讲，应该是在生产资料优先发展而迅速高涨的情况下，第二部类生产以不断接近于第一部类的高速度而迅速发展。

五

最后，在结束这三篇文章时，我们还拟提出几点说明。在我们的文章中，虽然对马克思主义再生产理论进行了一些分析，但可以看出，对于马克思主义再生产理论的全部丰富复杂的内容来说，我们所进行的分析是极其初步的。在再生产理论的分析方面有大量的工作还需要进行创造性的研究。例如，整个社会生产结构除分成两大部类外，如何根据现代生产的特点和不同社会制度而分成更多的部类。例如，劳动生产率的提高和工资的提高如何从产品的价值形态或其他形态（如不变价格）中定量地反映出来，积累和消费之间正确的比例与再生产各系数间的关系如何？又如，资本主义经

---

① 这个结论之所以得出，由于我们是从价值来分析的。若从不变价格来计算生产量，它们的情形将不一样。
② 苏联发展的速度见本文第 196 页脚注中所给出的数字。

济危机的周期性与生产的周期性和固定资本更新的周期性间的关系，军火生产、资本输出、通货膨胀、市场涨落对两大部类生产所引起的后果等都值得大家去进行创造性的研究。

在我们所进行的分析中做过一些假设，这样做当然有利于去掉许多复杂因素的考虑，使我们所要集中研究的问题的本质能够鲜明地显示出来；但是，这样也容易使问题的许多重要方面无法考虑进去。例如，在我们的分析中一直假定第二部类的积累比例是完全跟随第一部类而变化的，这就使得生产资料一般能得到充分的利用，因而使生产能得到较快的增长，这对于实行计划经济的社会主义国家是完全适合的。但是对于资本主义生产来说，认为第二部类资本家不是因追逐利润而决定自己的积累比例，而是为了适合第一部类的需要来决定积累比例，却是完全不可能的。显然，如何从数学上更恰当地来分析资本的积累和分配、分析资本的运动还有待于进一步的研究。

总之我们认为，在这一领域有许多十分繁重，但又极其重要的工作要做。至于我们这三篇文章只不过是一种初步的探讨，其中有许多不妥当之处，希望得到有关方面的批评和指正。我们更迫切地希望有更多的经济学家、数学家、运筹学家来从事这方面的工作。

本文附录

一 本文第三节曾经给出 T 点的轨迹是下列的方程：

$$(\alpha_{II}^{\lambda+1} - \alpha_{I}^{\lambda+1}) r^\lambda s^\lambda - K_{II}^\lambda r^\lambda - K_{I}^\lambda \alpha_{II}^{\lambda+1} S^\lambda + K_{I}^\lambda K_{II}^\lambda = 0 \qquad (3-7)$$

这个方程也可以改写为：

$$\left(r^\lambda - \frac{K_{I}^\lambda \alpha_{II}^{\lambda+1}}{\alpha_{II}^{\lambda+1} - \alpha_{I}^{\lambda+1}} \right) \left(S^\lambda - \frac{K_{II}^\lambda}{\alpha_{II}^{\lambda+1} - \alpha_{I}^{\lambda+1}} \right) + \frac{K_{I}^\lambda K_{II}^\lambda}{\alpha_{II}^{\lambda+1} - \alpha_{I}^{\lambda+1}} (1 - \alpha_{II}^{\lambda+1}) = 0$$

就是说，T 点的轨迹是一个以

$$r^\lambda = \frac{K_{I}^\lambda \alpha_{II}^{\lambda+1}}{\alpha_{II}^{\lambda+1} - \alpha_{I}^{\lambda+1}}, \quad S^\lambda = \frac{K_{II}^\lambda}{\alpha_{II}^{\lambda+1} - \alpha_{I}^{\lambda+1}}$$

两根直线为渐近线的双曲线（见图 12）。分别以 $r^\lambda = 0$ 和 $S^\lambda = 0$ 代入式（3-7）内，可以求出它在纵轴上的截线值是 K_{I}^λ，在横轴上的截线是 $\frac{K_{II}^\lambda}{\alpha_{II}^{\lambda+1}}$。从图 12 上可以看出：双曲线的两个分支将和 $r^\lambda = S^\lambda$ 的直线相交于 W 和 z 两点，其中 W 点乃是我们所需要求出的数值。因此我们只取整个双曲线的 AHW 线段。

根据本文第三节的讨论，W 点的 r^λ 值也就是在正常生产条件下第一部类所能达到

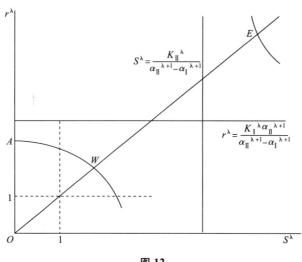

图 12

的最高速度，将 $S^{\lambda+1} = r^{\lambda+1}$ 代入式（3 - 7），即得

$$(\alpha_{\text{II}}^{\lambda+2} - \alpha_{\text{I}}^{\lambda+2})r^{\lambda+1} - (K_{\text{II}}^{\lambda+1} + K_{\text{I}}^{\lambda+1}\alpha_{\text{II}}^{\lambda+2})r^{\lambda+1} + K_{\text{I}}^{\lambda+1}K_{\text{II}}^{\lambda+1} = 0 \qquad (6-1)$$

这个方程有两个根，但对我们来说，应该取数值较小的实根。方程（6 - 1）的实根

$$r^{\lambda+1} = \frac{(K_{\text{II}}^{\lambda+1} + K_{\text{I}}^{\lambda+1}\alpha_{\text{II}}^{\lambda+2}) - \sqrt{(K_{\text{II}}^{\lambda+1} + K_{\text{I}}^{\lambda+1}\alpha_{\text{II}}^{\lambda+2})^2 - 4(\alpha_{\text{II}}^{\lambda+2} - \alpha_{\text{I}}^{\lambda+2})K_{\text{I}}^{\lambda+1}K_{\text{II}}^{\lambda+1}}}{\alpha_{\text{II}}^{\lambda+2} - \alpha_{\text{I}}^{\lambda+2}}$$

即是 $r^{\lambda+1}$ 所能达到的最大值。

在资本主义生产下，r^{λ} 的最大值是

$$r_{\max}^{\lambda} = 1 + p^{\lambda}$$

在社会主义生产下 $r_{\max}^{\lambda}$ 的大小还要看 K_{II}^{λ} 的具体数值来决定。在社会主义生产下，

$$\frac{K_{\text{II}}^{\lambda}}{K_{\text{I}}^{\lambda}} = \frac{1 + \alpha_{\text{II}}^{\lambda} + \alpha_{\text{II}}^{\lambda}\beta}{1 + \alpha_{\text{I}}^{\lambda} + \alpha_{\text{I}}^{\lambda}\beta}$$

而在资本主义生产下，

$$\frac{K_{\text{II}}^{\lambda}}{K_{\text{I}}^{\lambda}} = \frac{(1 + \alpha_{\text{II}}^{\lambda})(1 + p^{\lambda})}{(1 + \alpha_{\text{I}}^{\lambda})(1 + p^{\lambda})} = \frac{1 + \alpha_{\text{II}}^{\lambda}}{1 + \alpha_{\text{I}}^{\lambda}}$$

在一般情况下，$\alpha_{\text{II}}^{\lambda} > \alpha_{\text{I}}^{\lambda}$，因之 $\left(\dfrac{K_{\text{II}}^{\lambda}}{K_{\text{I}}^{\lambda}}\right)_{\text{社会主义}} > \left(\dfrac{K_{\text{II}}^{\lambda}}{K_{\text{I}}^{\lambda}}\right)_{\text{资本主义}}$

如果都从同一 K_{I}^{λ} 出发（像本文中的讨论一样），那么在社会主义生产下的 K_{II}^{λ} 可表

示为

$$K_{\text{II}}^{\lambda} = (1 + L\alpha_{\text{II}}^{\lambda})(1 + p^{\lambda})$$

其中

$$L > 1$$

这时，如果我们把资本主义的最大速度 $r_{\max}^{\lambda} = 1 + p^{\lambda}$ 代入代表社会主义生产下最大速度的方程（6-1），并且让[①] $\alpha_{\text{I}}^{\lambda+1} = \alpha_{\text{I}}^{\lambda}$，$\alpha_{\text{II}}^{\lambda+1} = \alpha_{\text{II}}^{\lambda}$ 即可得

$$(\alpha_{\text{II}}^{\lambda+1} - \alpha_{\text{I}}^{\lambda+1})(1 + p^{\lambda})^2 - [(1 + L\alpha_{\text{II}}^{\lambda})(1 + p^{\lambda}) + (1 + \alpha_{\text{I}}^{\lambda})(1 + p^{\lambda})\alpha_{\text{II}}^{\lambda}](1 + p^{\lambda}) +$$
$$[(1 + L\alpha_{\text{II}}^{\lambda})(1 + p^{\lambda})][(1 + \alpha_{\text{I}}^{\lambda})(1 + p^{\lambda})] = (1 + p^{\lambda})\alpha_{\text{I}}^{\lambda}\alpha_{\text{II}}^{\lambda}(L - 1) > 0$$

从这里可知 $r^{\lambda} = 1 + p^{\lambda}$ 点在双曲线下面[②]，因而社会主义生产上涨的最大速度要大于资本主义上涨的最大速度。

二　本文第三节中已经提出双曲线和 $S^{\lambda} = r^{\lambda}$ 的交点 W，也就是说，生产以 r^{λ} 的最大值上升后，所形成的斜率为某一 $-\mu^{\lambda+1}$ 值的直线

$$K_{\text{I}}^{\lambda+1} = r^{\lambda+1} + \mu^{\lambda+1}S^{\lambda+1}$$

将和

$$K_{\text{II}}^{\lambda+1}\mu^{\lambda+1} = \alpha_{\text{I}}^{\lambda+2}r^{\lambda+1} + \alpha_{\text{II}}^{\lambda+2}\mu^{\lambda+1}S^{\lambda+1}, \quad S^{\lambda+1} = r^{\lambda+1}$$

相交于 W。这里相应的 $\mu^{\lambda+1}$ 值也就是 $\mu^{\lambda+1}$ 的最小极限值，从上面三式中取它们的行列式等于 0，以消去 r^{λ}、S^{λ}，即得决定 $\mu^{\lambda+1}$ 的方程是

$$K_{\text{II}}^{\lambda+1}\mu_{\min}^{\lambda+1} + (K_{\text{II}}^{\lambda+1} - K_{\text{I}}^{\lambda+1}\alpha_{\text{II}}^{\lambda+2})\mu_{\min}^{\lambda+1} - K_{\text{I}}^{\lambda+1}\alpha_{\text{I}}^{\lambda+2} = 0$$

取方程的一个正根（因为负根代表三根线交于另一分支上），

$$\mu_{\min}^{\lambda+1} = \frac{-(K_{\text{II}}^{\lambda+1} - K_{\text{I}}^{\lambda+1}\alpha_{\text{II}}^{\lambda+2}) + \sqrt{(K_{\text{II}}^{\lambda+1} - K_{\text{I}}^{\lambda+1}\alpha_{\text{II}}^{\lambda+2})^2 + 4K_{\text{I}}^{\lambda+1}K_{\text{II}}^{\lambda+1}\alpha_{\text{I}}^{\lambda+2}}}{2K_{\text{II}}^{\lambda+1}}$$

即是相当于三直线交于 W 点的，$\mu^{\lambda+1}$ 最小极限值。

三　在社会主义条件下，由于 K_{I}^{λ} 和 K_{II}^{λ} 不断缩小而引起的 $\mu^{\lambda+1}$ 数值的变动有如下的情形：

我们在上面所给出的 $\mu^{\lambda+1}$ 的极限值可以改写为

---

①　因为我们以 $r^{\lambda} = S^{\lambda} = 0$ 的资料代入双曲线方程时，也将同样得到大于 0 的结果。

②　这里讨论的是 α_{I}、α_{II} 和 K_{I}、K_{II} 不变的情形。

$$\mu^{\lambda+1} = \frac{1}{2}\left[\sqrt{\left(1 - \frac{K_{\mathrm{I}}^{\lambda+1}}{K_{\mathrm{II}}^{\lambda+1}}\alpha_{\mathrm{II}}^{\lambda+2}\right)^2 + 4\alpha_{\mathrm{I}}^{\lambda+2}\frac{K_{\mathrm{I}}^{\lambda+1}}{K_{\mathrm{II}}^{\lambda+1}}} - \left(1 - \frac{K_{\mathrm{I}}^{\lambda+1}}{K_{\mathrm{II}}^{\lambda+1}}\alpha_{\mathrm{II}}^{\lambda+2}\right)\right]$$

的形式；而这个式子却恰恰类似一个直角三角形的斜边减去它的一边的数值。令

$$a = 1 - \frac{K_{\mathrm{I}}^{\lambda+1}}{K_{\mathrm{II}}^{\lambda+1}}\alpha_{\mathrm{II}}^{\lambda+2}, b = \left(4\alpha_{\mathrm{I}}^{\lambda+2}\frac{K_{\mathrm{I}}^{\lambda+1}}{K_{\mathrm{II}}^{\lambda+1}}\right)^{\frac{1}{2}}$$

$\mu^{\lambda+1}$ 即可改写为

$$\mu^{\lambda+1} = \frac{1}{2}\left(\sqrt{a^2 + b^2} - a\right)$$

很容易证明，在 $\mu^{\lambda+1}$ 的表示式中，b 的数值变大时 μ^{λ} 的数值即要变大，a 的数值变大时，$\mu^{\lambda+1}$ 的数值即要变小。可以看出，在 $\mu^{\lambda+1}$ 的表示式中，$\alpha_{\mathrm{I}}^{\lambda+2}$、$\alpha_{\mathrm{II}}^{\lambda+2}$ 和 $K_{\mathrm{I}}^{\lambda+1}$ 的值不断变小时，将促使 b 值变小，a 值变大，因而这三个数值变化的趋势是使 $\mu^{\lambda+1}$ 变小；而当 $K_{\mathrm{II}}^{\lambda+1}$ 变小时，它将促使 b 的数值变大，a 的数值变小，因而 $K_{\mathrm{II}}^{\lambda+1}$ 的变动将促使 $\mu^{\lambda+1}$ 的值变大。但如果我们使 $\frac{K_{\mathrm{I}}^{\lambda+1}}{K_{\mathrm{II}}^{\lambda+1}}$ 的比值在 K_1 和 K_2 缩小时维持不动，或者使 $\frac{K_{\mathrm{I}}^{\lambda}}{K_{\mathrm{II}}^{\lambda}} > \frac{K_{\mathrm{I}}^{\lambda+1}}{K_{\mathrm{II}}^{\lambda+1}} > \frac{K_{\mathrm{I}}^{\lambda+2}}{K_{\mathrm{II}}^{\lambda+2}}$，那么我们就将有

$$\cdots \mu^{\lambda+1} < \mu^{\lambda} < \mu^{\lambda-1} \cdots$$

的关系。我们知道，第一部类的资本有机构成常常要比第二部类的资本有机构成变化得快一点，因而上述不等式的关系常常会被满足。因此，在社会主义制度下，也将和资本主义制度一样出现

$$\mu^{\lambda+1} < \mu^{\lambda}$$

的式子；同时，当 μ^{λ} 的数值接近于极限值时，社会生产将以第一部类大于第二部类的上涨速度而上升。

书 评

一本创新气息浓郁的劳动价值论研究著作

——评介史正富的《现代企业中的劳动与价值》*

蒋学模

摘　要　马克思所面对和研究的，是 19 世纪以英国纺织工业为代表的集出资、创业和管理于一身的业主制企业。一百多年来生产力的发展，经过技术革命、资本革命、管理革命和创业革命，形成了货币资本所有权、高层战略决策权和经营管理权互相福利的现代企业。作者分析了现代企业中组合劳动价值形成和价值分配的规律，根据从业主制企业到现代企业客观经济条件的变化，拓展了马克思的劳动价值理论。

关键词　马克思　劳动价值论　现代企业

一

2002 年新春伊始，上海人民出版社推出一本史正富著的《现代企业中的劳动与价值》。拿到书，我花了大约一个星期的时间仔细读了一遍，感到很有必要向读者推荐这本书，以期引起大家的关注和讨论。

价值理论是政治经济学中最基本同时也是最抽象的理论。政治经济学研究的价值是商品的价值，由于传统的马克思主义理论认为社会主义社会不存在商品货币关系，价值规律对生产没有调节作用，所以在新中国成立后长达 30 年的时间内，社会主义的经济理论是不包含价值理论的。十一届三中全会后的改革开放过程中，我国在所有制结构上建立了以公有制为主体、多种所有制经济共同发展的基本经济制度；在经济运行体制上逐步实现从传统的计划经济体制向社会主义市场经济体制的转变；国有企业改革的目标，按照社会化大生产和现代市场经济的要求，是建立"产权清晰、权责明确、政企分开、管理科学"的现代企业制度。在改革开放的条件下，怎样认识不同经济成分、不同产业部门，以及在现代企业中承担领导工作、经济管理工作、科学技术工作、直接生产工作各个层次的劳动价值创造和价值分配中的地位和作用，已成为一个关系全局的根本的理论认识问题。我们不能用马克思分析资本主义社会的劳动和劳

---

*　编辑按语：本文是已故的复旦大学教授、著名经济学家蒋学模先生的遗稿。原稿由史正富教授保存，并交予本刊发表。

动价值理论来分析社会主义经济中的劳动和价值问题，即使对于我国私营企业中的劳动和价值，照搬马克思根据 19 世纪英国工厂制度概括出来的理论，恐怕也是不完全合适的。正是在这样的时代背景下，江泽民同志在建党八十周年的讲话中提出："我们发展社会主义市场经济，与马克思主义创始人当时所面对和研究的情况有很大的不同。我们应该结合新的实际，深化对社会主义社会劳动和劳动价值理论的研究和认识。"这是江泽民同志作为党中央第三代领导核心向我国经济理论工作者提出的时代的光荣任务和历史要求。

自从江泽民同志提出这个历史任务以来，在不到一年的时间内，研讨这个问题的文章可以说不计其数，专著也有好几本，各地以此为专题的研讨会也开了不少。一个人要是看遍所有这些文章和专著是不可能的，但就我所接触到的而言，史正富在他书中所提出的观点和他对自己观点的分析和论证，给了我很深刻的印象，是富于理论创新色彩的，我认为，他这本书，对当前正在讨论的问题做出了三个方面的理论贡献。

二

这本书第一个方面的贡献是对马克思价值理论体系的科学剖析。他指出，马克思的价值理论体系包含着两个不同层次的论题。第一个层次属于价值本体论，它所要回答的论题，是商品价值的源泉是什么，价值的本质是什么？在这个层次上，马克思的结论是：商品生产过程中消耗的活劳动是价值的唯一源泉，价值的实体就是凝结在商品体内的一般人类劳动（抽象劳动）。第二个层次属于价值运行论，它所要回答的论题是构成价值的因素是什么，价值是如何形成和分配的。对于这个层次的问题，马克思提出了 $c+v+m$ 的价值三分法，确认了全部生产要素（资本和劳动）都是商品价值的构成因素，并参与价值的分配。马克思的价值理论体系表明，并不是只有构成价值源泉的要素才能参与价值分配。由于不理解马克思价值理论体系中的这两个不同层次，有的人为了论证我国市场经济中非劳动要素参与价值分配的必要性和合理性，在价值实质、价值本体的层次上求助于西方经济学的要素价值理论，认为资本、土地、劳动等一切生产要素都是价值的源泉，这就从根本上背离了马克思的劳动价值论而落入萨伊首创的要素价值论的陷阱。

在价值本体论这个层次上，不同的经济学派有不同的主张，这是无可厚非的。马克思的劳动价值论同西方经济学的要素价值论，是根本上截然不同的两种学说。有些人混淆了两者的根本界限，以为可以用要素价值论来补充和发展劳动价值论，并认为这是理论创新，这显然是不对的。史正富这本书严格从马克思的劳动价值论出发，在新的历史条件下丰富和发展了马克思的劳动价值论，这是本书的一大特点和一个重要的理论贡献。

这本书的第二个理论贡献，是对于 19 世纪中期马克思所面对的业主型企业到当今市场经济中现代企业的演变，从政治经济学理论的高度做了分析和概括。他在书中分析，这个演变过程从总体上看是社会化生产力高度发展所推动的，是资本社会化和劳动资本化的过程，中间经过资本革命、管理革命和创业革命，使得原来的独资和合伙的业主制企业，发展成为股份公司形式的现代企业。两者在企业经营管理上最大的区别，就是在业主制企业中由资本所有者承担的创业和企业经营管理的职能，在现代企业中已不再由资本所有者自己承担。现代企业的创办和创办起来后企业的投资战略决策，以及为实现投资战略而进行的企业经营管理，已由一批支领工薪的专职人员承担。总之，出资、创业与经营三位一体的业主制企业，已变成了出资、创业与经营管理三者分离的现代企业，创造价值的活劳动，已不止是第一线上直接生产者的劳动，而是包括创业、领导、管理、操作等多种形式、多种层次的劳动共同形成的组合劳动，这样，在业主制企业价值构成（$c + v + m$）中归资本所有者独占的剩余价值，在现代企业中必须与组合劳动的各个主体分享，而归货币资本所有者占有的，仅是扣除了归研究与发展部门、营销部门、管理部门等人员分享后的净剩余，这个净剩余才归货币资本所有者（国家、集体、各种联合体、个人股份所有者）按资本额的大小分享。

对业主制企业到现代企业的变化的分析，是史正富这本书的主体，也是本书的精华所在。在作者史正富的分析中，这种变化是由生产力发展所引起的，具有客观必然性。他又用现代市场经济最发达的美国现代企业的具体事例和我国处于萌芽状态的现代企业的例子加以说明，使他的理论具有极大的说服力。其实，他用来构成他的理论的具体史实，不论是技术革命、管理革命还是资本革命方面的，大家都是很熟悉的，并不新奇。但是，这些史实，被他用政治经济学的基本理论贯穿起来，用来说明现代企业中的劳动及其价值创造和价值分配方面的客观规律，就成了惊人的理论创新，至少就我个人而言，这是我第一次看到在分析和研究我们社会主义社会劳动和劳动价值理论方面的新观点。

这本书的第三个理论贡献，是关于现代企业制度的分析，使得公有制与市场经济的相容性得到了进一步的论证。

中国走社会主义道路，走得通还是走不通，中外人士一直是有争论的。争论的焦点是公有制特别是国有制同市场经济的相容性。我国在改革开放的 20 多年过程中，国有企业的改革从放权让利、利改税、租赁制、承包制一直到提出国有企业以建立产权明晰、权责明确、政企分开、管理科学的现代企业制度为改革目标，在实践上正在一步一步地使公有制经济融入市场经济，但由于我国在以公有制为主体的现代企业制度治理结构的探索过程中，"新三会"与"老三会"的关系还没有处理好，因此，在公有制与市场经济的相容问题上，有些人始终持怀疑态度。不仅美国的弗里德曼和中国香港的张五常这样的人，认为中国要搞市场经济，最终必须走私有化道路，而且国内和境内持类似观点的人也不少，认为所有制结构改革中的有进有退，就是"国退民进"，而且认为这将是一个持续的、长期的趋势，直到国有经济在所有制结构中降低到无足轻重的地步。史正富在这个问题上的理论贡献，就在于论证了，在现代企业的治理结构中，货币资本所有权、企业战略决策权、经营管理权的多层次分离，是生产力高度社会化的客观要求，在现代市场经济高度发达的西方国家中，已成为现实，尽管我国现实生活中，绝大多数企业仍是中小企业，在大型企业中，所有权、决策权、经营管理权高度分离的现代企业还只是处于开始形成过程中，但是社会经济发展规律表明，凡是生产力发展的客观要求，最终必将突破种种障碍而成为现实，所以，从长期发展趋势看，适合现代市场经济需要的企业治理结构上所有权、决策权、经营管理权高度分离的现代企业，终将在我国公有制多种实现形式中凸显出来，这是有中国特色社会主义道路必然走得通的根据所在。史正富的理论为有中国特色的社会主义道路在可行性论证上扫除了一大障碍，这是这本书的一个重大理论贡献。

三

　　本书的缺点主要是在分析和论证上还不够仔细和周密。尽管作者正确地认识到马克思的价值理论体系存在着价值本体论和价值运行论这样两个层次，但他在根据客观经济条件的变化拓展马克思的价值理论体系的时候，却偏重从价值运行论这个层次去分析和研究，忽略了价值本体论这一层次的分析和研究。他说："在价值本体论的层面上，我还看不到修改马克思价值学说的任何理由。"（见该书第 6 页）固然，根据当代条件拓展后的马克思的价值理论，在价值源泉上仍然是活劳动一元论，没有变成要素价值论。但马克思时代业主制企业中作为价值源泉的活劳动，主要是直接生产过程中消耗的活劳动，而在现代企业里，正如史正富书中所正确指出的："由于技术发明、市场营销和管理的职业化，现代企业中劳动者的范围大力拓宽，创造价值的活劳动已不仅指生产一线上的劳动，而且包括创业、领导、管理、操作等多种形式、多种层次的劳动共同形成的组合劳动。"（见该书第 7～8 页）然而令人难以理解的是，他从价值运行论的层次上分析现代企业的价值形成的价值分配的时候，认为现代企业中的 m（剩余价值），仍然只是直接生产过程中的劳动者的劳动创造的，从而得出 $m = RD + MS + GA + IR + S$（见该书第 42 页）这样的一个分解式，认为研发、营销、管理及财务方面的耗费（包括物质耗费和劳动耗费）都要从 m 中获得补偿。书中分析论证上疏漏和自相矛盾的地方，都是由此产生的。我相信作者一定不难发现这一方面的疏忽，从价值本体论和价值运行论两个层次统一的角度，向我们提供一个更加周密的马克思价值理论的现代拓展。

从劳动平等到双重平等的叠加
——评荣兆梓 等著《劳动平等论》[*]

丁为民[**]

摘 要 本文对荣兆梓团队关于完善社会主义基本经济制度的新作进行了评论。指出该书从现实社会主义基本制度的角度提出了该制度所存在的制度性矛盾，总结了由这些矛盾引发的现实社会主义的改革历史和由此得到的基本经验，着重分析了中国解决这些矛盾的历史和改革开放实践，以及通过改革形成的中国特色社会主义基本经济制度的各组成部分及内在关联，明确提出了社会主义的平等观和中国特色社会主义的平等观。在此基础上，笔者论述了需进一步研究和讨论的几个重要理论问题。

关键词 荣兆梓 现实社会主义 基本经济制度 平等观

平等和与其相联系的社会公正、正义，是人类追求的目标。某一具有确定含义的平等，是某一社会存在的重要依据和该社会基本制度最重要的伦理表现，也是在历次社会变革中起鼓动作用的核心理念。社会主义作为人类社会所追求的目标和现实，必然具有自己的平等观，使之成为支持社会经济运转的支点和团结人民群众的旗帜。在社会主义制度下，这一平等观的基本规定是什么？在中国特色社会主义的实践中，这一平等观又有哪些具体表现？我们应该如何从实现平等的角度完善社会主义基本经济制度？这些都是人们关注的重大问题。安徽大学荣兆梓教授带领他的团队共同完成的新作《劳动平等论：完善社会主义基本经济制度研究》（社会科学文献出版社 2013 年出版），在中国特色的改革开放实践和理论探索的基础上回答了这些问题，必然引起学术界的广泛关注。

一 一个重大的研究对象和主线

近代以来的历史表明，社会主义运动的历史，特别是国际共产主义运动兴衰成败的历史，既是无数志士仁人通过艰难探索建设社会主义的实践史，又是他们在理论上

＊ 本文为国家社会科学基金重点课题"面向公平正义和共同富裕的政府再分配责任研究"（13AZZ001）的阶段性成果。

＊＊ 丁为民，经济学博士，天津师范大学经济学院教授，全国《资本论》研究会、全国马克思列宁主义经济学史研究会常务理事，中国经济发展研究会副会长。

探索社会主义的本质规定、运行机制和发展规律的思想史。他们不畏艰险、不怕牺牲、大胆探索、勇于实践，尽管由于主观和客观限制，这些理论和实践仍存在不同程度的局限，但是，毕竟不断地丰富了对社会主义的认识，使越来越多的人感受到社会主义的生命力。可以说，《劳动平等论》这部著作就是上述探索的组成部分，作者直面问题的勇气、强烈的理论自信和深刻的洞察能力，给读者留下了难忘的印象。

对社会主义本质认识的重大推进，往往是在社会主义的实践遭遇困难和挫折时引发的。例如，在改革开放初期，在中国面临百废待兴的历史时刻，邓小平同志在总结新中国成立以来正反两方面经验、研究国际经验和世界形势的基础上，提出了关于什么是社会主义的重要论断，开创了建设中国特色社会主义道路的理论；在 20 世纪 80 年代末 90 年代初世界社会主义出现严重挫折、中国发展面临巨大困难和压力的情况下，以江泽民同志为代表的中国共产党把社会主义与发展市场经济结合起来，确立了社会主义市场经济的改革目标和基本框架。从直观看，这些推进是由重要政治家提出和陈述的。但是，我们绝不能忽视背后更多的理论工作者的学术研究和理论支持。如果我们从这一角度看待《劳动平等论》一书，可能更会重视本书的意义，体会到作者的艰辛。

正如作者在书中所说，本书所依托的研究是国家社会科学重点课题"科学发展观视野下基本经济制度的新发展研究"，而此课题提出和立项的背景则是"中国的社会主义市场经济发展到今天，公平方面的要求越来越凸显，甚至已经到了刻不容缓的地步。"（《劳动平等论》第 1 页。以下只注明页码处均出自该书）分配不公、差距扩大、阶层分化与固化、腐败泛滥、群体事件频发等问题，"不仅仅是发展现象，……而且同时是制度现象"。因此，该书要"以劳动平等为主题词，对社会主义制度做新的理论诠释，为完善社会主义基本经济制度的实践做新的探索"。（第 2 页）**以平等为主线，以中国特色的社会主义制度的建设和改革为背景，从基本制度高度提出问题、研究问题和解决问题，是本书的立意和特色之所在**。据笔者所知，近年来，在改革开放不断深化的背景下，我国理论界以中国特色基本经济制度为主题的科研立项并不少，但是，公开出版的学术专著却不多。因此，该书可以被称为一部力图运用马克思主义方法，研究改革开放以来中国社会基本经济制度的开拓性著作，有着重要的理论和实践意义。

二 两个制度性矛盾和艰苦的历史探索

既然把完善社会主义基本制度作为研究对象，所以，**本书第一篇，就通过历史回顾和理论分析，向读者揭示了 20 世纪的社会主义一开始就面对并且到世纪末仍未解决或彻底解决的两大理论问题。由于它们内生于这个制度本身，笔者认为，也可以称之**

为制度性矛盾。当然，这种制度性矛盾与资本主义所面临的矛盾有根本不同的性质。这两个理论问题是：①市场经济与生产力的关系。现实社会主义国家的生产力水平比较低，但却长期认为市场经济等于资本主义，不能利用市场经济发展生产力。②公有制与等级制度的关系。公有制决定了劳动者之间的平等关系，但由于劳动在现阶段的谋生手段作用，却造成了事实上的不平等。笔者认为，实际上，这两个制度性问题，传统理论都有所涉及，并给予了能够自圆其说的解释。但是，随着社会主义的实践，它们非但没有化解，反而被逐步放大。本书的一个重要贡献，就是明确揭示了这两个问题，给出了与传统理论完全不同的解释。作者认为，市场经济与社会分工，绝不像传统理论所说的那样，是可以任意割裂的，根本原因在于作为商品经济的两个历史前提，即旧式分工与占有的排他性是"历史地不可分割"，"不可能因为一场社会革命而在短期内根本改变"（第 5 页）。关于公有制及其内在矛盾，作者指出，由于在公有制内部劳动者共同拥有生产资料，它的本质特征是"劳动平等"（第 14 页），然而，从占有对象看，却存在其内部"财富以劳动时间为尺度"和劳动对劳动者是"负效用"的矛盾，以及与其相对应的占有主体的矛盾，即每个人的二重身份（生产资料的公共所有者和劳动力的个人所有者）的矛盾，由此又产生了公有产权的"内排他性"，即公有产权对其所有者成员个人的排他性（第 15、第 16 页）。在此基础上，作者进一步指出，实践中的社会主义所逐渐显现的决策高成本、委托代理所造成的劳动平等实现难度的增大、官僚体制和特权阶层的形成等弊端，就是这两个制度性矛盾在实践中的展开。因而，一方面，从基本经济关系即所有制关系的角度揭示社会主义所要求的劳动平等；另一方面，从现实社会主义所面临的制度性矛盾的角度说明在实践中存在的事实上的劳动不平等，是作者对传统社会主义的平等状况的描述，也成为本书研究平等问题的出发点和完善社会主义基本经济制度所要解决的根本性问题。

在揭示社会主义所面临的两个制度性矛盾，揭示传统社会主义存在的劳动在形式上平等和实际上不平等的基础上，作者利用三章（第二、第三、第四章）篇幅，循着两个线索，论述了国际上的社会主义者对这些制度性问题的态度。第一个线索是实践探索。作者介绍了苏联的列宁模式、斯大林模式和南斯拉夫的自治式市场社会主义模式的形成、特点和历史地位，从实践角度介绍了人们对解决上述两个矛盾的初步探索。第二个线索是理论探索。作者介绍了以当时的社会主义实践为基础的理论争鸣和流派碰撞，其中所涉及的人物众多、观点纷呈，但绝不是一般介绍，而是从历史高度和本书主题的视角做了再梳理、再思考，给读者以理论享受。最值得关注的是作者通过研究所得出的结论：①列宁模式的特点是在社会主义经济体制的各个层面普遍采用了科层等级制度和商品货币交换制度，这就是列宁所说"我们对社会主义的整个看法根本改变了"的主要表现。它是一种"退却",当时俄国的经济、社会、文化的落后状况提供了这种"退却"的正当性（第 37 页）；②列宁模式并没有意识到在当代生产力条件下社会主义市场经济的必然性、长期性和普适性，所以，这一模式并没有解决前面提到的两个根本理论问题（第 39 页）。以高度集权的计划经济为特征的斯大林模式对列宁模式的重大修正，就是这一结论的证明。③在所有社会主义流派中，托洛茨基派揭示了由于苏联生产力水平低下而产生的双重特征和未来的两种可能性（第 63 页），从而正确地预言了苏联退回到资本主义的可能性。但是，托洛茨基的问题在于"他始终没有从革命群众运动的热情中冷静下来，没有从一个革命党人的思维方式成功地转换到执政党的思维方式……对于一个执政的马克思主义政党来说，这个问题必须在民主与法制的背景下解决。……问题的关键不在于新的革命，而在于理解当代生产力条件下公有制的内在矛盾，在发展生产力的进程中完善社会主义基本经济制度"（第 65 页）。作者的这一论述，不仅使读者深化了对本书主题的认识，使人们意识到劳动平等的条件和现实社会主义平等观念的嬗变，而且直接切中托洛茨基、曼德尔等第四国际理论家的弱点，点到了苏东国家社会剧变的要害，很值得我们深思。

三 三个市场竞争主体和市场经济的作用

社会主义是一种国际思潮，本书的开篇就是以国际视野展开对社会主义的必然性和所面临的制度性问题的研究的。但是，本书的主体（第二至五篇）仍是中国的社会主义，是中国在解决社会主义所面临的两个重大制度性矛盾时所进行的理论与实践探索，以及由此形成的对社会主义特别是中国特色的社会主义的本质和平等观的认识。根据内容，其可分为两部分：第一部分，第二篇（第五～七章），是对中国社会主义道路探索、改革的回顾与总结。第二部分，第三、第四、第五篇（第八～十八章），是从经济主体和经济运行角度对中国特色社会主义基本制度的具体分析。

在本书的主体部分，由于其研究视角的重要性和独特性，其结构和诸多研究成果都给读者留下了深刻印象。第一部分，是对中国社会主义道路的探索、改革的回顾与总结。该部分以"斯大林模式在中国的形成"为切入点，首先论及生产资料私有制的社会主义改造、人民公社运动、"文化大革命"等重大历史事件，分析了中国对斯大林模式的两次"实质性触动"：①人民公社运动试图在限制商品货币关系方面比斯大林走得更远；②"文化大革命"是为了杜绝党和政府的官僚主义倾向。但是，作者认为，它们都以失败而告终（第 93 页）。作者进一步总结了从中应汲取的历史教训（第 100～105 页）；从更一般的意义上说，这实际上是对中国在解决社会主义所面临的两个制度性问题时所得到的历史性教训的总结，从另一个方面为中国后来的改革开放提供了思想准备。在这一部分，作者还分析了以社会主义市场经济为主要内容的中国特色社会主义的提出、基本框架，以及以此为基础的对完善社会主义基本经济制度的再思考，利用经验资料对新中国成立 60 年来所有制结构的演变与经济效率的关系进行了实证分析，从单纯效率的标准，提出了"对于完善社会主义基本经济制度……具有特别重要意义"的公私经济的混合"存在最佳数量区间"的假设（第 145 页）。这些，都是非常值得重视的结论。在第二部分，作者分别对国有和集体企业的改革和非公企业的发展进行了分析。该部分的一个重要特点，就是直面问题，独立思考，利用大量经验资料回答了读者关注的一系列问题，力图为本书所主张的平等观提供经济关系方面的制度性基础（第 149 页）。这些观点包括：①改革开放以来，国有经济市场竞争力有了实质性改善，具备了在与其他经济成分的平等竞争中生存和发展的能力（第 153、第 180页）；目前，仍存在一个"太大"和两个"不到位"的深层次问题，其管理体制还需重新设计，继续改革。②在垄断行业中，国有企业利润同时具有垄断来源和效率来源，其效率增长并没有伴随垄断的外部效率损失的增长，这说明了国企改革的成果和对社会的贡献，也表明了深化国企改革的空间和潜力（第 204 页）。③集体经济发展滞后，不利于公有制经济的整体实力和影响力，是完善基本经济制度必须面对的现实问题。只有真正自主自治的集体经济才有可能健康持续发展（第 261 页）。④提出非公经济是社会主义市场经济的重要组成部分，事实上提出了一种社会主义经济制度的新的理论概念。现在，以公有制为主、多种经济成分共同发展的基本经济制度已经形成，国有、集体和非公企业构成了这一制度的三个重要主体。这个基本经济制度要比计划经济下的单一公有制更有效率（第 328 页）。同时，要引导私营企业主实现从"赚钱"到"做企业"的目标转换（第 347 页）。⑤不同经济成分企业的平等竞争是基本经济制度建设的重要问题。改革至今，市场环境在公私经济之间已经没有总体不公平倾向，尽管局部不公平竞争仍然存在。在开放条件下，提高民族资本（包括国有和私有）的市场竞争力，建立多种经济成分之间的竞争合作关系，是理顺竞争秩序、完善基本经济制度的重要内容（第 372 页）。⑥当前我国市场竞争中存在的不平等，核心是大企业、大资本与中小企业、中小资本之间的不平等，而不是公私经济之间或国有企业与非国有企业之间的不平等。作者把前者称为掠夺性公司，并以上市公司为对象进行了实证分析，结论是：我国上市公司大资本对中小投资者存在明显不平等竞争，建设平等竞争的资本市场仍任重而道远（第 384 页）。

截止到这里，作者已经对通过改革而构建的中国特色社会主义基本经济制度的框架有了一个清楚的描述，这就是，从基本经济关系看，表现为以公有制为主的多种经济成分共同发展的所有制结构；从资源配置和协调方式看，表现为市场经济的决定性作用。二者的合题，就是中国特色的社会主义市场经济。从根本上说，它是中国共产党人通过改革自觉解决传统社会主义两大制度性矛盾的成果，也是对传统的社会主义平等观的重大修正。在本书的第六篇，作者对这两个问题进行了更深入的分析，从而对本书的研究做了深化和总结。

四　最值得注意的经济范畴和平等命题

在第六篇关于社会主义基本制度的深化研究中，作者提出了一个最值得注意的经济范畴，这就是"公有资本"范畴。众所周知，资本是马克思《资本论》的核心范畴，把它定义为"自行增殖的价值，不仅包含着阶级关系，包含着建立在劳动作为雇佣劳动而存在的基础上的一定的社会性质。它是一种运动"，[①] 是资本主义生产方式的特有范畴。资本以商品普遍化特别是劳动力成为商品为条件，这意味着资本要求在交易中等价交换，贯彻交易自由、平等（公平）的原则。但是，由于劳动力的使用即雇佣工人在生产过程中所付出的劳动大于生产劳动力价值所需要的劳动（必要劳动），其所创造的价值大于劳动力自身的价值，这一由资本无偿占有的剩余劳动和剩余价值就成为资本积累和资本家致富的源泉，成为资本主义条件下收入和财富呈两极分化趋势的根本原因。所以，资本所要求的自由、平等主要通行于流通领域，而在生产领域，由于资本和劳动之间已构成雇佣关系，二者之间根本没有自由、平等而言；如果说资本在这一领域仍要讲平等，那只是资本之间的平等，"因为资本是天生的平等派，就是说，它要求把一切生产领域内剥削劳动的条件的平等当做自己的天赋人权"。[②]因而，消灭资本主义剥削和不平等，成为社会主义否定资本主义，主张以社会主义替代资本主义最主要的理由。

但是，马克思主义认为，仅靠这些理由并不能消灭资本主义，因为它只揭示了资本主义灭亡的必要性。除此之外，还需要两个基本条件：①生产力的高度发展。只有这样，才能提供资本退出历史的必要性和社会主义正常运转的条件。②以物的依赖性为基础的人的独立性。只有"在这种形式下，才形成普遍的社会物质变换、全面的关系、多方面的需要以及全面的能力的体系"，为社会主义的确立，即"建立在个人全面发展和他们共同的、社会的生产能力成为从属于他们的社会财富这一基础上的自由个性"，创造条件。[③] 而这两个条件，则是马克思所发现的"五形态运动"与"三形态运动"共同作用的必然结果。

---

① 《马克思恩格斯文集》第 6 卷，人民出版社，2009，第 121 页。
② 《马克思恩格斯文集》第 5 卷，人民出版社，2009，第 457 页。
③ 《马克思恩格斯文集》第 8 卷，人民出版社，2009，第 52 页。

实际上，**本书所揭示的现实社会主义所面临的两个制度性矛盾，正是在上述两个条件不充分的情况下建设社会主义在制度上的必然反映。而公有资本则是探索中国特色的社会主义基本制度、解决两个制度性矛盾的必然结果。**作者认为，社会主义公有制内部的矛盾，集中体现在"劳动平等"的本质关系中：一方面，公有产权决定了劳动者共同占有生产资料，要求实现分工、分配、发展机会和集体决策的平等；另一方面，这种平等关系是以承认天赋能力和努力程度的差异为特征的，必然要求承认分工、分配和发展的差异。这一矛盾，最终导致了商品生产和商品交换的产生和发展。而"资本关系是市场经济的普遍现象"，"公有资本则是市场经济下公有制内部矛盾的进一步展开"（第 413 页）。在总结南斯拉夫劳动自治失败原因的基础上，作者进一步指出：既然劳动仍然是个人谋生手段，从社会发展的需要出发，对劳动维持某种形式的"外在强制"就不可避免。资本的"历史使命"也就在这里（第 414 页）。由此笔者可以得出结论：**在作者看来，以劳动力成为商品为前提，实施强制性劳动和实现资本积累，也是公有资本的历史使命。尽管这种资本的产权归属和根本职能与私人资本有重大不同。**

正因为在现阶段的经济活动中存在多个市场竞争主体，它们之间要通过市场建立经济联系，因为公有制经济要采取公有资本的形式，所以，作者认为，在中国现阶段，劳动平等的实现表现出一个最显著特点，即劳动平等与市场经济下其他公平原则并存，形成双重公平叠加的特殊现象。在公有制经济内部，仍然贯彻着劳动平等的原则；在公有制经济之外，在各种经济形式之间，资本的权利起着支配作用。"当然，社会主义市场经济下的劳动平等与资本主权并不是平分秋色，而是各自在自己的领地发挥作用，双重公平的叠加在整个社会经济中有主次之分。以公有制为主的基本经济制度必须保障劳动平等的'普照之光'能够对全社会发展作用。"（第 406 页）在此基础上，作者进一步论述了实现这一作用的途径，包括：①执政党必须利用占主体地位的公有制经济巩固劳动平等的基本经济关系，在公有制企业中率先建立和谐劳动关系，并通过市场的、社会的、文化的传播渠道，影响其他经济成分，在社会经济的微观基础上提高劳动平等的实现程度。②执政党需要通过系统和连贯的社会主义政策，调节社会分配，节制资本权利，提高劳动民主，改善社会福利，提供基本的"能力供应物"，保障全体劳动者有越来越平等的能力发展机会。**以劳动平等为基础的双重平等的叠加，是一个全新的平等命题，很值得学术界高度关注。**

五 需要进一步研究的重要理论问题

本书全面推进了对现阶段中国现实社会主义基本制度的理论研究，它为人们的进一步研究提供了一个重要基础。笔者认为，在此基础上，有三个问题可以作为研究的重点。

第一，社会主义制度的优越性体现在何处。几百年来，社会主义制度一直是社会主义者和广大人民群众所追求的美好社会的象征。尽管社会主义运动峰回路转、潮起潮落，人们对社会主义的追求并没有泯灭，反而对社会主义的认识更加现实。人们认识到，苦修苦炼的禁欲主义不是社会主义，患寡不患均的平均主义不是社会主义，高度集权的计划经济不是社会主义，生产力的高度发达也不是社会主义。（正如作者在该书"自序"中所指出的："完善社会主义经济制度的目的仅仅是效率吗？提高了经济效率，缩小了发展差距，我们的社会主义制度就完善了？事情肯定不是那么简单！"）**本书提出了关于社会主义平等观的命题和中国特色社会主义平等观的命题，对于认识社会主义的优越性很有意义。**

但是，围绕这两个命题，也有一些问题应更深入地思考：①社会主义和共产主义是马克思所预测的未来社会的两个阶段，它们有某些共同的经济基础。既然如此，这两个阶段就应该有一面共同的旗帜，相对这面共同旗帜上的表述，劳动平等只是一个特殊规定。① 把劳动作为财富的尺度，表明这个社会并没有走出人类社会的史前时期而真正进入一个全新的社会。因此，它仍然是一个相对较低的目标，尽管可能是一个更现实和更贴近的目标。笔者认为，把马克思的"五形态说"与"三形态说"加以整体考察，贯彻二者统一互补的总体发展观，可能是探索社会主义制度优越性和人类社会发展方向的正确线索；曼德尔关于大大缩短工作日是社会自治的前提条件的论述，② 德布拉·萨茨关于共产主义会扩大人的自由是马克思解释共产主义为什么会最终产生的理由的论述，③ 可能为我们的进一步研究提供了有益借鉴。②劳动平等为基础的双重平等的叠加，是一个全新的平等命题，也是一个矛盾的范畴。在我国现阶段的社会主义市场经济条件下，理解资本的权利要求易，但论证全社会范围内的劳动平等难，确立一个实现这一要求的机制更难。笔者认为，本书这方面论述的薄弱主要是实践的反映而不是作者的疏忽，但它却应成为今后着力研究的问题。

第二，如何处理公有资本与私人（非公有）资本之间的关系。作者提出了公有资本这一范畴，对于研究市场经济条件下的国有和集体企业很有意义。但紧接着就会产生一系列新问题，例如，劳动者通过雇佣方式与公有企业建立联系，是否存在经济剩

---

① 马克思指出：在未来社会，"财富的尺度决不再是劳动时间，而是可以自由支配的时间。"《马克思恩格斯文集》第 8 卷，人民出版社，2009，第 200 页。
② 参见曼德尔：《权力与货币》，孟捷等译，中央编译出版社，2002，第 245 页。
③ 德布拉·萨茨：《马克思主义、唯物主义和历史进步》，载罗伯特·韦尔、凯·尼尔森编《分析马克思主义新论》，鲁克俭等译，中国人民大学出版社，2002，第 309 页。

余？这种剩余的性质是什么？公有资本的意义何在？如何做好对公有资本的管理？它们的行为目标是什么？与私人或非公有资本的关系是何种性质？二者关系的变动趋势是什么？等等。这些问题归结起来，就是如何处理公有资本和非公有资本之间关系的问题。最近，已经有学者提出并开始研究这一问题，认为二者之间的竞争不可避免，这一竞争决定中国未来的发展道路和方向。[①] 既然如此重要，就更应该加强对它的研究。党的十八届三中全会提出要把建立混合所有制作为国有企业改革的重要内容，如何处理二者的关系更应引起人们的瞩目。

第三，国家在社会主义市场经济中的作用。近现代经济史表明，经济落后国家要能够赶超发达国家，必须正确发挥国家的作用，这已成为一条基本经验。实际上，即使在发达国家，完全不受调控的市场经济，也只是个"彻头彻尾的乌托邦"。[②] 现实社会主义存在的一个普遍性问题就是建设社会主义的两个基本条件发展不充分，更需要借助于国家的力量。可以说，世界范围内现实社会主义改革的历史，一方面是如何认识和运用商品经济或市场经济作用的历史，另一方面就是如何认识和运用国家在经济上作用的历史。因此，进一步研究如何正确发挥国家在经济活动中的作用，与研究如何发挥市场经济的作用同等重要。

与此相联系，一旦国家介入经济活动，就有一个如何建设廉洁高效政府的问题。作者在本书的结尾部分指出，从各个角度看，当前改革的重心都在政府层面，政府自身改革已经成为当务之急（第502页）。在中国的现实中，执政党是通过"主动代理"机制掌握政权，通过兑现民族振兴、人民幸福的承诺获得与维持合法地位的。但是，由于公有制的内部矛盾和监控机制的漏洞，代理人脱离委托人（人民群众）的可能性随时存在，稍有松懈就会泛滥。针对这一问题，本书作者给出了监控机制改革的方向性设计。在此基础上，作者进一步问到：老百姓还有什么需要担心的？唯一需要担心的是我们的代理人是否愿意限制自己的权利（第504页）。这个设问和回答很有分量。近来社会上流传的习李新政"对公务员队伍太狠心了"的议论，进一步证实了这一设问的意义。难道我们的公务员真的也是经济人吗？难道经济人理论和公共选择理论在中国的执政党内也可以得到证明吗？让我们向本书作者学习，通过观察、思考和战斗，给出一份让委托人满意的答案。

① 邱海平：《资本间竞争决定中国发展方向》，《环球时报》2014年3月31日，第15版。
② 卡尔·波兰尼：《大转型：我们时代的政治与经济起源》，冯钢、刘阳译，浙江人民出版社，2006，第3页；转引自孟捷、李怡乐《改革以来劳动力商品化与雇佣关系的发展》，《开放时代》2013年第5期。

图书在版编目（CIP）数据

清华政治经济学报. 第 2 卷 ./ 清华大学《资本论》与当代
问题研究中心主编.—北京：社会科学文献出版社，2014.7
　ISBN 978 - 7 - 5097 - 6120 - 5

　Ⅰ.①清… 　Ⅱ.①清… 　Ⅲ.①政治经济学 - 文集 　Ⅳ.①F0 - 53

中国版本图书馆 CIP 数据核字（2014）第 123854 号

清华政治经济学报　第 2 卷

主　　编／清华大学《资本论》与当代问题研究中心

出　版　人／谢寿光
出　版　者／社会科学文献出版社
地　　　址／北京市西城区北三环中路甲 29 号院 3 号楼华龙大厦
邮政编码／100029

责任部门／经济与管理出版中心（010）59367226　　　　责任编辑／陈凤玲
电子信箱／caijingbu@ ssap. cn　　　　　　　　　　　责任校对／韩海波
项目统筹／恽　薇　陈凤玲　　　　　　　　　　　　　责任印制／岳　阳
经　　销／社会科学文献出版社市场营销中心（010）59367081　59367089
读者服务／读者服务中心（010）59367028

印　　装／三河市东方印刷有限公司
开　　本／787mm×1092mm　1/16　　　　　　　　　　印　张／14
版　　次／2014 年 7 月第 1 版　　　　　　　　　　　　字　数／273 千字
印　　次／2014 年 7 月第 1 次印刷
书　　号／ISBN 978 - 7 - 5097 - 6120 - 5
定　　价／48.00 元